法理学案例教程

主　编◎郑智航

副主编◎宋保振　马得华

撰写人（按姓氏拼音排序）

陈　坤　程　龙　杜建明　丰　霏　贺顶丹　何俊毅

何晓斌　黄　涛　侯学宾　姜福东　李　鑫　李拥军

孟　融　倪文艳　瞿郑龙　杨知文　于江磊　章安邦

郑玉双　周文章　朱　振

JURISPRUDENCE

CASE COURSE

中国政法大学出版社

2024·北京

图书在版编目（ＣＩＰ）数据

法理学案例教程/郑智航主编. —北京：中国政法大学出版社，2024.3
ISBN 978-7-5764-1262-8

Ⅰ.①法…Ⅱ.①郑…Ⅲ.①法理学－案例－研究生－教材Ⅳ.①D90

中国国家版本馆 CIP 数据核字(2024)第 009463 号

出 版 者	中国政法大学出版社
地　　址	北京市海淀区西土城路 25 号
邮寄地址	北京 100088 信箱 8034 分箱　邮编 100088
网　　址	http://www.cuplpress.com (网络实名：中国政法大学出版社)
电　　话	010-58908586(编辑部) 58908334(邮购部)
编辑邮箱	zhengfadch@126.com
承　　印	固安华明印业有限公司
开　　本	720mm×960mm　1/16
印　　张	17
字　　数	300 千字
版　　次	2024 年 3 月第 1 版
印　　次	2024 年 3 月第 1 次印刷
定　　价	69.00 元

目 录 //////////////////////

绪　论

　　案例教学是法学教育，尤其是部门法教育中非常流行的一种教学模式，其主要功能是辅助掌握法律知识点，并进行法律推理的实际操作训练，为法科学生以后的职业生涯奠定基础。一般认为，这种教学模式不适于进行理论训练，而且也不经常用于法理学的教学中。这其实是一个误解，因为它没有注意到另一种类型的案例即法理型案例存在的意义。案例有三种类型，本书分别总结为法源型案例、辅助型案例和法理型案例，不同的案例对应着不同的案例教学法。英美法系的先例以及我国的一部分指导性案例是法源型案例，德国鉴定式教学法所用的案例属于辅助型案例（教义学的辅助性手段）。前两种案例当然有意义，但还需要法理型案例的补充。相应地，这一案例类型对应着一种新型的案例教学法，它在性质上不同于前两种，但构成了对它们的有益补充。

　　长期以来法学教育存在的一个问题是，理论与实践"两张皮"的现象较为明显，二者的结合还需要进一步加强。但做到这一点往往非常难，需要探索新的结合形式。"生活中的法理"课程就是这一结合的有益尝试，它是一门案例研讨课。作为一种教学模式，该课程由教师参与并主导进行自由研讨。此外，这种教学模式融"阅读/思考/写作/表达"于一体，致力于实现一种综合的教学目标，毕竟教育的最终目的是要改进学生的思考方式、问题意识、研究模式、表达能力等，培养具有独立思考能力和社会关怀的伦理公民。"生活中的法理"课程其实就是面向法律和道德选择困境进行法理思考，并在此过程中进行理论思维训练。因此，本书主要是结合"生活中的法理"课程实践讨论法理型案例的理论性特点以及该教学法对法学教育的意义。

一、法理型案例与传统案例教学法的完善

作为一门面向实践的社会科学，法学以解决现实社会纠纷为目标，因此案例在法学教学中起到了重要作用。但在不同的法律传统中，案例作为教学方式所起到的作用是不一样的。根据案例在不同法体系和法学教育传统中所承担的不同功能，我们可以把案例区分为法源型案例、辅助型案例和法理型案例。前两种比较常见，而第三种正是本书要讨论的重点。

法源型案例是判例法国家特有的，简而言之，它是指案例教学的重要目的是找到法体系中的法源。在判例法国家，成文法不占主导地位，判例起到了重要作用，这就是所谓的先例（precedent）制度。先例构成了法院判决的基础，就像实在法一样，先例因其"过去性"而非其"正确性"享有权威地位。[1]因此先例就是法源，学生研习判例就是学习法律本身。在这个基础上，美国的法学教育发展出了一种独特的"苏格拉底教学法"。囿于法学传统，该教学法重在分析以往的判例。一方面是因为判例本身是作为法源存在的，法学的知识体系就是通过对判例的分析建立起来的；另一方面，这种"成熟的"案例教学法一直流行在法学院的课堂上，作为法学教学的一种独特手段训练学生的案例分析技术和逻辑思维能力。该教学模式在美国法学院中曾经比较盛行，它注重师生之间的研讨和对话，希望通过层层追问的方式达到传授和领会法律知识、进行法律思维训练的目的，最终像法律人一样思考（Thinking Like a Lawyer）[2]。

辅助型案例主要体现为以德国法学为代表的鉴定式（Gutachtenstil）案例分析法，现逐渐为我国法学教育所借鉴。在德国，法学教育和第一次国家司法考试都非常重视案例。德国法律人也有比较一致的法律思维，案例分析对这一思维的养成有较大贡献。德国法学教育有专门的案例分析课，旨在培养学生怎样更好地把法律规范适用到具体案件中，即解决案件事实与规范之间的契合问题，这就是法律人视为核心的鉴定式案例教学法。斯图肯伯格（Carl-Friedrich Stuckenberg）还以笛卡尔的方法论为背景指出，解答法律案例在结构

---

〔1〕 See Frederick Schauer, "Precedent", in Andrei Marmor（ed.）, *The Routledge Companion to Philosophy of Law*, Routledge, 2012, p. 123.

〔2〕 See Frederick Schauer, *Thinking Like a Lawyer: A New Introduction to Legal Reasoning*, Harvard University Press, 2009.

上与经验科学等说明具体现象并无不同，二者都是通过有序的步骤检验一般语句的可适用性，从而找出"具体情况"是什么；在这个方面，医学诊断、食品化学成分分析、刑事案件等都是一样的，因此法学与其他学科的鉴定是一致的。[1]尽管法学与其他科学门类之间存在着显著差异（比如，法学不以追求真理为目标，也没有人相信法律案件有唯一正解），但斯图肯伯格还是认为："对笛卡尔具有根本性的知性运作的直觉和演绎，在法律人的鉴定中可能比在其他学科中来得更为明显：一项规范的涵摄由——大多数情形下一个较长系列的——演绎构成，这些演绎最终建立在明证性主张之上，亦即一个基础性的（下位）概念是否在该案件中被实例化。"[2]

　　无论是法源型案例还是辅助型案例都有一个前提认识，即它们都预设了所讨论的案例有明确的法律规定，在法律适用上是确定无疑的。因此案例分析的作用是辅助理解教义学或先例知识，尽管法源型案例同时承担了寻找法源和辅助理解这两个功能。然而这种预设是有限度的，因为在真实的法律推理中，法院经常面临所谓的疑难案件（Hard Cases），它体现为没有相关法律规定，或者既有规定的适用存在争议或导致不正义的后果。疑难案件成为检验教义学或先例知识的试金石，也成为训练理论思维的重要手段，因为"知识"上的疑难最终根源于"理论"上的疑难，所以我们又可以称这种案例为法理型案例。"生活中的法理"课程所讨论的就是这类案例，其中"生活"是一个广义的概念，它既关照真实的司法实践，也直面现实的社会事件，又可能触及立法的实例。总之有争议的涉法案例都是这门课程所讨论的对象，从"刷脸""冻卵""代孕子女监护权争议"一直到"冷冻胚胎归属""自动驾驶的碰撞选择""元宇宙的法哲学"等议题都是这门课程所关切的对象。

　　在当下中国的法学教育中，辅助型案例教学法占据着主导地位。尤其是在部门法教学中，该方法起到了重要作用，可以说鉴定式是主流。除此之外，随着最高人民法院指导性案例的推广使用以及在法学教育中日益受到重视，法源型案例也开始崭露头角，有一小部分指导性案例可以说扮演了法源的角色，由此指导性案例也可称为中国特色的先例制度。但是法理型案例并未受

　　〔1〕［德］卡尔·弗里德里希·斯图肯伯格："作为笛卡尔方法的法学鉴定式"，季红明、蒋毅译，载《北航法律评论》2017年第1辑。
　　〔2〕［德］卡尔·弗里德里希·斯图肯伯格："作为笛卡尔方法的法学鉴定式"，季红明、蒋毅译，载《北航法律评论》2017年第1辑。

到应有的重视，"生活中的法理"课程是这个方面的有益尝试。从持续了二十年的教学实践看，尤其在弥补前两种案例教学法的不足方面，它起到了重要作用，具体体现为：结合法理型案例的典型特征，在叙事性想象的过程中进行真切的理论思维和法律知识的双重训练。

二、法理型案例的理论性特征

本部分先总结蕴涵法理的案例所具有的三个理论性特征，在此基础上，下一部分再进一步指出法理型案例所发挥的教学功能。

第一，法理型案例包含了法学基本理论上的争议点。这种争议点一般都关联着比较抽象的哲学讨论，其涵盖的领域不仅包括法理学（或法哲学）问题，还包括宪法、民法（侵权法、人格权法等）、刑法等部门法中的基本理论问题。作为一门社会科学，法学是面向实践的。随着实践的发展，社会中出现了一些新的事件（"电梯抽烟致死案""气枪案""鹦鹉案"等），或因新技术的运用产生了一些新型纠纷或难题（冷冻胚胎引发的权利归属难题、单身女性有无冻卵的权利、地铁或动物园等要求刷脸引起的争议、基因编辑的边界等），它们都对既有的法学理论提出了挑战。在这些挑战中，有的是根本性挑战，比如基因编辑对法律的挑战——它在法律上是不是可被允许的？是全面禁止，还是只禁止增强性的基因编辑从而开放治疗型基因编辑？[1]对此，理论界和实践界存在着很大的争议。而有的是技术性挑战，或工具性挑战，比如"气枪案""鹦鹉案""刷脸案"等，通过司法解释或创造性的司法推理技术就可以解决，顶多就是重新制定一些专门法律，比如制定保护包括生物识别信息在内的个人信息的法律。

第二，法理型案例所引发的讨论是应然层面的。"生活中的法理"不专门讨论实然的对策或制度设计问题，甚至为了使问题的讨论更加集中，在选择案例时会删掉一些不重要的、枝节性的经验材料。有时也会作出一些前提假设，比如对基因编辑这个案例，就会假设基因编辑是安全的，或在可接受的安全范围内进行，否则就会取消掉对这个问题的讨论。有时为了增加讨论的

---

[1] See Jürgen Habermas, *The Future of Human Nature*, Polity Press, 2003；Francis Fukuyama, *Our Posthuman Future*, Farrar, Straus and Giroux, 2003. 中文研究参见徐向东："人类增强技术的伦理审视"，载《哲学分析》2019 年第 5 期；朱振："基因编辑必然违背人性尊严吗?"，载《法制与发展》2019 年第 4 期。

难度和一般性，还会增加一些虚构的情节，比如上海的代孕子女抚养权纠纷案，如果代孕母也来主张监护权的话，那么相关的理论争议就会更加复杂。而尽管有些案例看起来是虚构的，其实也并不完全是单纯的虚构，因为在现实中已经或即将真实地发生了，比如自动驾驶汽车的碰撞选择问题。虽然"电车难题"是虚构的，但其已经相当于自动驾驶碰撞选择的一般理论模型。这些方面都表明，蕴涵法理的案例所涉及的理论争议都是应然层面的，建构相关案例研讨的理论模型或思想实验就是这种"应然层面"的典型体现，下文还是以"生活中的法理"曾讨论过的电车难题为例来详细说明这一特征。

电车难题中的所有案例都是虚构的，而不是在现实中发生的，电车难题本质上属于思想实验。道德哲学之所以要讨论这些极端的虚构案例，在这些案例中进行艰难抉择，就是因为建构道德理论需要直觉，而直觉依赖于特定的情境。关于思想实验本身的理论意义，卡姆指出："就像科学实验一样，这些案例是专门被建构出来用以区辨并检验诸多的理论与原则（比如，后果主义理论 vs. 非后果主义理论），因为一种理论或原则将会蕴涵某种行动的可能性，而另一种理论或原则将予以否认。运用我们的直觉来判断案例的哪些意涵是正确的，这有助于我们在那些理论和原则中作出决定，也包括修正。"[1] 自动驾驶的碰撞选择可以说是现实版的"电车难题"，但它依然带有思想实验的性质，因为我们不可能等到问题全面出现后才进行算法程序的设计，而必须事先以道德因素作为变量进行人为的思想构造。因此这里引入"电车难题"这一思想实验，不仅是因为注意到了这一实验本身与自动驾驶系统真实的碰撞难题之间的紧密关系，而且更是为了借鉴哲学家们就这一难题所提出的道德哲学的各种原则、推理模式和观点立场，这些工作具有重要的理论和实践价值。

第三，法理型案例致力于理论论证。理论论证不同于调查统计，理论争议问题也不能通过调查统计的方式得出答案。当然，调查统计方式不仅可以得出一个答案，而且还是非常"科学"的答案。在这个方面，最有代表性的研究成果是关于确定自动驾驶碰撞伦理的全球性大样本统计分析。2018 年 11 月 1 日，麻省理工学院（MIT）的 The Media Lab 等研究小组的相关研究员在《自

---

〔1〕　F. M. Kamm, *The Trolley Problem Mysteries*, Edited by Eric Rakowski, Oxford University Press, 2016, p. 13.

然》（*Nature*）上发表了题为"道德机器实验"（the Moral Machine Experiment）的论文，研究了人类社会成员面临碰撞选择时的道德偏好。这一测试吸引了全球的关注，参与道德决策的人们可以对道德机器中所使用的全部 9 个变量进行复杂的权衡。研究人员从 233 个国家或地区收集了 3961 万个道德决策，试图根据这些数据发现一些较为一致的全球偏好（global preference）。[1]但是哲学论证不能采用这种方式，正如埃里克·拉科夫斯基所说的："哲学论证是作者呼请读者以某种特定的方式看待、回应或理解。它们不是关于民意测验的报告。尽管如此，在试图确定我们每个人对于直觉的支配或暂时坚持之原则的稳固性方面应该得出什么结论时，我们可能有兴趣了解其他人的想法。"[2]可以说，调查统计构成了哲学论证的重要背景，但并不决定这一论证的结果。与此相一致，法理型案例的研讨主要采用法哲学论证的方式，重在检验既有理论并发展新理论，为未来可能的法律制度设计提供理论参考或建构一般理论模型，而不是在现有教义学知识体系内提出法律解决办法。

三、法理型案例的独特教学功能：想象性叙事与理论思维训练

法理型案例的上述典型特征决定了我们要研讨的这类案例没有现成的法律可以适用，也无确切答案。案例研讨不是为了寻找唯一正确答案，这就为一种开放性、参与式、沉浸式、智识型的学术讨论开辟了空间。与辅助型案例教学法相比，法理型案例研讨的一个重要特点是内在参与式或沉浸式的。在真实或虚构的案例上适用既有法律规定，确实可以比较形象且直观地学习法律教义的内容，并感受到实践推理的魅力。但是这种"魅力"终归"事不关己"，而法理型案例的讨论更多是一种"移情式"的，需要对高度争议案例"感同身受"，这就是纳斯鲍姆所说的法学通识教育要培养的一种特定能力，即叙事性想象（The Narrative Imagination）。[3]纳斯鲍姆认为，叙事性想象意味着"站在异于自身之人的角度设身处地进行思考的能力，成为一位对那人

---

〔1〕 See Edmond Awad et al., "The Moral Machine Experiment", *Nature*, Vol. 563（November, 2018）, pp. 59~64.

〔2〕 Eric Rakowski, "Introduction", in F. M. Kamm, *The Trolley Problem Mysteries*, Edited by Eric Rakowski, Oxford University Press, 2016, p. 6.

〔3〕 除此之外，法学通识教育的能力还有"苏格拉底式的自我检视"（Socratic Self-Examination）和"世界公民"（World Citizenship）。See Martha C. Nussbaum, *Cultivating Humanity: A Classical Defense of Reform in Liberal Education*, Harvard University Press, 1997, pp. 15~112.

故事的明智阅读者的能力，以及理解相关某人可能拥有的情感、愿望和欲求的能力"。[1]这些能力对于有意义的理解和讨论关系重大，是进行有价值的认知的前提。

叙事性想象对于法理型案例的讨论来说尤为必要，这种必要性体现在两个方面。第一，法律人需要对案例本身有切身的体验，纳斯鲍姆说："对人类的悲伤、恐惧、愤怒以及强烈哀痛的想象是法律的一个重要特质。"[2]通识教育的这种能力一般是通过文学与艺术课程培育的，传统法学教育的案例教学法主要是训练学生掌握和运用法律的事实性知识，而且（特别是流行于美国法学院中的"苏格拉底教学法"）尤其强调训练法律人在推理上的"机敏"，但越是机敏的法律人越是缺乏这种叙事性想象的能力。可见，"生活中的法理"也可以在法学院中培养一种通识教育的能力，而且这种能力能够弥补法律人本应具备却不具备的能力。第二，叙事性想象的能力能够使法律人真正"设身处地"地理解别人的想法，因为法理型案例都是在价值选择上具有高度争议的，法律人无论持有哪一种价值立场，都需要对其他的价值选择保有同情式理解。因为讨论者都知道，在这些问题上并不存在唯一正确答案，每一个角度都只能切入问题的一个侧面，一个整全的思考方式不会产生独断的结论。

除此之外，法理型案例教学法还承担了理论思维训练的重要任务。"苏格拉底教学法"和鉴定式案例教学法都很难进行真正的理论训练，因为这两种案例类型都不面对道德或价值选择的困境，而重在法律适用并训练一种技巧或机敏。法理型案例所提出的问题在理论与制度上具有开放性，这种开放性源自法理型案例自身面临的道德困境，因此对这类案例的研讨重在论证，而不是追寻正确答案。法理型案例没有答案，因为它们在理论上有分歧，这就为理论研讨提供了空间。但是这种研讨并不纯粹是理论的，法理型案例具有实践和制度的指向性，并寻求理论、教义、判例和制度的融贯性论证。除了训练理论思维之外，法理型案例的研讨还是理论创新的契机。争议性案例表明，既有的法学理论失去了对疑难案例的解释力；而理论如果失去了这种解

---

　　[1]　Martha C. Nussbaum, "Cultivating Humanity in Legal Education", *The University of Chicago Law Review*, Vol. 70, No. 1（Winter, 2003）, p. 270.

　　[2]　Martha C. Nussbaum, "Cultivating Humanity in Legal Education", *The University of Chicago Law Review*, Vol. 70, No. 1（Winter, 2003）, p. 277.

释力，则意味着它不再完善，正是这一点构成了理论创新的起点与契机。案例是现实或事实的体现形式，法理学从来都不是只有规范性研究，重大理论问题也可以从案例事实的分析中提出。理论与现实（表现在法学上就是规范与事实）之间有着一种复杂的关系，理论构成了观照现实的自觉或不自觉的背景，而现实不仅用来活化理论，也构成理论创新的契机。这一点对于学术研究并实现真正意义上的教学相长意义重大，我们看到法哲学家德沃金经常通过讨论案例来发展其法哲学理论，比如贯穿其法哲学理论建构历程（从《认真对待权利》到《法律帝国》）的帕尔默案。

第一节　法律的概念

一、理论导读

法律的概念是法的本体论问题，是法理学和整个法学的核心问题，科学阐释法的概念是建立相应法学理论体系并进一步解决所有法学问题的理论前提。根据马克思主义经典作家对法的概念的阐释，并吸收国内外法学研究的成果，我国法学界将法定义为：法是由国家制定或认可并由国家强制力保证实施的，反映由特定社会物质生活条件所决定的（在阶级对立社会中）统治阶级意志或（在社会主义社会中）人民意志，以权利和义务为内容，以确认、保护和发展对统治阶级或人民有利的社会关系、社会秩序和社会发展目标为目的的行为规范体系。

（一）法的本质

对"法律是什么"这一有关法律的概念的研究，目前学界仍没有定论。从既有研究来看，我们大致可以区分三种不同的认识法律的概念的进路。第一，从法的本体的角度说明法是什么。在这方面比较有代表性的定义有：①规则说：法即规则；②命令说：法即命令；③判决说：法即判决；④行为说：法即行为。第二，从法的本源的角度理解法律，着重说明法的基础或法出自何处。在这方面，比较有代表性的定义有：①神意说：法即神意；②理性说：法即理性；③意志论：法即意志或意志的反映；④权力论：法即权力的表现或派生物；⑤必然论（规律论）：法即某种必然关系或规律。第三，从法的作用或功能的角度下定义，着重说明法的工具性。在这方面比较有代表性的定义有：①正义工具论；②社会控制论：法是社会控制的手段；③事业论：这是美国新自然法学派代表人物富勒对法的定义，其概括的表述是："法是使人们的行为服从规则治理的事业。"

马克思主义法学则认为，法律是统治阶级意志的体现，而统治阶级的意志归根结底又是由其社会物质生活条件决定的。第一，法是"意志"的体现。法是人们意识活动的产物，是立法者意志的直接反映，因此，法是意志的体现，属于社会结构中的上层建筑。第二，法是"统治"阶级意志的反映。马克思主义创始人首次指出，法是统治阶级意志的表现或反映，是被奉为法律的统治阶级意志。统治阶级意志是由统治阶级的根本利益和整体利益决定的，但其形成和调节也必然受到被统治阶级的制约。第三，法是统治"阶级"意志的反映。法所反映的意志是统治阶级的阶级意志，即统治阶级的共同意志。统治阶级的共同意志并不是统治阶级内部各个成员意志的简单相加，而是由统治阶级的正式代表以这个阶级共同的根本利益为基础所集中起来的一般意志。因此，法所体现的是统治阶级的"公意"，而非统治阶级的"众意"。第四，法是"被奉为法律"的统治阶级的意志。统治阶级的意志本身并不是法，其只有上升为国家意志，并客观化为国家机关有权制定的规范性文件，才具有法的效力。除此之外，法的意志性与社会物质生活条件存在制约关系，法的本质由特定社会的物质生活条件决定。

（二）法的特征

法的特征是法的本质的外化，是法与其他现象或事物的基本关系的表现。第一，法是调整社会关系的行为规范。它通过规范人们的行为进而达到调整社会关系的目的，这一特征使其既区别于思想意识和政治实体，又区别于技术规范。第二，法是由国家制定或认可的行为规范。这一特征决定了其必然具有国家意志的属性，有别于道德规范、宗教规范、政治规范、经济规范等其他社会规范。第三，法是规定权利和义务的社会规范。法的这种调整和指导方式也使它与道德、宗教和习惯相区别。第四，法是由国家强制力保证实施的社会规范。国家强制力是法的最后一道防线。

（三）法的作用

马克思主义法学认为，法的作用是统治阶级或人民的意志影响社会生活的体现，是国家权力运行过程的体现，是社会生产方式自身力量的体现。从学理上进行分类，法的作用可依据不同标准划分为一般作用与具体作用、整体作用与局部作用、预期作用与实际作用、直接作用与间接作用、积极作用与消极作用、规范作用与社会作用等。其中，法的作用区别于上层建筑其他组成部分的作用的特点在于，它以自己特有的规范作用来实现其社会作用。法的规范作用主要表现为告知作用、指引作用、评价作用、预测作用、教育作用、强制作用等。

（四）法的局限

在我们充分认识到法特有的规范作用与社会作用的同时，也不能因此陷入"法律万能论"的误区。实际上，法在作用于社会生活的范围、方式、效果等方面都存在着一定的局限性。第一，法只是许多社会调整方法中的一种，其不是调整社会关系的唯一方法，有时也不是成本最低的方法。第二，法的作用范围不是无限的，也并非在任何问题上都是适当的。第三，法对千姿百态、不断变化的社会生活的涵盖性和适应性不可避免地存在一定的局限。第四，在实施法律所需的人力资源、精神条件和物质条件不具备的情况下，法不可能充分发挥作用。

二、案例介绍："洞穴探险者案"

"洞穴探险者案"是由美国法学家朗·富勒（Lon Fuller）以一些真实案例为基础虚构出的一个法理学的经典案例。因涉及法律与道德的衡平、正义与情理的取舍等法哲学的基本命题，"洞穴探险者案"被誉为"史上最伟大的法律虚构案"。

故事发生在公元 4299 年 5 月，有五名探险协会的成员到深山探险，他们进入了一个位于联邦中央高原的石灰岩洞里。可是，当他们深入洞里的时候，发生了山崩，巨大的岩石滑落，挡住了他们所知道的唯一洞口。由于这些探险者没有按时回家，他们的家属通知了探险协会的秘书，探险协会总部也预留了他们打算去探险的洞穴的位置。于是，一支包括救援工作人员、工程师、地质学家以及其他专家的营救队伍迅速赶往出事地点展开营救工作。但是，由于险情发生在与世隔绝的深山，设备送不进去，营救工作进展得十分缓慢。并且因为山崩不断发生，移开洞口堆积岩石的工作好几次被迫中断，其中一次山崩更是夺走了十名救援人员的生命。

五名探险者仅仅携带了很少的食物，岩洞里也没有任何动物或者植物能维持生命，救援人员很早就担心探险者很可能在出口被打通之前就饿死了。

在五名探险者被困的第 20 天，救援人员获知五名探险者随身携带了一个袖珍的无线设备，可以收发资讯，于是迅速安装了一个相似的设备，与被困的五名探险者取得了联系。探险者询问还要多久才能获救，负责营救的工程师告诉他们，即使不发生新的山崩，至少也还需要十天。得知救援队伍中有医疗专家之后，受困的探险者与医疗专家进行了通话，他们详细描述了洞里的情况，并询问专家在没有食物的情况下，他们是否有可能再活十天。专家告诉他们，这种可能性几乎为零。罗杰·威特莫尔代表他本人和其他四名同伴询问，如果他们吃了其中一个成员的血肉，能否再活十天。尽管很不情愿，医疗专家仍给予了肯定答复。威特莫尔又问，通过抽签的方式决定谁应该被吃掉是否可行，在场的医疗专家没有人愿意回答。威特莫尔接着问，救援队伍中是否有法官或其他政府官员能给予答复，但这些人也不愿对此提供意见。他又问是否有牧师或神父愿意回答他们的问题，还是没有人愿意出声。之后，洞里再也没有传来任何消息。大家推测（后来证实是错误的）是探险者的无线设备的电池用光了。救援人员在外面加紧工作，争取时间。经过十几天的努力，到了第 32 天，救援人员终于打通了洞穴，救出了被围困的探险者。不过，活着走出洞穴的队员不是五个，而是四个，另外一人已经变成一架白骨。

当受困者获救后，大家才知道，在受困的第 23 天，威特莫尔也就是最先提出吃人肉是否可以继续生存的那名队员已经被其他四名同伴杀掉吃了。不过，幸存者强调，他们曾经花了很长时间讨论过各种方法，期望通过公平的方法来决定应该首先吃掉谁。这四名幸存者从医院出来就被带上法庭，被控以谋杀罪。

在初审法庭上，根据被告的陈述，陪审团和法官大致上重建了岩洞内发生吃人事件的可怕真相。威特莫尔是最初提出吃掉一名队员以维持其他人生命的倡议者，同样也是威特莫尔首先提议使用抽签的方式决定谁被吃掉，他提醒大家，他刚好带了一副骰子。最初，其他探险者不愿意响应这个主意，但是在通过无线电和医疗专家进行对话后，他们接受了威特莫尔的提议，并且反复讨论了保证抽签公平性的数学问题。最终，所有人都同意用投骰子的方法来决定生死命运。

但是，当选择牺牲者的程序确定之后，威特莫尔却后悔了，并宣布退出这个程序。威特莫尔提出是否再等一个星期，但是其他队员不同意，批评他破坏信任并继续掷骰子。当轮到威特莫尔时，另一名队员替他掷出。在这名队员掷出骰子之前，大家问威特莫尔是否对这种做法的公平性提出异议。威特莫尔表示他不反对。但是掷骰子的结果恰好指向威特莫尔，于是其他队员杀死了他并吃掉他的尸体。

在庭审过程中，陪审团被允许仅就事实本身作出裁决，而把被告是否有罪留给法庭根据已经确定的事实做出判断。最终，陪审团认定上面所述的事实，并且进一步认定，如果法庭裁定上述事实与被告被指控的罪名相符，他们就认定被告有罪。根据这一裁定，审判的法官判决被告谋杀威特莫尔罪名成立，判处绞刑。在刑罚问题上，联邦法律并不允许法官有自由裁量的余地。由于涉及死刑问题，该案的最终结果还需上诉法院确定。

上诉法院应该如何处理这一案件呢？获救的四名探险者是否应该被控以谋杀罪呢？

三、案例分析

富勒在创作出这一案例之后，还进一步虚构了最高法院上诉法庭五位大法官对此案的判决书。半个世纪后，美国法学家彼得·萨伯在这个案例的基础上，续写了另外 9 名大法官的判决。这 14 份判决集中展现了当代法学界对"法律"这一概念的不同理解，从这些判决中，我们可以领略到"法律是什么"这一有关法律的概念问题的复杂性与深刻性。

（一）法律是强制约束一些人的命令

这是从法律本体的角度来认识法律的进路之一。在这种进路中，"法律"被理解为一系列的规则和命令。这主要是法律实证主义者的主张。实证主义者反对法学家试图辨识和阐释超越现行法律制度之经验现实的法律观的任何企图。法律实证主义者试图将价值考虑排除在法理学科学研究的范围之外，他们认为，只有实在法才是法律，而所谓实在法，在他们看来，就是国家确立的法律规范。[1]法律实证主义者还认为，法律是在社会发展的历史过程中由统治者制定的。这种观点认为法律仅仅是统治者所命令的东西，基于这种条件，统治者所命令的东西就是法律。法律实证主义者还坚持要把实在法与伦理规范和社会政策严格区分开来，并倾向于认为正义就是"合法律性"

---

[1] 参见 [美] E. 博登海默：《法理学：法律哲学与法律方法》，邓正来译，中国政法大学出版社 1999 年版，第 116 页。

（legality），也就是要服从国家所制定的规则。这种进路的典型代表是分析法学派，如奥斯丁、哈特、凯尔森。

在"洞穴探险者案"的判决中，首席大法官特鲁派尼和法官伯纳姆的判决意见蕴含着浓浓的法律实证主义色彩。特鲁派尼法官认为，法律明文规定："任何故意剥夺他人生命的人都必须被判处死刑"，尽管我们能够体谅四名幸存者在岩洞中的处境，但是法律就是法律，法律条文不允许有任何例外。因此，四名幸存的探险者理应被控以谋杀罪，并判处死刑。

但是，民意却非常汹涌。大多数民众都认为四名幸存者是无罪的。因为设身处地来看，谁都有可能在同样的境况下做出同样的选择。而且，为了这四名幸存的探险者，还牺牲了十个救援人员，这些牺牲的人又该怎么算呢？难道说花了那么大的代价把人救出来，就只是为了再把他们处死吗？那四个幸存的探险者好不容易以一条命换了四条命，此时，如果我们再把他们处死，那当初威特莫尔不是就白死了？

面对汹涌的民意，首席大法官的态度却依然坚决。特鲁派尼指出，即使四名幸存者确实不该死，也需要按照法律的规定首先判处死刑，之后再寻求首席行政长官的特赦。特鲁派尼相信首席行政长官会采纳人们的特赦请求，这几个人会得到宽大处理。如此一来，不仅实现了正义，也不会损害法典的权威，还不会鼓励任何漠视法律的行为。

伯纳姆法官则主张法律不能依照个人好恶来解释。针对有的法官提出的从立法目的角度理解法律，从而为幸存的四名探险者辩护的方式，伯纳姆予以严厉的批评。伯纳姆认为除了词句对于语言的一般使用者来说所具有的通常含义之外，一部法律条文不能表达别的意思。对于立法机关，法律和道德可能是不可分离的，道德原则是立法的基础；但是对司法机关，法律和道德是相互独立的，法官的任务是解释立法机关的语词，不应该有自己的道德观点。在一个多元社会，如果法官不顾法律去施行个人的正义观念，并使之成为规则，会冒犯和压迫道德观点和我们不同的人。伯纳姆认为法律是代表多数的代表制定的，追求法律外的正义是精英主义，是颠覆民主的行为。政治制度上确实有缓解法律严苛的办法，但这种办法与法官无关，法官只要承担法官的责任。伯纳姆提道："如果你想研习正义，应该离开法学院去哲学系或者神学院去注册"，因为法律体现的是特定时刻特定民族统一用来统治自己的理想正义，为了确保这种统一，必须接受每个人的个体理想所达成的诸多妥协。就此而言，按照法律的规定来看，四名幸存者是有罪的。

（二）法律是正义的象征

这同样是从法律本体的角度来认识法律的进路。在这种进路中，法律代表着正义，邪恶的法律不被认为是法律。这主要是自然法学派的主张。自然法理论否认法律自身的独立性，认为法律必然从属于更为高级的行为标准，现代自然法理论认为主要是指道德，因此违反这个更高标准的法律就不再是法律。[1]人们所熟知的"拉德布鲁赫公式"就是典型的自然法学观点。拉德布鲁赫认为为了使法律名副其实，法律就必须满足某些绝对的要求。他宣称法律要求对个人自由予以某种承认，而且国家完全否认个人权利的法律是"绝对错误的法律"。在正义和法律确定性之间发生某种不可调和的冲突时，完全非正义的法律必须让位于正义。他把其关于实在法与正义的关系的公式表述为：除非实在法规则违反正义达到不能容忍的程度，以致这种规则实际上变成了"非法的法律"，并因此必须服从正义，否则，就是当实在法规则是非正义的并与公共福利相矛盾的时候，也应当给予实在法规则以优先考虑。因为，它是经过正当颁布的而且是受国家权力支持的。[2]

在"洞穴探险者案"的判决中，有多位法官的判决都蕴含着自然法学派中法律即正义的主张，他们试图超越法律文字本身寻求更为实质的正义。福斯特法官批判特鲁派尼的主张。福斯特指出，如果法律迫使我们做出令人羞耻的结论而且只能借助行政长官才能摆脱，就等于承认法律不再彰显正义。这种结果是我们所不能接受的。福斯特认为至少存在两个足以说服人们的理由，来证明法律并不会迫使我们得出四位幸存者是谋杀犯的结论。

第一，案发时四位幸存者不在联邦法律管辖下，所有实定法都不适用，只能适用自然法。福斯特认为实定法的适用存在一个基本的前提，即它是建立在人们在社会中可以共存的可能性上。法律的目标就是改善共存状态之下人们间的相互关系，促进公平和正义。当只有剥夺别人生命才可能生存时，"人可以共存"这一基础前提不存在，因此四名幸存者对威特莫尔的杀害行为实际上是远离我们的法秩序的，换而言之，五名探险队员在岩洞中实际上处

---

[1] 参见舒国滢主编：《法理学导论》，北京大学出版社2019年版，第27页。

[2] 参见［美］E.博登海默：《法理学：法律哲学与法律方法》，邓正来译，中国政法大学出版社1999年版，第177~178页。

于人们常说的"自然状态"中。处在自然状态下的他们，只适用与当时处境相适应的那些原则的法律。所以他们根据自然法订立了自己的契约或协议，即通过掷骰子的方式决定吃谁的协议是有效的。因此，四名幸存者是无罪的。

第二，法律精神重于法律文字。福斯特认为即使第一种理由不被人们接受，也还存在第二种理由。第二种理由源自"一个人可以违反法律的表面规定而不违反法律本身"这句古老的法律谚语。对法律的理解不应该只局限于法律文字本身，还要探求文字背后的法律精神。对于刑法来说，其主要目的是阻止人们犯罪，而一个人生命受到威胁时的自我保护本能是不受法律威慑的。福斯特将四名幸存者的行为视为一种正当防卫行为，因此不能被控以谋杀罪。

汉迪法官认为法律为人服务才有意义，判决不应该忽视民意。他指出政府不应该被抽象的理论统治，统治者要理解民众的感受和观念，实行仁治，让我们的行为与接受我们统治的人的情感保持一致，否则社会就会濒临毁灭。就此而言，我们应该把程式和原则作为工具，从可利用的形式中挑出最适合得出正确结论的规则，适用于该案。从民意检查结果来看，有九成民众支持宽恕被告或给予象征性惩罚后释放。因此，汉迪法官主张幸存的四名探险者无罪。

斯普林汉姆法官认为本案是疑难案件，我们应当取实质正义而舍弃抽象的形式正义。他提出我们都知道的是，一部法律条文的字面含义可以根据立法目的推翻，至少当后者清晰可辨的时候是如此的。当然，对于谋杀的法律条文来说，它可能会有多种目的，某些情形下它的立法目的可能是不清晰的。例如，关于谋杀的法律条文的目的可以是阻止未来的谋杀犯罪，也可以是为那些没有学会控制自己行为的公民实施强制性改造提供正当依据，还可以为人类天然的报复要求提供一种有秩序的发泄途径。但是，斯普林汉姆法官认为上述任何一种意图都没有为惩罚本案被告人提供正当理由。惩罚他们并不会阻止别人在将来也不幸陷入相同的困境当中。惩罚他们不会，并且也不应该对任何处于相似的境况当中的人产生威慑。尽管在大多数杀人案件中都有一种天然的报复需求，但是斯普林汉姆法官认为在本案中并没有这样一种需求。承认这一事实并不是要让民意代替法律。而是要表明，虽然刑法的初始意图在于满足人类根深蒂固的和源于本能的复仇要求，或者当这种需求没有被满足时阻止可能发生的自我救济，但是这一意图并不适用于本案。总而言之，不管我们如何理解这部法律条文的目标，这一目标并不能通过惩罚被告来实现。因此，即使根据那一法律他是有罪的（其实没有），该法也应该被搁置起来，因为在这里适用它并不会实现它的任何目标。惩罚这名被告人将是取抽象的形式正义而舍实质正义。

特朗派特法官认为杀人行为是不可宽宥的。生命神圣原则首先是一个道德原则，其次才是一个法律原则，因此探险者在法律和道德上都是有罪的。试图找到这一杀人行为的正当理由，如紧急避难或自我防卫的某种变体，或者将谋杀的法律和道德区分开来，都是违反法律的。而且，杀人永远不是"划算"的交易。特朗派特指出，在法律看来，每一个生命都是无限珍贵的，所以具有平等的价值，没有哪一个生命可以超过其他生命，任何牺牲都必须是自愿的，否则就是侵犯了法律所确认的生命平等和神圣尊严。如果某些人必须为了救别人而被杀掉，那其他人也应该早点结束生命，而非以同类的生命为代价苟延残喘。

特朗派特法官还批评海伦法官。海伦法官认为"品德良好的"探险者也不能不进食，即使是通过杀掉一个人来获取食物也是情有可原的。特朗派特则认为，一个品德良好的人会自愿等待饿死而不是杀人。在这种恐怖而悲惨的境遇中，等待饿死，而非杀人，才是必要的行为。以自己的生命为代价克制不去杀人，这种修养正是我们所指的优良品质的一部分。因此，他认为四名被告是有罪的。

（三）对法律的理解应与社会现实相适应

这是美国法律现实主义学派的观点。美国法律现实主义主张，不考虑人类社会生活的实际情势，就不可能理解法律。[1]他们还极力主张，法官想要满意地完成其任务，就必须对形成和影响法律的社会因素和经济因素有充分的认识。他们遵循法律和先例，但是并不像法律实证主义将法律作为"铁律"看待，而是将法律作为一种实用性的策略看待。[2]这一学派的典型代表人物是本杰明·N.卡多佐和奥列弗·温德尔·霍姆斯。卡多佐强调，司法必须与社会现实相适应。法官必须经常对相互冲突的利益加以权衡，并在两个或两

---

〔1〕 ［美］E.博登海默：《法理学：法律哲学与法律方法》，邓正来译，中国政法大学出版社1999年版，第149页。

〔2〕 ［美］罗纳德·德沃金：《法律帝国》，李冠宜译，时英出版社2002年版，第160~164页。

个以上可供选择的、在逻辑上可以接受的判决中作出抉择。在做这种抉择时，法官必定会受其自身的本能、传统的信仰、后天的信念和社会需要之观念的影响。他必须平衡他所具有的各种因素——他的哲学、他的逻辑、他的类推、他的历史、他的习惯、他的权利意识，以及其他，并且随时予以增减，尽可能明智地确定何者应具有更为重要的意义。[1]

在"洞穴探险者案"的判决中，海伦法官的判决蕴含着法律现实主义的利益衡量的主张。海伦法官批判伯纳姆法官的"多元社会论"。他认为只有在理想社会中，法律才是代表最大多数人的正义观，所以法官可以坚决执行法律，而不在法律之外寻求正义。如果因此遭遇不幸的人足够多，可以通过请愿等途径来修改法律。但是现实的情况是，财富和特权对选举和立法的影响很大。如果法律是根据利益、财富和权力制定的，而不是由多元的声音根据其分量和合理性来建构的，那就不可能让所有的观点都在立法程序中得到倾听。此时，严格遵守法律条文不能彰显正义，反而会加剧人们受害者的不利处境。在我们生活的多元社会中，一些观点和利益真实地支配着其他观点和利益，求诸法律之外的正义是让法律符合正义要求的唯一希望所在。就本案而言，海伦法官认为，没有人会说哪一个探险者有邪恶意图，社会也没有必要去防止这些探险者去侵害公民，依照形式的法律去惩罚幸存的四名探险者并不会彰显正义。因此，他主张撤销有罪判决，宣告被告人无罪。

在美国法律现实主义学派中，还有一部分人对法律秉持着一种更为激进的实用主义策略，典型代表是杰罗姆·弗兰克。弗兰克认为法律规则并不是美国法官判决的基础，因为司法判决是由情绪、直觉的预感、偏见、脾气以及其他非理性因素决定的。因此，人们关于法律规则的知识在预测某个特定法官所作的判决时几乎不能给他们提供什么帮助。[2]

在"洞穴探险者案"的判决中，弗兰克法官的判决意见就是一种更为激进的对法律的理解。弗兰克主张应该抛弃司法客观性的面具，依靠无任何矫饰的自我意见来断案。弗兰克法官在解释自己主张的时候指出，他完全也可以像其他法官一样为自己的主张披上法律的外衣，从而合理化自己的主张，

---

〔1〕〔美〕E. 博登海默：《法理学：法律哲学与法律方法》，邓正来译，中国政法大学出版社1999年版，第149~150页。

〔2〕〔美〕杰罗姆·弗兰克：《初审法院：美国司法中的神话与现实》，赵承寿译，中国政法大学出版社2007年版，第157~168页。

但是他最终拒绝了这种做法。他认为法律不是理性和客观的，而是具有很大的主观性。对法律规则的理解和适用取决于法官本身对法律的理解，还受法官心理、文化背景、生活环境等因素的影响。设身处地地想，在当时的情况下，弗兰克认为他本人也会做出加入抽签的选择。而他不会惩罚一个做出自己在相同情形下也会做出的行为的人。因此，他宣布四名幸存者无罪。

（四）法律是一种社会控制的手段

这是从法律的作用的视角来理解法律的进路。在这种进路中，法律被视为一种工具，一种社会控制的形式。这是社会法学的核心主张。它的代表性人物是庞德。庞德把法律看成这样一种社会制度，即在通过政治组织的社会对人们的行为进行安排而满足人们需要或实现人们要求的情形下，它能以付出最小代价为条件而尽可能地满足社会需求——产生于文明社会生活中的要求、需要和期望——的社会制度。[1] 为了达到以最小代价满足社会需求的目标，庞德指出有时候我们应该对某些利益进行衡量，在有些时候可以"据法裁判"（justice with law），而在另一些时候则可以"不据法裁判"。

在"洞穴探险者案"的判决中，戈德法官和雷肯法官的判决蕴含着社会法学将法律作为社会控制的手段的观念。戈德法官主张惩罚四名幸存的探险者会实现更有益的目标。他认为，如果相信惩罚不会有威慑效果是导致我们对本案被告做出无罪判决的理由，我们就会面临一个矛盾。因为下一次探险者们处于同样情境时，影响他们行为的法律先例就会是该案的无罪判决。这只会使杀人的心理更加可能。因为认为它是这样并不会让它的确如此，但是认为它不是这样会使得它的确不如此。选择人们希望的并不会使它变成那样，但选择人们不希望的却会使它变成那样。如果法律表现出这些自我实现功能，我们就有了另外一个理由把它看作人类充满风险和激情的选择行为，而不仅仅是一个规则体系。因此，戈德法官支持有罪判决。

雷肯法官认为，如果刑法的首要社会功能就是保护公民们免受犯罪所带来的伤害，那对心理免责事由的继续承认会加剧问题，而不会有助于问题之解决。许多法官从被告的主观心理层面不具有可罚性，来为四名被告人脱罪，雷肯法官批判这种做法。他指出，如果我们不承认心理的或者意志力方面的

---

[1] ［美］E. 博登海默：《法理学：法律哲学与法律方法》，邓正来译，中国政法大学出版社1999年版，第147页。

任何理由，对所有那些实施了受禁止行为的人都进行惩罚，那么我们就实现了三项具有重大社会意义的目标：第一，我们将会把大街上的危险分子一扫而光；第二，我们会缩短审判时间，让惩罚来得更为迅速且少有遗漏；第三，我们将会有力地阻止其他人做出同样的行为。无数的研究表明，同惩罚的严厉性相比，惩罚的迅捷性和必然性在防止犯罪方面更为有力。就本案而言，雷肯法官指出，如果我们判处四名幸存者无罪，就意味着默认了这种杀人的方式无罪。而且在这个案件中威特莫尔反悔了，这意味着他选择了遵守法律，而其他人依然选择杀掉他，如果我们保护这些人，意味着我们在告诉公众，我们不保护遵纪守法的人，这是非常糟糕的。因此，雷肯法官主张判决四名幸存者有罪。

第二节　法律的要素

一、理论导读

在我国法理学界人们通常将法律原则和法律规则视为法律构成的两种基本要素。其实，在人们最早对法律的认知中，法律原则和法律规则是含混在一起的，只是随着后来法律要素理论的发展和司法职能的扩张，两者才逐渐分离，法律原则成为一种独立的法律要素而存在。如今人们普遍认为，法律原则和法律规则具有不同的法律特征，而一种强区分理论甚至认为，两者之间存在本质的差别，分属于不同的逻辑范畴，"规则的推理范式是全有或全无的（all-or-nothing），它是一种应当做什么（ought to do）的逻辑范畴；而原则的推理范式是权衡模式，即在不同场合下，根据不同原则的分量轻重（weight）来选择一个行为的指引方向，它属于应当是什么（defeasibility）的逻辑范畴"。[1]作为一个独立的法律要素，法律原则所具有的功能通常可以分为立法和司法两个维度，法律原则的立法功能就是其作为基本的指导思想和一般性准则对整个规则体系起到的投射作用，它不仅直接决定了法律制度的基本性质、基本内容和基本价值倾向，还保障着法律规范体系内部协调统一。而法律原则的司法功能则是指它在法律规则出现疏漏的情况下作为裁判依据

---

〔1〕 李锦："论法律原则之地位——法律个别化的一个新尝试"，载《厦门大学法律评论》2014年第1期。

以及对法官自由裁量权进行指引和约束方面的作用。对于前者，学者们基本达成了共识，法律原则在制度体系与具体规则之间起到的灵魂与涵盖作用得到了普遍认可。但是，对于后者，也就是法律原则是否应当具有司法功能却成了法理学中争论较大的议题，最终可以分为否定论与肯定论两大阵营。

持否定态度的学者首推实证主义的法学家们，他们对法律原则的存在始终持一种怀疑态度，当他们从根本上否定了法律原则之于法律构成要素的独立性时，法律原则的司法功能就根本无从谈起。例如英国著名法理学家哈特就认为法律就是规则体系，由主要规则和次要规则构成，而法律原则不可能具有约束力或强制力。基于此种认识，哈特认为，当法律并不完备而出现了法律漏洞，就是哈特所谓的"空缺结构"时，法官就"不受任何法律权威制定的标准所约束"或者"法官所引用规则之外的法律标准对他们没有约束力"[1]也就是说法官可以行使自由裁量权，可以"法官造法"了。而美国学者拉里·亚历山大和肯·克雷斯更是明确地否定了法律原则的存在，他们认为法律原则是一种含混的裁判标准，由于其不具有规范的形式，无法形成对行为的明确指引，所以它无法让司法裁判获得最佳道德正当性。[2]美国法理学家弗雷德里克·绍尔（Frederick Schauer）则认为法官在形成司法判决的法律推理中只能依据法律规则进行裁判，根本没有原则这种规范标准存在，也就否定了法律原则司法适用的可能性。而在讨论法律原则的司法功能时，我国的一些学者也持有相似的观点。例如，庄世同教授就提出了消极的法律原则理论，所谓消极就是虽然承认法律原则的存在，但是其存在的价值仅限于对法确定性、法保障性及法可论争性的调和，意在为司法裁判使用法规范证立理由，而非有效的法律规范。[3]葛洪义教授则是明确指出："法律原则只具有道德上的象征意义，而没有法律意义上的功能上的作用。"[4]总体而言，这些否定的观点普遍侧重法律原则所具有的宣示功能，认为它们很难与案件的具体事实相结合，因此，作为极为抽象的法律原则，它们对司法判决的指导作用只能

---

〔1〕 参见［美］德沃金：《认真对待权利》，信春鹰、吴玉章译，中国大百科全书出版社1998年版，第55页。

〔2〕 Frederick Schauer, "Prescriptions in Three Dimensions", *Iowa Law Review*, 82（1997），p. 739.

〔3〕 庄世同："论法律原则的地位"，载 http://www.douban.com/group/topic/2196607/2010-1-27，最后访问日期：2023年5月14日

〔4〕 参见葛洪义："法律原则在法律推理中的地位和作用——一个比较的研究"，载《法学研究》2002年第6期。

通过规则的适用才能够予以完成。不仅如此，这些学者还普遍担忧，法律原则的表述十分宽泛，其包容性强而确定性弱的特点，会给其司法适用带来较大的任意性，从而最终影响司法公正。

持肯定态度的学者们不仅承认法律原则可以作为一种独立的法律要素，而且对法律原则在弥补法律规则局限性方面的作用持积极的态度。就以德沃金为例，他对法律原则地位的认识，完全是建立在对哈特批判的基础上的。德沃金完全不能接受法律原则缺席下的"法官造法"，他认为这就意味着法官超越了宪法所赋予的职权范围，从而导致分权原则和权力制约的失效。德沃金主张法律体系本身就包含了法律原则，作为法律构成要素之一的法律原则，就是案件（包括疑难案件）适用规则之外寻求法律上的"唯一正解"。在我国法理学界，法律规则、法律原则和法律概念构成了实定法的三大构成要素已经成为通说，无论是法学理论，还是法律实践，都普遍认可法律原则的司法功能，认为法律原则的司法适用是在严格规则主义不能满足社会发展的裁判需求时产生的，原则固然具有宣示和倡导作用，但如果仅限于此，其效力和作用就难以发挥。法律原则的裁判功能克服了规则的固有缺陷，消解了司法过程中法律抽象性与案件具体性、法律稳定性与社会发展性之间的固有矛盾。同时，法律原则的司法适用为法官填补规则漏洞提供了正当性基础，避免了法官自由裁量权的滥用。但是，正是因为法律原则本身固有的模糊性和不确定性消减了其规范作用的发挥，因此，法律原则的司法适用并不是绝对的、无限制的，而应该有所限定。

二、案例介绍：威斯康星州诉约德案（Wisconsin v. Yoder）

威斯康星诉约德案是一起由美国最高法院于 1972 年判决的案件。从 19 世纪末开始，为了提高整个社会的教育文化水平，美国各州议会纷纷依据《美国宪法修正案》第 10 条授予的教育立法权出台强制性的义务教育法案。而美国的阿米绪人却一直延续着所谓"单室教育"的民族传统教育方式，而且，阿米绪人还执拗地认为：孩子读书到 14 周岁（相当于美国义务教育的八年级）就已足够，从 15 岁开始就应当到农田里干活；而其他的美国孩子从 15 岁时开始的高中教育对阿米绪人有害无益。阿米绪人坚持认为公立学校的教育方式会令他们的孩子逐渐脱离代代相传的宗教追求，是对其宗教信仰的极大威胁。许多阿米绪家长因拒绝送子女就读高中违反了义务教育法而被罚款甚至被捕，他们的孩子由政府监管；一些地方的阿米绪孩子被押上校车强制"转学"并接受义务教育；1968 年，林德赫姆一名律师以威斯康星州侵犯阿米绪人的宗教信仰为由在格林县法庭起诉，却被判决败诉。于是，他上诉到威斯康星州法院，州法院则站在了阿米绪人一边，推翻了初审法院的判决。最后，威斯康星州政府向美国联邦最高法院提起了上诉，这便是美国司法史上著名的"威斯康星州诉约德"案。

1972 年 5 月 15 日，美国联邦最高法院下发了威斯康星州诉约德案的意见书，决定维持原判。法院的多数意见认为，尽管州政府拥有教化公民和监管基础教育的权力，但是这种权力并非绝对。州政府在普遍教育方面的利益不能完全免于权衡程序，尤其是在与自由行使条款和家长权利相冲突的情况下。首席大法官沃伦·伯格在多数意见书中首先考察了阿米绪人的宗教信仰与生活方式，在沃伦·伯格看来，阿米绪人信仰的核心莫过于"与世隔绝"，阿米绪人拒绝八年级以上的正式教育便是基于这种宗教信仰。高中义务教育将导致阿米绪儿童暴露在与自身信仰相冲突的世俗氛围之中，不仅会对阿米绪儿童造成心理创伤，更会对阿米绪社区造成灾难性的影响。伯格认为被告充分地证明了其主张是基于真诚的宗教信仰，以及阿米绪信仰与阿米绪生活方式之间存在密不可分的联系。如专家证人所说，阿米绪信仰不仅仅是抽象的神学理念，更是指导阿米绪人生活方式的信条。基于庭审中的可信证据，法院有理由相信"威斯康星州政府强迫阿米绪儿童接受八年级以上的正式教育这一行为，即使不会导致阿米绪信仰的毁灭，也会对他们的宗教信仰的自由实践造成严重的威胁"。

三、案例分析

通过本案，我们可以看出美国联邦最高法院的审理思路：首先明确诉讼双方所持的意见及其背后的宪法权利条款；其次对诉讼双方所陈述的理由分别进行合法性和合理性的考察，而后考量某种权利是否产生了重大的消极影响；最后得出判决的结果。第一点的明确相对简单，阿米绪人认为威斯康星州的义务教育法侵犯了自己的宗教信仰自由，而威斯康星州则认为实施义务教育有着比阿米绪人所谓的宗教信仰更大的利益。最终，美国联邦最高法院以审慎的态度作出判决支持了阿米绪人的主张。首席大法官沃伦·伯格在判词中指出，现代中等教育所教授的内容和价值同阿米绪宗教生活的根本方式有着尖锐的冲突，强制实施的教育法规侵犯了阿米绪教徒的宗教自由权利。在最高法院的判词中，沃伦·伯格大法官写下了如今这段还常常被人们引用的话："我们不可忘记，在中世纪，西方文明的很多重要价值是由那些在巨大困苦下远离世俗影响的宗教团体保存下来的。没有任何理由假设今天的多数就是正确的，而阿米绪和类似他们的人就是错误的。一种与众不同甚至于异僻的生活方式如果没有干涉别人的权利或利益，就不能仅仅因为它不同于他人就遭受谴责。"

与此同时，这个案例还反映了另一个与法律原则司法适用关系密切的问题，即针对有待解决的个案，法律体系中虽然有相应可使用的规则，但该规则却与原则相冲突，那么到底应该适用法律规则还是法律原则呢？如果适用，应该如何适用？

（一）关于法律原则司法适用的讨论

对于个案中规则与原则相冲突的问题，应该优先适用何者形成了两个观点对立的阵营。原则优先论认为法律原则是规则赖以存在的价值基础和精神指引，因此，原则的效力是高于规则的。但其问题在于，既然规则已经和原则不一致了，那么原则就很难再被认定为是规则的基础，所以这个理由很难成立；规则优先论则认为规则是具体的，具有可操作性，在规则存在的情况下必须优先适用规则。但它的问题在于，规则本身的具体性和可操作性其实就是它的实用性，实用性并不等同于规则的正当性和效力上的优先性。无论是德沃金所列举的 1889 年美国的"里格斯诉帕尔默案"，还是我国的"泸州遗赠案"都十分典型地反映了在规则与原则相冲突的情况下，从法的正义观念来看适用法律原则是具有较强正当性的。对此，我们首先应该基于法的安定性要求，在一般情形下适用规则。而对法律原则的优先适用是需要严格限制条件的，阿列克西也明确指出了这一点。他认为在具体个案中，如果规则和原则发生冲突，那么如果要适用原则就要进行有条件的操作，即不仅要将法律原则 P1 与支持该法律规则的 P2 相权衡，同时"还须与一些形式原则"相衡量，这些形式原则就包括"通过正当权威所制定的规则必须遵守"以及"不得无理由地偏离一贯的法律实践"等原则，为此不能只是因为原则 P1 的分量比原则 P2 大，就无条件地推论出原则 P1 应优先被适用。[1]

（二）法律原则司法适用的前提

法律原则作为众多法律规则赖以存在的基础和原理，以多种方式存在于

---

〔1〕 林来梵、张卓明："论法律原则的司法适用——从规范性法学方法论角度的一个分析"，载《中国法学》2006 年第 2 期。

法律制度和法律思想之中。法律原则的司法适用将事实、规范与价值有机融合，既维护了司法实践本身的确定性和稳定性，又赋予了法官以能动性。特别是在当前的社会转型时期，理性建构主义的立法思想企图编织一张包罗所有社会事实的规则之网，但面对纷繁复杂、瞬息万变的社会实践，总会显现出僵化和滞后的现实疲态。法律原则的司法适用积极回应了转型社会的制度需求，其进入司法裁判似乎是一种必然。但如果允许形形色色的法律原则全部充斥于司法裁判之中，势必会对法的安定性和确定性价值造成损害，因此，法律原则司法适用的基本前提就是确定法律原则司法适用的场合。

在什么场合下法律原则才能得以适用？如前所述，为了保证法的确定性和安定性，规则适用是一种优先选择，这是司法裁判的惯常状态。而原则适用作为司法裁判中非常规的司法方式，它的具体适用必须分别满足实体上的"规则不能"和程序上的"穷尽规则"。

1. 实体上的"规则不能"

司法实践中，疑难案件是法律人所要处理的棘手问题，疑难案件之所以"疑难"，是因为制定法具有规则缺席的局限性，无法为妥善解决案件提供明确的行为指引，由此形成了"规则不能"。至于为什么会形成"规则不能"？英国著名法理学家哈特就将规则不能的缘由归咎于规则语言中存在的"空缺结构"，他指出："任何选择用来传递行为标准的工具——判例或立法，无论它们怎样顺利地适用于大多数普通案件，都会在某一点上发生适用上的问题，并表现出不确定性；它们将具有人们称之为空缺结构的特征。"[1]德国学者拉伦茨、魏德士则认为法律"违反计划的不圆满性"才招致了"规则不能"，[2]意思就是说规则体系因缺乏对某种事实情形的调整而存在法律漏洞。而英国学者布莱克·斯通认为，如果按照规则语言含义来理解，很有可能会出现一个"荒谬的意义"。布莱克·斯通这种"我们必须从它们的已被接受的意义中做一些偏离"[3]的观点逐渐具体化，成为英国成文法解释的"黄金规则"，即一般情况下法官应当遵循词语常规的含义，但是如果这种含义出现了令人

---

〔1〕　［英］哈特：《法律的概念》，张文显等译，中国大百科全书出版社1996年版，第127页。

〔2〕　［德］卡尔·拉伦茨：《法学方法论》，陈爱娥译，商务印书馆2003年版，第251页；［德］伯恩·魏德士：《法理学》，丁晓春、吴越译，法律出版社2003年版，第362页。

〔3〕　William Blackstone, *Commentaries on the Law of England*, Book 1, Thomas B. Wait, & Co, 1807, p.44.

难以接受的、十分荒唐的裁判结果，就需要另当别论。关于规则的局限性问题可谓观点林立，但总结起来，大致有四种情形：①规则漏洞，就是当下的法律案件所涉及事实情形并没有被规则明确规定出来，或者当前的案件情形是当时立法者依据其立法意图及其整体计划所没有料想到或是无法涵盖的，由此导致的存在缺失。这就是德沃金理论中所谓的"规则漏洞"，之所以不称之为"法律漏洞"，是因为德沃金认为即使没有明确的法律规则形成具体的处理方案，也可以依靠法律原则的指引来进行司法裁决，这样法律原则就成了规则漏洞的填充剂。②规则模糊，即规则的具体理解并不是单一的，可以从不同立场和视角对规则本身的含义作出多种不同的理解，其字面含义难以确定。这样法官就可以依据法律原则所蕴含的价值指引在众多的含义解释中为合乎个案正义找到一个公正的解释。③规则悖反，德国学者拉德布鲁赫曾指出："当规则违背正义达不可容忍的程度以至事实上成为'非法的法律'时，它必须向正义做出让步。"[1]这种情况就是所谓的规则悖反，它所表达的是明确的规则含义，却在其个案适用中造成判决结果明显违反了立法者的立法意图和目的，造成明显的不公正或是荒唐的情况，由此需要法律原则取代规则并加以矫正，从而减少个案裁决中的实质不公。④规则冲突，就是同一个法律事实却有着两个或两个以上的法律规则与之对应，从此形成了不同的判决结果，此时法律原则就成为多个备选规则进行优选的依据和准则。

2. 程序上的规则穷尽

无论是法律规则还是法律原则的裁判适用，均需要执行严格的程序性规定。对于法律原则的司法适用，部分学者始终对"规则不能"保持怀疑态度，这就必须为原则适用设定一个程序上的条件加以限定，即规则穷尽。这一限定所反映的是，人们为了防止法官的恣意，出于对规则确定性的确信而产生的诉求。它要求在司法裁判过程中，首先寻求法律规则的明确答案来获得司法判决这种妥当的处理结果，即使出现了实体上的规则不能，法官也必须被约束在规则提供的解决方案中，以基本的善意审慎地进行抉择，最终运用各种可能的法律技术与方法仍不能有效解决时，方能诉诸法律原则。在此过程中，法官会对当事人提供的法律规则进行斟酌，专业性的法律思维会帮助法

---

[1] [德]古斯塔夫·拉德布鲁赫：《法律智慧警句集》，舒国滢译，中国法制出版社2001年版，第170页。

官在事实与规则之间的辗转中，集中案件争论的焦点所在，寻找事实与规则之间的法律联系，谋取规则对应的妥当性。在这个持续的法律思维过程中，会不断有新的观点和问题涌现，并不间断接受论辩的考验，最后直到不能再为案件寻找到适当的可用规则或不会再出现规则适用的新观点时，才允许法律原则的救场，这就是所谓的穷尽规则的程序。也正是这一程序的设置，有效地约束了法官的自由裁量，防止了自由裁量的恣意和随性，维护了法律的安定性和权威性。

（三）法律原则司法适用的方法

作为法律构成的独立要素，法律原则和法律规则分别具有不同特点，这就使其具体的司法适用必须满足或符合不同的司法技术和说理要求。法律原则的伦理性、抽象性和模糊性决定了原则的适用过程不可能像规则一样，要以概念上的精准把握为前提。原则适用的关键在于权衡，权衡不同裁决结果考量因素的不同"分量"，而"分量"本身又难以精确，因此也难免会造成权衡的不稳定性，这也成了原则适用的弊端。基于此，在审慎适用法律原则的同时，还必须对原则适用设置一些约束条件和裁判机制。

1. 更强理由的判断与操作

当原则适用被定位为一种"分量"权衡，法官在规则偏离而决定适用原则时，就必须进行权衡，而权衡的基础就是考量原则适用是否具有"更强理由"。"规则支配的行为所着眼的东西被限于各种情况的共性。某一情况的细节、特征和特定环境，都可以忽略不计。原则支配的行为所着眼的东西不被限于各种情况的共性，必须注意个别的情况。个别情况的细节、特征和特定环境，对于决定如何最好地满足运用于那一类情况的原则的要求，具有显而易见的重要性。"[1] 所谓的"最强理由"，根据德国学者阿列克西的论证，是指如下这种情况："当法官可能基于某一原则 P 而欲对某一规则 R 创设一个例外规则 R1 时，对 R1 的论证就不仅是欲适用的原则 P 与在内容上支持 R 的原则 R.p 之间的衡量而已。P 也必须在形式层面与支持 R 的原则 R.pf 做衡量。这里的 R.pf 是指'由权威机关所设定指规则的确定性'。要为 R 创设例外规

〔1〕［苏］C.C. 阿列克谢耶夫：《法的一般理论》（上册），黄良平、丁文琪译，法律出版社1988 年版，第 271 页。

则 R1,不仅 P 要有强过 R.p 的强度,P 还必须强过 R.pf。"[1]通过这一分析,我们得知,所谓"更强"是从比较意义上而言,也就意味它的适用不仅首先要从力度上超过已被排除的规则,而且还要从长远意义上确定原则适用所具有的正当性要超过规则适用所表征的法的确定性价值。

至于更强的理由是什么?这就需要依赖裁判法官的说理。之所以如此,是因为"原则不是以要么有效要么无效的方式适用,并且原则可能互相冲突,所以,原则有'分量'。就是说,互相冲突的原则必须互相衡量或平衡,有些原则比另一些原则有较大的分量。因为规则是以要么有效要么无效的方式适用的,所以他们并不必须互相衡量或平衡"。[2]由此看来,原则适用的过程并非简单的逻辑操作,而是一种复杂的价值判断。为了在司法裁决中能够有效地约束法官的自由裁量,确保法的安定性,充分说理必须成为法官适用原则的法定义务。

2. 原则的价值排序与操作

从现有的具体案例来看,原则适用完全是由规则与原则的冲突所引发的。但从逻辑上来分析这是有问题的,规则有着严密的逻辑结构,其行为模式与法律后果的结构使其作为裁判标准具有规范指导功能,而原则虽然具有规范属性,但其抽象性和伦理性特质使其与规则无法在同一个逻辑层面产生冲突。所谓的冲突其实是原则与规则所代表的另一原则的冲突。法律规则可以还原为法律原则,所以两者冲突就是原则之间的冲突。解决原则冲突需要在相互冲突的原则之间进行选择和取舍,取舍的标准就是原则蕴含的价值位阶。在法理学领域中,我们对一些价值位阶已经形成了基本共识,例如拉伦茨就提出人的生命、自由和人性尊严是普遍高于财产法益的,即所谓的"内在的阶层秩序"。

而在具体案例中原则的价值排序还必须借助权利的分层予以细化。以本节所讨论的"威斯康星州诉约德案"为例,19 世纪末的美国,各州议会为了提升教育水平,纷纷依据《美国宪法修正案》第 10 条授予的教育立法权制定并颁布了强制性的义务教育法案,法案对适龄儿童的义务教育年龄作出了明

[1] 秦策:"法律原则裁判功能之限定",载《江海学刊》2011 年第 6 期。
[2] [美] 罗斯科·庞德:《通过法律的社会控制》,沈宗灵译,商务印书馆 1984 年版,第 22~23 页。

确规定："当阿米绪人所定居的那些州开始立法强制规定义务教育至 16 岁时，阿米绪教徒教育自己孩子上学只到 14 岁的做法就违法了。"[1]而阿米绪人也认为公立学校的教育方式会令他们的孩子逐渐脱离代代相传的宗教追求，是对其宗教信仰的极大威胁。所以，"威斯康星州诉约德案"表面上看是美国威斯康星州的义务教育法案的某些具体规定与宗教信仰自由之间的冲突，依据"还原论"的视角和方法，我们可以将义务教育法案的具体规定还原为旨在提升阿米绪人教育水平的教育平等原则。两项原则所表征的分别是美国公民的受教育权和宗教信仰自由权，阿米绪人基于宗教信仰排斥公立教育引发了权利冲突，受教育权来源于州宪法，而宗教信仰自由权是美国联邦宪法第一修正案所明确规定的，是基于联邦宪法的权利，然而如果仅仅将效力位阶作为理由得出结论是十分粗浅的，这中间还必须依赖于权利的论证。其实，阿米绪人也非完全排斥公立教育，只是接受公立的初等教育，而排斥 8 年级之后的中等义务教育。对此，首席大法官沃伦·伯格在判词中指出："多受一二年正规教育充其量也不过是一种推测出的收益（a speculative gain）。"在接下来的论证中，威斯康星州"教育在使公民有效和明智地参与开放的政治制度以及使公民成为社会上自力更生和自给自足的参与者两个方面的作用"缺乏说服力，州政府认为阿米绪人的传统教育导致他们愚昧无知的观点也与事实不符，因为"阿米绪人一直是一个高度成功的社会单位，……他们的成员是社会里创造经济价值、奉公守法的成员"。而在伯格大法官看来，宗教信仰是阿米绪人精神性存在的方式，也就是说宗教已经不仅仅是个单纯的神权信仰问题，它甚至决定了他们的生存方式和存在样态。基于此，美国联邦最高法院才会最终与阿米绪人站在同一战线上。这种价值排序和权利位阶已然成为美国社会的基本共识，十年之后的弗吉尼亚州最高法院在"弗吉尼亚诉亚都"[State v. Riddle，285S. E. ZD359（1981）]一案的判决中仍得到遵循并有所发展，司法机关实施这种宗教信仰保护条件时明确声明，当学校教育无法为家庭提供足够的宗教信仰时，家长"在家教育孩子"的权利会得到支持。[2]

3. 附加事实条件

法律原则的司法适用关键还是在于"适用"，所谓"适用"就是将抽象、

---

[1] 林达：《扫起落叶好过冬》，生活·读书·新知三联书店 2006 年版，第 356 页。
[2] 高秦伟："美国'在家教育'的合宪性及其法律规制"，载《比较教育研究》2010 年第 6 期。

宽泛的法律原则与具体个案相结合，由此形成了附加事实条件的问题。附加事实条件形成了法律原则与个案的联系点，而连接的方式就是要"具体化"。对此，拉伦茨指出："虽然法律原则通常具有主导性法律思想的特质，其不能直接适用以裁判个案，毋宁只能借其于法律或者司法裁判的具体化才能获得裁判基准。"[1]附加事实条件将抽象的法律原则与具体个案连接起来，是法律原则具体化过程中十分关键的步骤。以"泸州遗赠案"为例，遗嘱继承是我国《民法典》所规定的一种继承类型，出于对被继承人个人自主意识力的尊重，法律已经明确规定："公民可以立遗嘱将个人财产赠给法定继承人以外的人。"而日常生活中，这种法定继承人以外的人往往是与被继承人存在某种伦理关系的人，如帮扶的友人、邻居等，但本案中的当事人与被继承人却是一种非法同居关系，是有悖伦理的，于是就构成了遗嘱继承规则的例外情况。正是这个例外情况为排除遗嘱继承规则创设了条件，也才有必要引入公序良俗对本案进行裁决。社会生活及其相互关系是纷繁复杂的，非法同居关系的形成和维系有些是基于金钱给付等物质目的，但也有一些是基于情感关系的相互扶助，所以，作为例外的事实条件必须具体明确，这样才能避免例外规则的不恰当扩大，从而减损既有规则的效力范围。

4. 原则冲突的最佳化解决

规则缺位需要原则的填补，但也造成了相关领域多个原则的相互冲突，并由此竞争案件支配地位的情形。从某种意义上来看，"规则是各种相互冲突的原则的妥协物"[2]，当某些规则需要解释时，规则背后所赖以为基的规则冲突便会再次呈现。如何解决这一冲突？特别是是否存在一劳永逸的解决规则？阿列克西指出了原则冲突解决的暂时性和情境化，也就是说在某一个案例情境中该原则取得了支配地位，但这种获胜是暂时的，仅仅针对这一个案，在另一案件中该原则并不一定同样会获胜，原则的优先顺位是随着案件的改变而改变的。要想在具体情境中获得原则冲突的最佳解决，有必要借鉴比例原则的分析思路来实现"最佳"。即适合性分析提出了目的性要求，要求法律原则的适用更加符合立法意图；必要性分析提出了工具性要求，要求原则适

---

〔1〕 [德] 卡尔·拉伦茨：《法学方法论》，陈爱娥译，商务印书馆2003年版，第353页。

〔2〕 Kenneth J. Vandevelde, *Thinking Like a Lawyer: An Introduction to Legal Reasoning*, Westview Press, 1996, p. 142.

用既然无可避免，那就必须相较于其他原则将对法律安定性价值的伤害降低至最小；而均衡性分析则提出了相称性要求，要求在原则适用所获法益的前后比较中该原则所获得的法益应当是大于不适用该原则所获得的法益的。

（四）法律原则司法适用的隐忧

在现代社会，人们对法律的重视，甚至是对法律的信仰，完全基于法律所独有的公正的定分止争功能。长期以来，我国的一些法律人开始夸大法律原则的作用，偏爱于以原则来实现法的纠纷解决功能，试图以"原则之治"取代"规则之治"。由此我们可以看到，每一部法理学或部门法学的教科书中都有对法律原则的论述，每部法律都有原则性的规定，原则的泛滥已经让很多法律人患上了法律原则的"崇拜症"。但事实却是极为残酷的，浙江首例"贞操权案"依据法律原则对当事人进行了损害赔偿，但其他法院却均不予受理。"南京邮电局诉崔某新欠付电话费纠纷案"从公平合理原则出发判处被告承担违约责任，而二审法院的判决结果竟然同一审判决截然相反，认为"判决结果不符合公平原则，应当纠正"。如此的裁判必须使我们对法律原则的司法适用保持警惕和审慎的态度，否则，法律的"原则之治"看似"高大上"，却在无形之中损害了法治的根本。

法律原则司法适用强调的是法律原则进入到具体个案并成为其裁判基准，有别于规则裁判，因此，原则适用的影响，不管是积极性的，还是消极性的，都是按照"案件—法官—法治"的顺序逐步消散和扩展，直至辐射整个法治体系。

就对案件本身的影响而言，法律原则司法适用的"正当性来源于其代表的普遍的社会价值，通过一定程序来具体化，能极大地增加原则适用的社会认同感"。[1] 之所以如此，是因为法律原则本身就来源于社会的伦理观念和法则，道义性法律原则本来就与社会的道德原则具有极强的亲缘性，这就会使司法审判呈现出较强的泛道德化和泛政治化色彩。从理想形态来看，法律与道德分属于不同的社会规范并各自形成逻辑自洽的规范体系，但生活中却往往含混在一起纠缠不清，所以，"上帝的归上帝，恺撒的归恺撒"所表达的截然分立绝非易事。现实中，"由于受前见的影响，即使那些最具理性的最需要压制自己个人情感而必须恪守法律的法学家和法律实践者，在为某一判断时，

---

〔1〕　季卫东：《法治秩序的建构》，中国政法大学出版社 1999 年版，第 53 页。

也往往难以做到价值中立"。[1]正是基于此，在案件裁判基准的选择中法律原则极易被道德原则所替代，最后导致案件审判将以民众的道德情感为依据，法律逻辑被生活逻辑替代的结果，不仅仅会导致法律独立性的丧失，更会让司法裁决成为民众道德情感的宣泄口，使司法审判褪去了神圣的光环而沦为民众的狂欢。

就对法官本身的影响而言，司法权力将受到极大扩张。当司法裁判出现了规则不能，法律漏洞的出现需要以法律原则加以弥补，但一个基本的逻辑问题就出现了：内涵模糊外延宽泛的法律原则根本不具备严密的逻辑结构，自身的不严密又怎么在法律制度的理性之网中进行准确的定位并进行填补呢？那些极力倡导原则优先论的学者似乎也懂得："通过法律原则对法律'时滞'性以及其他缺陷的补救，我们可权且称之为法律的'续造'。"[2]法官对法的续造实现了"法官造法"，也就意味着对当事人的权益处置完全交给法官的自由裁量，此时唯一能够起到约束作用的只有法律原则。而事实上，法官在对原则冲突进行解决时，不仅不会受原则约束，反而原则成为其随意操控和驾驭的工具。"法官如只受上述形式意义原因的支配，是很容易规避法律原则的，从而摆脱法律原则的实际约束。也就是任何法官都可以在主张已经遵守法律原则的情况下，把法律原则作了任性的解释，这时法律原则的意义其实已经不存在了。"不仅如此，当社会对司法裁判充分质疑时，法律原则为法官的司法裁量张目，法律原则就成为法官抵挡争议和批评最好的挡箭牌。最终可能我们对司法公正的寄托只能寄托于法官的良知。

就对法治整体的影响而言，社会转型意味着一种社会体制深层次的转换与更迭，随着新旧规则的更替，触动了社会各领域的不确定，无论是思想多元形成的观点林立，还是规则转换带来的行为示范，所有的变幻都可能会导致社会的失序。正因如此，"在现代社会，许多国家的立法和法学家甚至把法的安定性推崇为法的首要价值"[3]，司法裁判结果的确定性是法的安定性的重要内容和表现，而司法结果的这一特质又是由规则审判所带来的。抽丝剥茧之后，法律规则本身具有"假定—后果"的因果链条和逻辑结构，它所具

---

[1] 刘治斌："论法律原则的可诉性"，载《法商研究》2003年第4期。

[2] 谢晖："论法律原则"，http://www.chinalawedu.com/news/2003-11/5/0927342064.htm，最后访问日期：2023年7月27日。

[3] 周永坤：《法理学：全球视野》，法律出版社2000年版，第439页。

有的正规性、形式性、实证性特征使其成了最佳的行为指引。而法律原则的模糊性和不确定性过高，根本无法为社会成员提供明确的行为准则，亦无法发挥法律的告知、指引、预测功能。相反沉浸于原则指引的民众，行为界限的划定和利益衡量的判准都将在原则的空泛说教中蜕变为自我利益的狡辩。从个体行为延伸至社会系统，法律原则的非正规结构会在法律法治系统运行的起点埋下隐患，"原则的笼统性、抽象性，众多执法人员素质和能力的差异性，都会使其做出的判断不同，甚至完全相反"，"立法质量的粗糙、法律充满原则而缺乏规则，是导致执法混乱的重要原因之一"。[1]不仅如此，法官依循法律原则的自由裁量，让司法审判缺少了程序正义的规范约束，完全依赖法官的自由心证进行价值权衡。我们有理由担忧司法权力的恣意和放纵，"使用自由裁量余地大的不精确的标准还会导致更多腐败的可能性"。[2]

第三节　法律的渊源

一、理论导读

（一）法律渊源的含义

在对"法律渊源"这一法学术语含义的理解上，学者们从不同的角度出发，提出了各自的学说观点。本质渊源说认为，法律渊源指的是"隐藏在法的现象背后，对法的产生和发展起决定性作用的因素"。[3]如历史法学派代表人物萨维尼认为，法律是民族意志的体现，"法律随着民族的成长而成长，随着民族的壮大而壮大，最后，随着民族对于其民族性的丧失而消亡"。[4]内容渊源说关注的是法律得以产生的质料所包含的内容。这些质料主要包括制定法、判例、风俗习惯、统治者的命令、宗教教义、专家意见、公平正义观念和理论学说等影响法律产生的基础。效力渊源说认为法律渊源是指法律效力

〔1〕　马岭："规则之治，还是原则之治？——我国目前立法工作的重心探讨"，载《学习与探索》2004 年第 3 期。

〔2〕　［德］沙弗尔："'规则'与'标准'在发展中国家的运用——迈向法治征途中的一个重大现实问题"，李成钢译，载《法学评论》2001 年第 2 期。

〔3〕　杨春福主编：《法理学》，清华大学出版社 2009 年版，第 80 页。

〔4〕　［德］弗里德里希·卡尔·冯·萨维尼：《论立法与法学的当代使命》，许章润译，中国法制出版社 2001 年版，第 9 页。

或约束力得以产生的原因。如分析实证主义法学代表人物凯尔森认为，法律渊源被用来说明法律效力的理由，尤其是最终理由，法律的"渊源"始终是法律本身，任何"高级"法律规范都是"低级"法律规范的渊源。[1]形式渊源说是法学界普遍接受的一种观点。该学说认为，法律渊源专指法律的表现形式，具体来讲，它是经有权国家机关制定或认可，作为司法裁判依据的法的外在表现形态，如一国的宪法、议会颁布的法律和普通法系的判例等。

长期以来，形式渊源说一直是法学界普遍接受的法律渊源的定义。这一学说侧重从强制性与功能论层面来界定法律渊源的内涵，即法律必须以国家强制力为保障，并且作为司法实践中法官审理案件的有效依据。这种观念体现了强烈的法教义学意义上法律的自主性与自足性色彩，并导致法律渊源与法律外在表现形式的混同。然而，这种观点忽略了法律来源背后的一些本质性因素，从而无法确切地揭示出"法律渊源"一词的完整含义。

（二）法律渊源的种类

受经济发展状况、历史传统、政治制度和思想观念等因素的影响，法律渊源（法律的外在形式）在不同国家以及不同历史发展时期有着不同的内容。现阶段，从世界各国的法律实践看，法律渊源主要包括如几种：

1. 制定法

制定法——成文法——是大陆法系国家中占主导地位的法律渊源。它一般指"由国家机关依照一定程序制定颁布的，通常以条文形式表现出来的规范性法律文件"。[2]狭义的制定法是指国家立法机关依照法定程序制定的规范性法律文件。广义的制定法还包括行政机关和监察机关依照法定程序制定的规范性文件。在中国，制定法主要包括宪法、法律、行政法规、部门规章、监察法规、地方性法规、地方政府规章、自治条例和单行条例、军事法规和军事规章、经济特区法规、特别行政区法规。

2. 判例法

判例法是英美法系国家最主要的法律渊源。通俗地讲，它是指由先前法院作出的，对本院和其他法院今后审理类似案件具有普遍约束力的判决成例。

---

〔1〕［奥］凯尔森：《法与国家的一般理论》，沈宗灵译，中国大百科全书出版社 1996 年版，第 149 页。

〔2〕孙国华、朱景文主编：《法理学》，中国人民大学出版社 2014 年版，第 105~106 页。

由于法官在判例法的形成过程中发挥了主要作用，因此，它也被称为"法官创造的法律"。判例法的形成深受英国经验主义思维模式的影响，它最基本的原则在于"遵循先例"。在英美法系国家，法官审理案件时，需先寻找与待决案件事实类似的判例，继而根据该判例的法律原则对待决案件进行裁决。判例在大陆法系国家属于非正式的法律渊源，法官不能直接依据判例裁决案件，但判例仍然具有重要的参考或指导意义。例如，我国最高人民法院发布的一系列指导案例事实上对于下级法院审理类似案件具有很强的约束作用。

3. 习惯法

习惯法是指经国家机关认可的，具有法律约束力的习俗和惯例。它是法律共同体在长期社会实践中所形成的普遍法律确信的结果。[1]在法的早期发展阶段，习惯法是其主要的渊源，随着经济社会的不断进步，成文法逐渐发展和成熟，许多习俗和惯例被成文法所认可和吸收，习惯法逐渐式微。从这个意义上讲，从习惯法向成文法演进，是法律发展的一个一般规律。从效力等级的角度来看习惯法与一般法律的关系，德国法学家施塔勒姆认为，法律通常对习惯法调整的事项保持沉默并绝不进行干预，但习惯法只能占有法律所让与和允许它们占有的这种地位。法律规则和习惯规则在价值上并不是并列的，它们属于不同的位阶，法可以限制习惯规则并取代或遗弃它，而不是相反。[2]

4. 国际条约

国际条约是指国家之间就政治、经济和军事等共同利益事项规定相互间权利义务关系的协议。国际条约的内容包括"条约、公约、协定、和约、盟约、换文、宣言、声明、公报等"。[3]一般地讲，国际条约在缔约国无法直接适用，欲在缔约国内得到适用，必须要得到缔约国法律的规定，将其确立为国内法，或者赋予以国内法的效力。[4]随着全球化的深入推进，国家间的政治、经济、文化以及军事等方面的交流日益频繁，国际条约在促进国际交往，协调国家间的利益冲突方面发挥着越来越重要的作用。在此背景下，国家条约已经成为一国法律渊源的重要组成部分。

---

〔1〕　［德］伯恩·魏德士：《法理学》，丁晓春、吴越译，法律出版社 2013 年版，第 103 页。

〔2〕　［德］施塔勒姆：《正义法的理论》，夏彦才译，商务印书馆 2016 年版，第 198~199 页。

〔3〕　孙国华、朱景文主编：《法理学》，中国人民大学出版社 2014 年版，第 110 页。

〔4〕　刘永伟："国际条约在中国适用新论"，载《法学家》2007 年第 2 期。

二、案例介绍：李某、宿迁市普邦商贸有限公司买卖合同纠纷案[1]

李某于 2021 年 12 月 1 日购买宁波市海曙区宝城商贸有限公司开设网店中的"贝蜜儿乳铁乳清蛋白复合粉"。经其查询，依据 GB14880-2012 食品安全国家标准食品营养强化剂使用标准的规定，乳铁蛋白可以添加的食品类别中不包括固体饮料类，而上述产品属于固体饮料，按照国家标准，该产品中不允许添加乳铁蛋白。因此，李某于 2022 年 1 月 2 日以产品责任纠纷起诉宁波市海曙区宝城商贸有限公司。李某又于 2021 年 12 月 1 日购买深圳贝蜜儿健康集团贸易有限公司开设网店中的"贝蜜儿乳铁乳清蛋白复合粉"，基于同样的原因，于 2022 年 1 月 2 日以产品责任纠纷起诉深圳贝蜜儿健康集团贸易有限公司。

李某还于 2022 年 3 月 29 日购买安庆香沐禾电子商务有限公司开设网店中的"马来西亚东革阿里能量咖啡"。2022 年 4 月 1 日收到商品食用后，李某出现鼻塞、头痛、头晕、心跳加速、面部潮红等症状。李某通过网上查询，得知可能食品中添加了"壮阳药"成分。后李某委托山东瑞普照检测技术有限公司检测该产品，检测结果为"西地那非"含量 $5.38 \times 10g$。因此，李某于2022 年 5 月 10 日以买卖合同纠纷起诉安庆香沐禾电子商务有限公司。

李某又于 2023 年 1 月 29 日，在被告普邦公司京东网上开设的店铺（普邦食品饮料专营店）以 506.66 元的价格，购买了一盒（20 包，每包的名称为：天然草药咖啡，天然药草精力一匕一）云舵马来西亚东革草本咖啡速溶阿里苦咖啡。李某收到上述天然草药咖啡后，没有按照包装上面的要求一次服用一包的 1/3，而是一次服用一包，服用了三包，即三次。李某在服用后出现了鼻塞、头痛、头晕、心跳加速、面部潮红等症状。

2023 年 2 月 7 日，李某将该产品委托昌友联益电子商贸有限公司送至山东瑞普检测技术有限公司进行检测。对案涉产品作出检测后，李某向被告当地的食品药品监督管理局打电话进行举报，在得到被告的电话后，李某与被告双方通过电话进行协商，李某要求被告 10 倍支付价款并承担检测费等，被告表示同意承担检测费用，并补偿李某 1 倍价款，但李某没有同意，诉至东昌府区人民法院。

---

[1] 案例摘自山东省聊城市东昌府区人民法院［2023］鲁 1502 民初 2673 号民事判决书。

该法院认为，根据《消费者权益保护法》[1]第 2 条的规定，消费者为生活消费需要购买、使用商品或者接受服务，其权益受法律保护。2014 年，最高人民法院在《最高人民法院公报》上公布的 23 号指导案例"孙银山诉南京欧尚超市有限公司江宁店买卖合同纠纷案"，对消费者的概念作出进一步说明：消费者是相对于销售者和生产者的概念，只要在市场交易中购买、使用商品或者接受服务是为了个人及家庭生活需要，而不是为了生产经营活动或者职业活动需要的，就应当认定为"为生活消费需要"的消费者，属于消费者权益保护法调整的范围。

基于此，该法院认定，李某多次在网上购买产品，购买后接着便进行查询所购买的产品是否符合国家食品安全标准，然后向人民法院提起诉讼，诉求销售者予以 10 倍赔偿，其行为已成常态。特别是李某于 2022 年 3 月 29 日、2023 年 1 月 29 日连续两次在网上开设的食品专营店，分别购买"马来西亚东革阿里能量咖啡"及"马来西亚东革草本咖啡速溶阿里苦咖啡"，并分别委托检测机构进行检测，可见，李某对商品瑕疵的认知要远高于普通消费者，类似的商品瑕疵和缺陷已不足以对其形成误导。故李某在网上购买产品的行为已经不符合普通消费者的正常消费习惯，综合考虑李某在该法院有四起同类涉诉案件，且诉讼请求均为退货款并赔偿 10 倍货款，所以认定李某在网上购买案涉产品具有牟利的主体身份。故李某购买案涉产品的行为不受《消费者权益保护法》的保护，李某依据《食品安全法》的规定要求被告 10 倍赔偿的诉讼请求，该法院未予支持。

三、案例分析

上述案例是一个常见的产品责任纠纷案例。该案的争议焦点在于确定李某是否属于《消费者权益保护法》第 2 条规定的"消费者"。本案的主审法官将最高人民法院发布的 23 号指导案例提出的"为了个人及家庭生活需要，而不是为了生产经营活动或者职业活动需要"这一论点作为主要依据，因"李某对商品瑕疵的认知要远高于普通消费者""其购买产品行为已经不符合普通消费者的正常消费习惯"，从而认定李某不属于《消费者权益保护法》规定的

---

[1]《消费者权益保护法》即《中华人民共和国消费者权益保护法》，为论述方便，本书所涉及我国法律、法规等全部省略"中华人民共和国"字样，下不赘述。

消费者。[1]事实上，因《消费者权益保护法》第 2 条对"消费者"的定义过于笼统而导致该条文的可操作性不强，23 号指导性案例提出的观点已经成为判定消费者身份的一个主要依据。这就引出了我们下文要重点探讨的一个主题——指导性案例制度。该制度是我国法院以我国长期的司法实践为基础，借鉴英美法系的判例法制度，逐步形成的一种具有中国特色的"判例"制度。这一制度是对我国司法实践需求的回应，有着独特的功能与价值。但该制度经过较长一段时间的运行，暴露出了一些问题，面临着失序的困境。这需要我们从司法实践中出现的问题出发，提出规范指导性案例制度发展的进路。

（一）指导性案例制度的功能与价值

2010 年，最高人民法院颁布了《关于案例指导工作的规定》（以下简称《规定》），该《规定》初步确立了具有中国特色的指导性案例制度。[2]指导性案例制度以"指导性"作为其功能与价值的基础。这种"指导性"有助于实现同案同判，促进司法公正；为法官判案提供裁判规则；提升司法裁判的效率，缓解法官的办案压力。

（1）指导性案例制度有助于实现同案同判，促进司法公正。一方面，中国的法院体制与审判制度实行的是四级三审制。在该体制下，不同法院与审级之间一般按照案件的重要性程度进行分工。这意味着同类案件可能因重要性程度的不同而在不同级别的法院进行审理。另一方面，在中国这样一个超大型国家中，南方与北方之间和西部、中部与东部之间在经济与文化方面有着较大的差异。这种客观现实使得不同地区的法官在业务水平方面往往有较大的差距。显然，经济较为发达的地区对人才的吸引力更强，本地区的法官往往有较高的学历以及业务能力，而经济较为落后的地区则正相反。因此，不同业务水平的法官对于同类案件往往有不同的理解，基于不同的理解可能会作出差异较大，甚至具有冲突性的判决。上述两方面在很大程度上违背了"同案同判"这一基本的司法裁判原则，从而对司法公正造成损害。[3]在这

---

[1] 山东省聊城市东昌府区人民法院［2023］鲁 1502 民初 2673 号民事判决书。

[2] 所谓的中国特色，主要是指指导性案例的生成具有明显的行政化色彩，体现了行政权的"高位推动"特征。参见郑智航："中国指导性案例生成的行政化逻辑——以最高人民法院发布的指导性案例为分析对象"，载《当代法学》2015 年第 4 期。

[3] 关于"同案同判"，参见雷磊："如何理解'同案同判'？——误解及其澄清"，载《政法论丛》2020 年第 5 期。

样的背景下，最高人民法院试图以指导性案例制度来统一法官的认知，从而统一案件的适用标准。这里以上述案例为例进行说明。前已叙及，《消费者权益保护法》对消费者这一概念只作了一项原则性规定。因此，不同法院以及不同法官之间对何为消费者的认知往往具有很大的分歧。对此，23 号指导性案例对何为"生活消费需要"作了进一步解释，这样就给出了一个较为统一的消费者认定标准，从而达到了统一法官认知的效果，最终实现同案同判，促进司法公正。

（2）指导性案例制度可以为法官审理案件提供裁判规则。指导性案例的文本结构通常包括"标题""发布时间""关键词""裁判要点""相关条文""基本案情""裁判结果"和"裁判理由"这样几个部分。根据最高人民法院《〈关于案例指导工作的规定〉实施细则》（以下简称《细则》）第 9 条的规定，裁判要点为指导性案例的可参考部分。[1]截至目前，最高人民法院共发布了 211 个指导性案例，通过对这些案例中裁判要点进行分析可以发现，裁判要点在内容与形式上具有很强的规范属性，在逻辑构造、语言风格和内容结构上类似于法律渊源中的制定法。[2]通常认为，"裁判规则是法官在诉讼过程中根据法律规定和案件的具体情况所建构的一种适用于具体案件的个案规范"。[3]然而，不难看出，最高人民法院试图通过裁判要点建构出具有普遍适用性的裁判规则。指导性案例制度的这种功能主要通过以下几种方式来实现：第一，对适用某一法律条文进行示范，例如，9 号指导性案例裁判要点的内容在相关司法解释和《公司法》中已有规定，而指导性案例这种重复性规定的意义在于对适用相关法律条文进行示范，并进一步对该条文起到提示、强调或激活的效果；第二，对某一法律条文进行补充，例如，194 号指导性案例对《刑法》中规定的"向他人出售或者提供公民个人信息"行为进行的补充说明；第三，创设新的"法律规则"，在本文案例中，《消费者权益保护法》规定的消费者范围实际上并不明晰，23 号指导性案例事实上以"是否牟利"为标准，创设了一个新的认定消费者的"法律规则"，从而将"牟利性消费者"

---

〔1〕《细则》第 9 条规定："各级人民法院正在审理的案件，在基本案情和法律适用方面，与最高人民法院发布的指导性案例相类似的，应当参照相关指导性案例的裁判要点作出裁判。"

〔2〕朱芒："论指导性案例的内容构成"，载《中国社会科学》2017 年第 4 期。

〔3〕王琳："论我国指导性案例的效力——基于实践诠释方法论的思考"，载《四川师范大学学报（社会科学版）》2016 年第 6 期。

排除出消费者范畴。

（3）指导性案例制度有助于提升司法裁判的效率，减轻基层法官的办案压力。如前所述，中国是一个超大型国家，在这样一个规模庞大的国家，对基层社会进行治理是一项十分艰巨的任务。基层法院作为基层社会治理的重要主体，需要化解纷繁复杂的社会矛盾，给基层法官带来了巨大的办案压力。在此背景下，最高人民法院推出了指导性案例制度，希望以此提升基层社会司法治理的效能，并减轻基层法官的办案压力。一方面，指导性案例制度可以减轻基层法官的工作压力。当基层法官熟悉最高人民法院发布的指导性案例后，就可依循此例对今后的相似案例进行判决。指导性案例中的裁判要点可以作为直接的裁判规则进行援引，而其中的裁判理由则可以为法官提供论证的思路，从而减少法官进行法律论证所要耗费的时间和精力。另一方面，指导性案例制度可以减轻基层法官的社会舆论压力。作为具有权威性主体认定的判例，指导性案例为处理一些疑难案件以及法理与情理存在张力的案件的法官提供了制度性权威的背书。在上述案例中，23号指导案例通过法律解释的方式，对《消费者权益保护法》第2条进行了论证，形成了可直接适用的裁判规则。基层法官在面对同类问题时，可以直接援引该规则。另外，在认定职业打假人和投机性消费者是否为消费者这一问题上，法律共同体内部存在着很大的分歧，这导致基层法官在处理该问题时面临着社会舆论的压力。当最高人民法院以指导性案例的方式为这一问题作出权威性理解时，援引该案例的法官所要面临的社会舆论压力就将大大降低。

（二）指导性案例制度的运作失序困境

指导性案例制度在很大程度上发挥了最高人民法院为其预设的基本功能。然而，中国作为一个大陆法系国家，"判例法"的司法实践较为薄弱，欠缺相应的制度实践和经验积累。这种客观现实导致指导性案例制度在实际运行中偏离了制度设计的初衷，面临着失序的困境。其中，主要有如下几个较为突出的问题。

（1）指导性案例制度的行政化逻辑背离了司法逻辑。行政化逻辑强调机构之间和人员之间的命令与服从关系，重点关注效率。司法逻辑则强调司法的独立性和法官的自主性，重点关注公正。作为司法领域的一种制度，指导性案例制度理应遵从基本的司法逻辑。然而，指导性案例制度在实践运行中越来越受到行政化逻辑的干扰或主导，在很大程度上背离了基本的司法逻辑。

首先，指导性案例形成机制的行政化。指导性案例采取科层等级式的推荐筛选机制，下一级司法机关向上一级司法机关推荐相关案例，上一级司法机关再向其上一级司法机关推送相关案例，最终由最高人民法院确定哪些案例可以入选指导性案例。这种逐级推送的方式显然是一种行政性领导关系。[1]其次，指导性案例的政策化。司法应当以法律为准绳，而不应被频繁变迁的行政性政策议程所左右。相应地，指导性案例制度需要与这些政策议程保持足够的距离。然而，中国的指导性案例更多是以政策议程为导向，以至于成为一种执行政策议程工具。最后，指导性案例制度的主要目的在于限制法官的自由裁量权。《细则》第 9 条规定对于与最高人民法院发布的指导性案例在基本案情和法律适用方面相类似的案件，法官应当参照相关指导性案例作出裁判。一旦与指导性案例的裁判不一致，下一级法院就将面临改判或发回重审的风险。

（2）指导性案例的适用失范。这主要表现为以下几个方面：第一，混同指导性案例中的裁判要点与裁判理由。裁判要点是《细则》规定应当参照的部分，而裁判理由则不具有这样的地位。然而，在上述案例中，我们发现该案主审法官主要参照的是 23 号指导性案例的"裁判理由"部分，而非"裁判要点"部分。第二，法官对案件当事方主动提出参照援引指导性案例的请求未予回应。《细则》第 11 条规定法官有回应诉讼参与人主动提出参照指导性案例的义务。[2]然而，在许多案件中法官未对当事人的这种请求予以回应。[3]第三，指导性案例的适用性不强。尽管最高人民法院已经公布了 211 个指导性案例，然而，除个别案例外，这些指导性案例中的很大一部分案例较少或未被援引参照。[4]导致指导性案例适用失范的主要原因包括以下两方面：一方面，法官对于指导性案例制度的基本规则理解不到位，对于指导性案例的基本内容不甚熟悉。这导致法官不具备充分的参照指导性案例的能力，或是参

---

[1]　郑智航："中国指导性案例生成的行政化逻辑——以最高人民法院发布的指导性案例为分析对象"，载《当代法学》2015 年第 4 期。

[2]　《细则》第 11 条第 2 款规定："公诉机关、案件当事人及其辩护人、诉讼代理人引述指导性案例作为控（诉）辩理由的，案件承办人员应当在裁判理由中回应是否参照了该指导性案例并说明理由。"

[3]　侯晓燕："指导性案例适用失范的现状、成因及其出路——以指导性案例 24 号的参照情况为分析视角"，载《交大法学》2022 年第 4 期。

[4]　孙良国、李屹："指导性案例制度功能'软着陆'的解释论思考"，载《江西社会科学》2020 年第 3 期。

照指导性案例时可能背离指导性案例。另一方面，指导性案例制度本身也存在一定的问题。例如，最高人民法院在剪裁文本时，将具有参照价值的内容置于裁判理由部分，使得法官只能参照裁判理由部分。又如，最高人民法院在遴选指导性案例时，未能充分考虑案件的适用性，将一些不具有广泛适用价值的案例选为指导性案例等。

（3）指导案例的隐性适用趋势。所谓指导性案例的隐性适用，是指法官在审理案件时参照了某指导性案例的裁判要点或裁判理由，但是未在待决案件中明示所参照的指导性案例。有学者统计了 1 号指导性案例的适用情况，发现在 59 个案件中有 53 个案件属于对该指导性案例的隐性适用。[1]这种现象在很大程度上降低了司法文书的说理性与权威性，也给案件当事人造成了不利影响，如不便于当事人提出上诉，最终导致指导性案例制度难以有效运作。产生这种现象的原因可能有如下几项：首先，降低判决被全部否定的可能性。指导性案例的适用前提是待决案件与该指导性案例在案件事实方面的相似性。当法官明示其适用了某一个指导性案例后，案件当事人或者上诉法院可能以"案件事实不具有相似性"为由，否定法官的判决。其次，降低司法论证的负担。[2]法官在适用某一指导性案例时应当遵循一定的程式或理由，例如，说明待决案件事实与指导性案例事实的相似之处，指导性案例的裁判要点如何适用于待决案件的理由部分等。而这种烦琐的论证程序增加了法官的工作负担，因此法官可能选择不去明示所适用的指导性案例。最后，法官对于如何适用指导性案例不甚清晰。在中国，长久以来法官主要依照成文法断案，缺乏适用判例的经验基础。在英美法系国家，适用某一判例有较为严格的程序要求，法官需要运用区别的技术。这对于中国的法官来说还是一个陌生的知识领域。

（三）指导性案例制度的规范发展进路

司法实践中出现的上述问题在很大程度上制约了指导性案例制度功能的发挥。对此，有必要寻找这些问题的解决办法，以求规范该制度的运作，从而更好地提升该制度的运作效能。对上述问题进行反思，我们可以发现指导

〔1〕 孙维飞："隐名的指导案例——以'指导案例1号'为例的分析"，载《清华法学》2016年第4期。

〔2〕 孙海波："指导性案例的隐性适用及其矫正"，载《环球法律评论》2018年第2期。

性案例制度的规范发展进路一方面在于提升法官运用指导性案例的能力；另一方面在于进一步改革和完善指导性案例制度。具体来讲，主要有如下几条值得实践的进路：

（1）提升法官适用指导性案例的能力。法官规范适用指导性案例是以该法官具备相应的能力为基础的。因此，必须提升法官适用指导性案例的能力。第一，提升法官的裁判说理能力。法官适用指导性案例不是将其中的裁判要点机械地照搬到待决案件的法律文书中，而是要在裁判文书中对其进行论证和说明。然而，长期以来，中国的法官普遍存在重实务，轻理论的倾向。这就导致法官的裁判说理能力较为薄弱。对此，主要应当提升法官的法律解释能力，使法官熟练掌握和应用法律解释的基本方法。第二，提升法官对指导性案例制度规则的掌握能力。目前最高人民法院已经颁布了多项关于指导性案例制度的规则。这些规则是规范法官适用指导性案例的基础。然而，如上所述，目前的司法实践反映出法官对指导性案例制度规则的理解和掌握存在一定程度的偏差。对此，最高人民法院可以建立制度化的学习机制，以此提升法官对指导性案例制度规则的掌握能力。第三，提升法官对案件事实相似性的判断能力。这种判断包括形式相似性与实质相似性两面。就前者而言，"法官首先应聚焦于案件事实，从中先归纳和提炼出构成裁判基础的关键性事实，在提炼关键事实时应紧扣裁判要点中确立的事实"。就后者而言，相似性判断最终体现为一种关于重要性程度的价值判断，最终应当通过这种价值判断来形成关于案件相似性的终局判断。[1]

（2）对指导性案例进行类型化处理。从既有规定来看，最高人民法院对于指导性案例采取的是同质化的处理方式，即"应当参照"。然而，通过对这些指导性案例进行分析可以发现，它们的裁判要点具有很大程度的差异性，有些裁判要点只是对法律的重述，有些裁判要点则通过法律解释的方法对法律条文进行了一定的解释，而有些裁判要点则是直接规定了新的内容。忽略这些差异而直接规定"应当参照"这种同质化的处理方式，是导致法官自主性受限和指导性案例适用失范的重要原因。有学者已经注意到指导性案例制度的这一问题。例如，侯晓燕与王立峰将裁判要点分成了法律解释型、法律续造型和政策宣示型三种，并分别规定了"可以参照式""应当援引式""直

---

[1] 孙海波："指导性案例的参照难点及克服"，载《国家检察官学院学报》2022年第3期。

接重述式"三种不同的处理方式。[1]又如，陈兴良将指导性案例分为规则创制型、政策宣示型、工作指导型。[2]再如，资琳将指导性案例分为了造法型、释法型和宣法型三种，并分别规定了"具有准法源的效力""只具有参考的效力""不具有适用的效力"三种效力类型。[3]学者们对于指导性案例的分类尽管有所不同，但是其精神主旨是一致的，即他们都认为指导性案例应当进行类型化的处理，应当根据指导性案例类型的不同采取不同的处理方式。我们建议，最高人民法院可以适当吸取专家学者建议的合理之处，对指导性案例作进一步的分类处理。

（3）进一步完善指导性案例制度的基本内容与规则。第一，在指导性案例的遴选方面，最高人民法院应当回归司法的基本逻辑，增强遴选机制的开放性，将这一机制由纵向推荐筛选逐步改为横向平行筛选。此外，最高人民法院在选取指导性案例时，一方面应当增加指导性案例的数量供给，形成一个指导性案例群，从而便于法官进行区分和选择；另一方面应当选取更具适用性的案例，尽量避免将指导性案例作为一种政策宣传的工具。第二，在指导性案例的编纂方面，最高人民法院应当优化裁判文书的结构与内容。一是原始文本的剪裁应当尽可能保留原始案情，以便于法官判断案件的相似性。二是在编纂文本时，因《细则》规定应当参照裁判要点部分，故应当将有参照价值的内容尽量置于"裁判要点"部分。三是对于原始文书的裁判理由与裁判结果部分，可以进行适当的修正，使其更具说理性和逻辑性。第三，在指导性案例对法官的约束力方面，对于应当参照而未参照或者法官未对当事方适用指导性案例的请求予以回应等问题，最高人民法院应当规定一定的惩戒与激励的机制，从而减少法官不当对待指导性案例的行为。

第四节　法律的体系

一、理论导读

体系思维在法律发展的历史长河中源远流长，在罗马共和国晚期开始出

---

[1] 侯晓燕、王立峰："论指导性案例裁判要点的类型化适用方式"，载《河北法学》2020 年第 9 期。

[2] 陈兴良："案例指导制度的规范考察"，载《法学评论》2012 年第 3 期。

[3] 资琳："指导性案例同质化处理的困境及突破"，载《法学》2017 年第 1 期。

现体系化的法律教科书，代表作当属盖尤斯的《法学阶梯》，在该书中形成了罗马法人法、物法、诉讼法的体系结构；而罗马法所构建的完善法律体系则体现在优士丁尼的《民法大全》之中。[1]中世纪以后，随着理性自然法的兴起，法国的《拿破仑民法典》等近代法典的出现体现了理性自然法的体系化理念。体系思维在法律实践中真正成为现实则是由萨维尼实现的，在其法学巨著《当代罗马法体系》一书中，萨维尼利用体系化方法，通过法律关系把法律概念和法律规则联结成一个大的统一体。萨维尼的整部《当代罗马法体系》由物法、债法、家庭法、继承法构成，它们正是按照法律关系的类型进行规划布局的。[2]但法律真正的体系化是在萨维尼的弟子——普赫塔的工作下实现的，普赫塔作为概念法学的代表性人物，其以人格的自由意志作为最高原则，通过对本人的权利、对物权、对行为的权利、对人权、对动产的权利进行抽象化、普遍化的处理，构建起了一套法律概念体系。[3]耶林继承了这一传统并将之发扬光大，成为概念法学的集大成者，其前期相信"概念是有生产力的，它们自我配对，然后产生出新的概念"；后期由于一件一物二卖的真实案件促使其进行了"大马士革转向"，对建构法学进行了彻底的批判，转而开始建立目的法学。在继承耶林目的法学的基础上，赫克主张进一步建立利益法学，基于此，他认为，概念法学的体系可以称为"外部"体系，认为其意义仅限于对法律秩序进行"可视化"（Sichtbarmachung）描述；而利益法学则追求关注法律实质关联（Sachzusammenhang）的"内部"体系，对个案的价值冲突寻求妥当的裁判。[4]根据卡纳里斯的观点，外部体系也可以称之为"公理化—演绎性体系"（axiomatisch-deduktives System），内部体系则可以称之为"价值论—目的论体系"（axiologisch-teleologisches System）。

外部体系关涉法律的形式构造、法律的结构以及制度性概念（Ordnungs-begrifff）的形成。概念法学将法学理解为一个逻辑体系：法官的司法活动限于演绎，即基于预先表达好的或者说通过"纯粹逻辑"而形成的语句进行推

〔1〕［古罗马］盖尤斯：《盖尤斯法学阶梯》，黄风译，中国政法大学出版社 2008 年版，第 1~5 页。

〔2〕［德］萨维尼：《当代罗马法体系》（第 1 卷），朱虎译，中国法制出版社 2010 年版，前言第 14~15 页、第 389 页。

〔3〕Vgl. Friedrich Julius Stahl, Die Philosophie des Rechts, Band 2, 6. Aufl., Wissenschaftliche Buchgesellschaft, Darmstadt 1963, S. 293-299 ff.

〔4〕Vgl. Philipp Heck, Begriffsbildung und Interessenjuri-sprudenz, Tübingen 1932, S. 139~188 ff.

论。耶林在其早期的作品中认为，按照所谓"自然历史"的方法，法之建构（jiuristische Konstruktion）的本质，即在于将法规范转化为法概念。潘德克顿学将罗马法体系化，故而其亦被称作"历史学派"。法律中明确的结构思想，即严格的概念及概念金字塔的构造，都归因于潘德克顿法学及 19 世纪的概念法学。"内在体系"则指的是逻辑上没有冲突、目的论上协调一致，其所关涉的乃是一个关于价值判断的连贯体系。体系和目的论的思考故而常常相互交融。"法原则"被视为法秩序的基础价值，并借此实现"相同情况相同对待，不同情况不同对待"。[1]

通过对体系化学术史的简单梳理，我们发现体系化可以归纳为两种脉络，一种就是所谓的"公理模式"，以特定的公理为法律体系的要素，而以演绎为其基本结构，概念法学和以制定法为研究对象的实证主义当属此列。其主要特征就是以特定的概念或是制定法为出发点，通过演绎的方法来构建整个法律体系。一种就是价值论模式，其是以目的和价值作为整个体系内在和评价统一的标准，正是基于此，法律体系具有了内在体系和外在体系之分，同时也对形式演绎和评价推论这两种推理过程进行了区分，目的法学和评价法学当属此列。但是，当前学界的主流观点认为，这两种模式各有其优劣，无法充分呈现法律体系的性质与特征，而建立在两者结合基础上的规范论模式则成为学界的主流观点。规范论模式也经历了从阶层构造论到规则—原则二元论的发展，后者对于前者在要素和结构上都进行了修正。具体而言，新的模式则在其规则体系背后加上了一个由原则体系组成的深度。规则体系部分与原则体系部分并不在同一个平面，前者可以视为法律体系的"外部体系"，而后者可以视为法律体系的"内部体系"。一方面，任何规则的背后都存在赋予它正当性的原则。原则与规则的关系在某种意义上就是目的和手段的关系，原则提出了法律体系要追求的价值目的，而规则提供了实现它们的手段。原则构成了一种价值——目的的柔性体系。柔性体系首先意味着一种客观价值秩序。在体系中，原则与原则之间必须是融贯的，即它们不能在抽象的层面上发生明显抵触。柔性体系也意味着价值的统一性。统一性意味着在一个法律体系的内部存在着少数的基本价值或者说一般法律原则，其他原则都可以

---

〔1〕［德］托马斯·M. J. 默勒斯：《法学方法论》，杜志浩译，北京大学出版社 2022 年版，第 220~224 页。

回溯到这些一般原则，它们构成了法律体系的基础。法律规则之间根据效力关系形成了特定的阶层构造，属于法律体系的刚性部分；而法律原则之间根据内容关系形成了客观价值秩序的统一体，属于法律体系的柔性部分。[1]

规则—原则的双重构造模式下的法律体系由规则（外部体系）与原则（内部体系）两部分构成：法律规则之间根据效力关系形成了特定的阶层构造，属于法律体系的刚性部分；而法律原则之间根据内容关系形成了客观价值秩序的统一体，属于法律体系的柔性部分。两部分之间既有静态的联结，更有动态的双向流动，呈现出开放性、一贯性和统一性的体系特征，这集中表现为体系的融贯性，这是因为"在从道德上认真对待法律主体的前提下，法律体系必须致力于避免不连贯（不融贯）性"。[2]

二、案例介绍：赵春华非法持有枪支案

2016 年 8 月至 10 月，天津老妇赵春华在街头摆射击摊进行营利活动。2016 年 10 月 22 日，公安机关在巡查的过程中在该射击摊查获涉案枪形物 9 支及相关枪支配件、塑料弹，并将行为人赵春华当场抓获。经天津市公安局物证鉴定中心鉴定，9 支涉案枪形物中有 6 支属于以压缩气体为动力并能正常发射的枪支。同年 12 月 27 日，天津市河北区法院进行一审，认为被告人赵春华违反国家枪支管理制度，持有压缩气体为动力的非军用枪支 6 支，依照刑法及相关司法解释的规定，属情节严重，应判处 3 年以上 7 年以下有期徒刑，由于赵春华自愿认罪，可酌情从轻处罚，则判处有期徒刑 3 年 6 个月。宣判后，原审被告人赵春华不服，以其不知道持有的是枪支，没有犯罪故意，行为不具有社会危害性且原判量刑过重为由提出上诉。2017 年 1 月本案二审开庭审理，辩护人主要提出如下要点：第一，本案中公安部制定的《枪支致伤力的法庭科学鉴定判据》不能直接作为裁判依据认定枪支。第二，本案被告赵春华主观上存在认识错误。第三，本案不具有任何社会危害性。辩护人认为法院应当作出无罪宣判。法院仅采纳辩护人部分意见，考虑到赵春华非法持有的枪支均刚刚达到枪支认定标准，其非法持有枪支的目的是从事经营，

---

〔1〕 雷磊："适于法治的法律体系模式"，载《法学研究》2015 年第 5 期。
〔2〕 雷磊："融贯性与法律体系的建构——兼论当代中国法律体系的融贯化"，载《法学家》2012 年第 2 期。

主观恶性程度相对较低，犯罪行为的社会危害性相对较小。二审庭审期间，其能够深刻认识自己行为的性质和社会危害，认罪态度较好，有悔罪表现等情节，但认为赵春华犯非法持有枪支罪的事实清楚，证据确实、充分，定罪准确，审判程序合法。遂以非法持有枪支罪判处上诉人赵春华有期徒刑 3 年，缓刑 3 年。[1]

此案一出，在社会上引起轩然大波，各界人士也给出了不同的观点：第一种观点支持法院的判决，因为赵春华持有的枪型物确实违反了我国相关枪支鉴定标准，因此赵春华的行为构成违法犯罪，一审、二审中法院的判决是有法律依据的，并不存在滥用职权、违法判罪行为，不能因自己的主观无知而逃避应有的责任，赵春华应当受到法律的制裁。刑法作为我国打击犯罪分子，保护人民利益安全的手段，不能因为犯罪人员的无知而网开一面，如果因此判定赵春华无罪，那么其他犯罪分子就会利用刑法漏洞进行违法犯罪活动。这将不利于推动我国法治社会的建设，不利于将法制观念普及到人民群众中去。因此天津市河北区人民法院的审判过程和审判结果是真实有效的，赵春华应当对其违法行为负刑事责任。

而第二种观点认为赵春华非法持有枪支案存在诸多不合理之处，主要形成了两种观点：第一，在赵春华非法持有枪支案中，对枪型物进行检测鉴定过程中，采用的是公安部门的标准，与国家的《枪支管理法》的标准存在冲突，因此，对赵春华所持枪形物的鉴定标准应当采用国家的《枪支管理法》的相关规定；第二，在赵春华非法持有枪支案中，由于其持有的枪形物只用于射击气球的娱乐营利活动，因此并未给社会安全带来很大的威胁，根据我国《刑法》第 13 条，对于案件情节造成危害较小的，不认定其为犯罪行为，赵春华非法持有枪支案完全符合刑法中的规定，因此她的这种行为不是犯罪。除此之外，在日常生活中，赵春华的这种气球射击地摊较为普遍，而且赵春华的摊位也是于他人处接收过来的，并非其自身创建经营，这种行为不存在对非法持有枪支罪所保护法益的侵害，赵春华在日常经营过程中并没有相关法律理念，对其所持的枪形物也只认定为玩具枪械，因此没有犯罪动机，在其近 2 个月的经营活动中，并未对周围环境造成安全威胁，也没有造成人民

---

[1] 关于该案的案情、争议焦点、判决结果等详细情况，参见天津市河北区人民法院［2016］津 0105 刑初 442 号刑事判决书、天津市第一中级人民法院［2017］津 01 刑终 41 号刑事判决书。

恐慌，因此，赵春华应当被判定为无罪。

根据本案的不同分歧意见，总结出如下三个争议焦点：

1. 对枪支认定标准的争议。在赵春华非法持有枪支案中，枪支的认定标准成为本案的最大争议焦点，其辩护律师认为公安部门对赵春华持有的枪形物的鉴定标准存在漏洞。因为公安部的《枪支鉴定规则》与国家的《枪支管理法》存在矛盾且是未公开的文件，因而不能作为衡量赵春华所持枪形物是不是枪支的标准。而根据上位法优于下位法原则，公安部应当以国家《枪支管理法》中的规定对赵春华所持枪形物进行鉴定，而赵春华持有的枪形物不符合规定"导致人员伤亡或者丧失知觉"，因此不能指控其非法持枪罪。而控方却认为赵春华所持枪形物符合《枪支鉴定规则》中的描述，其持有的枪形物就是非法枪支，因而应当受到法律的制裁。

2. 对持枪行为法益侵害性的争议。赵春华的辩护律师认为，赵春华的射击气球营业在其经营的两个月之内并没有对周边社会环境造成威胁，这种行为并不会对公众造成恐慌，也不存在《刑法》对非法持有枪支罪所保护的法益的侵害，因此这种合理合法的经营行为不应该受到刑法的制裁。但是，控方认为赵春华所持有的枪形物就是非法枪支，而且数量高达6支，对社会环境安全造成了极大的威胁，证据确凿，因此应当受到相应的刑事处罚，但由于赵春华的持枪目的是娱乐营利，因此可以在量刑方面给予从轻处罚，但是其违法犯罪的事实已定，要依法对其处以3年以上7年以下的有期徒刑。

3. 对行为人违法性认识错误判定的争议。辩方律师认为，赵春华在实际射击气球的经营活动中只认为其持有的是玩具枪而非制式枪支，其目的也只是经营营利，根据赵春华的自身情况其在经营过程中也完全没有意识到自己的行为已经触犯了法律。根据上述观点，赵春华持有仿真枪进行娱乐经营活动属于违法性认识错误，且没有主观的犯罪意识和动机，因此不应当被判定为非法持枪罪。但控方认为，赵春华持有的枪形物符合制式枪支鉴定标准，有能力对人造成伤害，且赵春华获取枪支的渠道存在违法行为。不仅如此，赵春华作为射击摊位的经营者，其对上述情形存在一定的认识，因此必然知道其所持枪形物为枪支，在这种明知违法还继续经营的行为就是违法犯罪。对于赵春华在该问题上是否具有违法性认识错误，这对违法犯罪行为的构成不存在影响，至多在量刑方面有所减轻。

三、案例分析

（一）法律体系与体系解释方法的关系

根据上文可知，"外部体系"是法律形式上的构造，是对（以法律概念为基石的）法律材料的划分。"内在体系"是法的内部构造，是一致的价值判断体系。为了保障法律体系的清楚明了，法秩序的外在体系应当尽可能相应地反映它的内在体系，在该意义上，这两个体系概念原则上相互依赖。通过把法律体系划分为内部体系和外部体系，其目的在于实现法律体系的稳定性和开放性，法律体系的稳定性与法官在裁量权范围内的创造性裁判和学者们的创造性批判相结合。一方面，一个法律体系若要给生活在其管辖范围内的居民以确定性的行为指引，其必须保持相当程度的稳定性；另一方面，一个法律体系若想在较长时间内存在并有效指导和调整社会生活，就必须保持一定程度的开放性，以便适应社会生活的变动。保持这种开放性既依赖于立法活动对新法律规范的创制，又依赖于法官在裁量权范围内的创造性裁判。学者们的创造性批判则既影响着立法机关创制新的法律规范，又影响着法官的裁判。[1]

因此，法律体系理论的方法论意义在于，法律适用者从法的外在体系和内在体系两个方面，探究法律规范的意旨。法律部门以及法条之间的统一，是法的外在体系解释的要求。法律中蕴含的法律原则、价值判断和评价的一致性，是法的内在体系解释的要求。单个规定在整个法律、法律部门，甚至在整个法律制度中的体系位置，对确定"规范意旨"至关重要，单个规范之间不是无组织、混乱地联系在一起，在理想情况下，法律制度被思考成一个整体、一个价值判断尽可能一致的体系和"意义构造"，法律适用者在解释其单个组成部分时，不能孤立、不注意其规范性的语境。只有采用这种方式，至少在原则上，才能避免那些从整体上破坏法律制度的说服力和接受度的，有评价矛盾和目的性不一致的解释。适用单个法条，最终是适用整个法律制度。[2]应当基于所在法律领域的内在体系，以及最终是整个法秩序的内在体

---

〔1〕 郭建果、钱大军："法律体系的定义：从部门法模式到权利模式"，载《哈尔滨工业大学学报（社会科学版）》2021年第6期。

〔2〕 [德] 恩斯特·A. 克莱默："体系解释的基本问题——以德语区和瑞士的法律方法论为视角"，周万里译，载《法律方法》2019年第1期。

系，尽可能"合乎体系"地解释单个规定。对于不契合法秩序的内在体系，并且似乎无道理地单独存在的体系外的规定，必须限缩解释，甚至不应当类推适用。

法律体系与体系解释是两种既具有区别又具有联系的概念。体系解释是法律解释的方法之一，而解释属于法教义学第一个层面的基础作业；至于"体系化"，则是另一个层面的法教义学工作。体系化的工作目标，是研究者将心中的"体系大厦"的理想模型付诸实现。这是一种从局部材料出发构建整体秩序的工作。体系解释是通过或借助体系展开的解释方法，就解释标准而言，则是使得解释结论符合体系的要求。只有在解释者面前先放置一幅关于体系的实然地标或应然图景，才能以此作为方法和标准。与体系化相反，体系解释的工作性质是以整体作为方法和标准来处理局部。[1]萨维尼很早就指出这两种工作的对向关系："对单个规则的解释应当产生这样的效果，即单个规则借此可以与立法的整体两相契合，从而得到更好的理解。整体的构建不是此处的任务，而是'体系'部分的任务。然而，假如没有整体，势必难以理解各个具体部分，因此我们必须将其与整体联系起来进行考察。这项工作类似于体系性研究，但二者的目的却是相反的。"[2]体系解释作为一种解释方法，在完成法教义学解释任务的过程中发挥作用。学说史上形成的外部体系与内部体系的思想，构成了体系解释的方法论基础。

（二）法律体系的融贯性

法律体系以其实效作为存在基础，当代学者大多同意以所谓的"实效原则"（principle of efficacy）作为判断一个法律体系（有效）存在的基本标准。也就是说，当且仅当一个法律体系具备某种最低限度的实效时，它才是存在的。这可以表现在两个方面：一是这个体系中的规范大体得到人们的服从（遵守与适用），二是当这些规范被违背时会被施加制裁。实效原则是一个事实和经验上的标准，亦可通过观察与体验来判断。而经验的观察很容易向我们说明，在现实中的确存在着这样的法律体系，尽管在其中不融贯的法律被不同的立法主体颁布，或被同一立法主体在不同的时刻颁布，但它们大体得

---

〔1〕 车浩："法教义学与体系解释"，载《中国法律评论》2022年第4期。

〔2〕 ［德］弗里德里希·卡尔·冯·萨维尼、雅各布·格林：《萨维尼法学方法论讲义与格林笔记》，杨代雄译，法律出版社2008年版，第88页。

到了人们的服从，违背时也被施加了各种制裁。[1]尽管其间存在着由于不融贯带来的不正义问题（乃至个别公民抗争的情形），但这些法律体系在整体上依然有效地运作并发挥了自己的功能。也就是说不融贯的法律体系可能仍然是有效的，融贯性并不是法律体系的构成性因素，不是法律体系的必要前提条件。那么，法律体系与融贯性的关系是什么呢？融贯性并非对于法律体系的绝对要求，立法者颁布不融贯的法律是可能的。而如果法律体系的不融贯没有为立法者所注意和解决，那么随之对法律体系施加的融贯性要求，对这个体系而言就是一种被追求或可欲的品质（derived quality），而非它本身所拥有的品质。同时，法律体系的融贯性也具有程度的差异（a matter of degree）。这意味着，法律体系的融贯性可以是或高或低的，而两个法律体系之间的融贯性程度也可加以量的比较。作为可欲而又具有程度差异的品质，融贯性对于法律体系施加了这样一种外部要求：一个法律体系内各部分间的融贯程度越高，表明这个体系就越好。[2]也就是说，融贯性是从道德角度对于法律体系所提出的要求，其目的是认真对待法律主体。

由于融贯性具有程度上的差别，因此其存在着不同的层次性。融贯性的要求包括如下三个层次：第一个层次是连贯性。连贯性既是融贯性的概念要素，也构成了最低层次的融贯性要求。在被称为"融贯的法律体系"最低限度的一个要求是在这个体系中不能存在过多有明显冲突的法律规范。第二个层次是体系的融贯。既然所有的法律规范都必然以体系化的方式连接在一起，那么它们同样需要通过彼此借鉴来理解自身，以使得其具有更多的内部融贯性。[3]这意味着，所有的法律规范都可以、也必须被放入整个法律体系中加以理解。同时，如果体系中存在法律规范的效果相互冲突的情形（尤其是无法通过预设的形式准则来解决，而程序性规定本身则为给出具体的解决冲突的方法），它们间的优先关系也必须在整个法律体系的视角下形成。第三个层面是理念的融贯。理念融贯性要求指涉一些超越法律的理念本身不能从法律

---

〔1〕 Kornhauser and Sager, "Unpacking the Court", *96 Yale Law Journal* (1986) p. 103.

〔2〕 雷磊："融贯性与法律体系的建构——兼论当代中国法律体系的融贯化"，载《法学家》2012 年第 2 期。

〔3〕 Mark Van Hoecke, "The Utility of Legal Theory for the Adjudication of the Law", in Mark Van Hoecke ed., *On the Utility of Legal Theory Tampere*, Tampere University Press, 1985, p. 112.

体系内部得到证立。[1]相反它们反而是用来证立法律体系的价值基础。这是因为任何融贯的法律体系的背后都有一套成熟的政治理论与道德信念体系作为自己的支撑，而这种政治与道德理念往往以一种"高级法"的姿态扮演着法律体系背景墙的作用。在这样一套政治与道德理念能够融贯地用来阐释原本显得"不融贯"的法律体系规定。同时这也说明融贯性各个层次的要求并非一种"全有或全无"的绝对要求而同样是可以权衡的。其中高层次的要求可以被用来证立对低层次的要求的违背。这源于融贯性本身的程度差异。

基于法律体系融贯性的要求，与法律体系密切相关的体系解释的基本功能在于使法律处于协调的状态。由此，体系解释的基本方针被归纳为"三无"原则，即无矛盾、无赘言和无漏洞。

（1）无矛盾原则。这是体系解释的基本要求，即应当朝着化解自相矛盾或相互冲突的方向去解释法律。"一个法律体系当中的所有法律规则应当尽可能不相互冲突，以为人类共同生活确立有效的秩序。"[2]最简单的表现形式，"一是为维护法律用语的同一性，同一概念应该做相同解释。二是须使下位阶的法不与上位阶的法发生矛盾"。[3]不过，对于实现内部体系的统一性而言，化解矛盾不能简化理解为消除文义上的分歧，而且还包括协调价值层面的抵牾。实际上，无论是在刑法与其他部门法之间还是在刑法体系内部，一些概念都具有相对性。有时只有将同一用语解释得含义相同，才能化解矛盾；有时则是在解释含义不同的情况下，才会得到协调的结果。

（2）无赘言原则（禁止冗余原则）。每个法规范都应具有一个自己的适用范围。如果一个规范的整体适用都被包含在另一个有相同法律效果的规范中，这个规范便成为多余，而法律中不应当有这样的规范。[4]换言之，在解释一个法条时，不应将另一个法条的适用范围完全包括进来。解释的结果不应导致立法冗余。

（3）无漏洞原则。刑法规范不应当出现立法者显然不会遗忘的惩罚漏洞。如果在本应网线细密之处，刑事法网上却似乎出现了巨大的空洞，这是体系

〔1〕 N. E. Simmonds, "Reflexivity and the Idea of Law", *Jurisprudence* 1 (2010), pp. 1~18.
〔2〕 ［德］齐佩利乌斯：《法学方法论》，金振豹译，法律出版社2009年版，第126页。
〔3〕 王泽鉴：《民法思维：请求权基础理论体系》，北京大学出版社2009年版，第177页。
〔4〕 ［德］英格博格·普珀：《法学思维小学堂：法律人的6堂思维训练课》，蔡圣伟译，北京大学出版社2010年版，第84页。

不能容忍的。对此，需要通过体系解释避免出现这种不协调的局面。值得注意的是，无漏洞原则在不同的部门法中的重要性不同。相对于民法而言，刑法具有最后手段性和碎片性保护的特点，因而在解释和适用时强调谦抑性原则，坦然接受"不圆满的立法计划"[1]，试图堵截所有惩罚漏洞的做法，往往容易导向类推而违反罪刑法定原则。

（三）对本案的具体分析

具体到本案，我们可以运用刑法体系解释的层次理论进行解释。刑法体系解释是一种重要的刑法解释方法，当下多数论者将其界定为：将刑法规范置于刑法典这一体系当中，联系刑法相关法条进行解释。但是，这种界定只是刻画了刑法体系解释之"体系"的一个层次，存在逻辑论证不完整、层次不清晰、难以有效指导实践等问题。刑法体系解释之"体系"作为一个逻辑严密的系统整体，应当划分为条文体系、章节体系、刑法典体系、法秩序统一体体系、社会共同体价值体系等五个层次：第一，应当确保同一条文内部的逻辑自洽，对刑法用语和某一款项的解释不能违背其所在条文这一最基础的体系；第二，要将条文体系的解释结论置于所在章节之体系进行检验，使其与所在章节相协调；第三，将解释结论放在整个刑法典体系当中进行审视，避免与其他条文相矛盾，尤其是不能与刑法基本原则等一般规范以及刑法的基本目的相抵触；第四，将解释结论放在整个法律体系之中进行考量，不能做出与民法、行政法等法律相冲突或违背刑民界分、刑行界分基本理念的结论；第五，刑法解释的结论除了要与上述的规范逻辑体系相协调，还必须同时与社会共同体价值体系相融洽。在运用刑法体系解释方法时，应当遵循依次递进的五个层次，使罪刑法定等基本原则得到坚守，令刑法规范与社会情理价值得以深度融合。

刑法体系解释层次论，在对刑法规范进行体系解释进而获得合法合理的判决结果方面具有重大意义。在天津大妈"赵春华非法持有枪支案"中，充分运用这一解释范式对案件进行处理，能够给解释者展现一个更为符合认知规律和司法规律的清晰脉络，更有助于获得公平合理的刑法适用解释结论。

（1）"条文体系"层面——难以判定的罪与非罪。我国《刑法》第128条第1款关于非法持有枪支罪的规定，只是明确了"违反枪支管理规定，非

---

〔1〕 车浩："法教义学与体系解释"，载《中国法律评论》2022年第4期。

法持有枪支的"，构成非法持有枪支罪，并根据情节是否严重判处 3 年以下有期徒刑、拘役或者管制，或者 3 年以上 7 年以下有期徒刑。单从该条款来看，需要解决的是"违反枪支管理规定""非法持有"和"枪支"等构成要件要素的内涵外延和深层次的意义指向问题。但是，对于"违反枪支管理规定"进而确定为"非法持有"这一判断，以及关于赵春华所特有的 9 支枪形物是否为"枪支"的判断，需要借助《枪支管理法》的有关规定和对涉案枪形物是否为枪支进行鉴定。特别是"违反枪支管理规定"作为一种特殊的规范性构成要件要素，即空白构成要件要素的[1]，对其进行判断需要借助其所指引的法律法规。至此，尚不能判断出赵春华的行为是否构成非法持有枪支罪。可以说，对"赵春华非法持有枪支案"的"条文体系"层面的判断，只能到此为止，即无法判断赵春华持有 9 支枪形物的行为是否构成非法持有枪支罪，这就要求对该行为进行第二个层次的分析

（2）"章节体系"层面——违背章节保护法益的刑法解释。从分则条文与其所在章节的统一协调来看——非法持有枪支罪，规定在"危害公共安全罪"章节当中，该章节保护的法益是公共安全，关于何为"公共安全"在理论界存在争议[2]，但对危害公共安全罪的危害对象是"不特定或者多数人的生命、身体安全"已基本形成共识[3]。因此，判断赵春华利用 9 支枪形物摆设射击摊拟进行经营的行为是否构成非法持有枪支罪，就必须判断该行为是否能够危害不特定或者多数人的生命、身体安全，或者重大财产安全，或者公众生活的平稳与安宁。根据相关的刑法理论，对公共安全的危害包含两种情况：一是危害的实害，二是危害的危险。"而非法持有枪支罪所具有的是对公共安全的危险"[4]，即该罪名属于刑法理论中的危险犯。从该案判决书认定的事实以及媒体报道的情况来看，赵春华从 2016 年 8 月开始一直到同年 10 月 12 日案发，一直在天津的闹市区摆摊设点经营射击进行营利，众多的射击者和普通的民众并未感受到赵春华的行为具有对生命、身体等法益侵害的危险，没有给公众带来畏惧感从而破坏公众生活的安宁，更没有发生危害不特定或者多数人生命、身体健康的危害后果。可以说，赵春华非法持有 9 支枪形物的行

---

〔1〕 陈兴良：《教义刑法学》，中国人民大学出版社 2014 年版，第 498 页。
〔2〕 邹兵建："论刑法公共安全的多元性"，载《中国刑事法杂志》2013 年第 12 期。
〔3〕 张明楷：《刑法学》（下），法律出版社 2016 年版，第 687～689 页。
〔4〕 陈兴良："赵春华非法持有枪支案的教义学分析"，载《华东政法大学学报》2017 年第 6 期。

为并没有实际危害公共安全或者具有民众所感知的危害公共安全的危险，以非法持有枪支罪定罪处罚是违背了体系解释的基本结论的。从章节体系这一层面来看，判决赵春华有罪是站不住脚的，违背了刑法体系解释的基本理念。

（3）"刑法典体系"层面——断章取义的机械裁判。从总则与分则具体条文的统一协调来看，关涉"赵春华非法持有枪支案"罪与非罪的重点是我国《刑法》第 13 条、第 14 条的规定。从刑法理论的角度来说，可以归纳为赵春华利用 9 支枪形物摆摊设点的行为是否属于刑法上的"危害行为"，其是否具有非法持有枪支罪的犯罪故意，对于违反枪支管理法规是否具有违法性认识可能性等问题。从危害行为的角度来说，刑法上的危害行为包括三个方面，即有体性、有意性和有害性，持有 9 支枪形物在闹市区摆摊设点供人娱乐以赚取微薄利润来养家糊口，显然缺乏危害行为所应具备的有意性和有害性。从犯罪故意的角度来说，非法持有枪支罪的成立，需要行为人明知是枪支而持有，过失不构成本罪，虽然二审判决认为"涉案枪支外形与制式枪支高度相似，以压缩气体为动力、能正常发射、具有一定致伤力和危险性，且不能通过正常途径购买获得，上诉人赵春华对此明知，其在此情况下擅自持有，即具备犯罪故意。至于枪形物致伤力的具体程度，不影响主观故意的成立"。[1] 但是，这种缺乏理论依据和违背常识的武断判定并不能令人信服？一方面，从刑法理论的角度来看，成立犯罪故意必须认识到行为的社会意义与法益侵害（危险）结果，非法持有枪支罪中的"枪支"是一种规范性的构成要件要素，其"故意的成立不仅要求行为人对枪支的物理特征有认识，而且要求其对枪支具备完全的意义认识"，[2] 因此，单纯对其外形具有认识并不能构成犯罪故意，行为人必须认识到"枪支"所承载的法律或社会之动能，如被告人至少应当认识到自己持有的枪支足以致人伤亡或丧失知觉，才能成立犯罪故意；另一方面，从常识常情的角度来看，不但在赵春华看来其持有的不是具有杀伤力的枪支，而只是仿真玩具枪而已，专业的刑法学者也认为赵春华持有的枪形物不能认定为刑法意义上所禁止的枪支。因此，认定赵春华具有非法持有枪支罪的犯罪故意是没有充足的事实依据的，二审法院判决中

---

〔1〕 邹兵建："论刑法公共安全的多元性"，载《中国刑事法杂志》2013 年第 12 期。

〔2〕 江溯："规范性构成要件要素的故意及错误———以赵春华非法持有枪支案为例"，载《华东政法大学学报》2017 年第 6 期。

关于赵春华具有非法持有枪支罪主观故意的论证"不仅说理上比较粗糙，而且明显违背犯罪故意的一般原理"。从违法性认识可能性的角度看，法定犯的成立需要行为人对其行为具有违法性认识。尽管对违法性认识错误是否可以避免的判断标准存在行为人标准和一般人标准的纷争，但是对于该案来说，不管采用哪种标准，都不足以认定其对持有的 9 支枪形物具有（刑事）违法性认识。从刑法体系解释层次论的"刑法典体系"层面来看，不能认定赵春华的行为构成非法持有枪支罪。

（4）"法秩序统一体体系"层面———不加辨别地引用行政法规和规定。非法持有枪支罪是较为典型的法定犯，对其进行罪与非罪的认定，需要借助《枪支管理法》等法律和行政法规。主要包括两个方面：一是持有枪支的行为是否得到授权，没有得到授权而持有枪支就是"非法持有"；二是持有的"枪支"是否为刑法意义上的"枪支"。这就涉及刑法与相关的行政法规和部门规章之间的体系协调。对于"赵春华非法持有枪支案"来说"枪支"的认定也就成了案件的争议焦点。《枪支管理法》第 46 条规定，该法所称的枪支"是指以火药或者压缩气体等为动力，利用管状器具发射金属弹丸或者其他物质，足以致人伤亡或者丧失知觉的各种枪支"。但是，这一规定并没有给出一个可以量化操作的标准。为了使这一规定具有具体的量化标准，2007 年 10 月 29 日，公安部颁布了《枪支致伤力的法庭科学鉴定判据》（以下简称《枪支鉴定判据》）对何为"致伤力"进行了量化，规定了枪口比动能达到 1.8 焦耳/平方厘米时，即认定其具有致伤力；之后，公安部又在 2010 年 12 月 7 日印发了《公安机关涉案枪支弹药性能鉴定工作规定》（以下简称《枪支鉴定工作规定》），其第 3 条第 3 项规定："对不能发射制式弹药的非制式枪支，……当所发射弹丸的枪口比动能大于等于 1.8 焦耳/平方厘米时，一律认定为枪支。"经公安机关鉴定，赵春华持有的 9 支枪形物中其中有 6 支的枪口比动能达到了 2.17 至 3.14 焦耳/平方厘米。如果依照公安部的上述两个规定，赵春华持有的 6 支枪形物应被认定为枪支。但是，在处罚严厉的刑法当中，能否直接适用公安部的这两个规定来认定枪支，进而将行为人入罪，便成为争议的焦点。辩护方认为，应当以《枪支管理法》第 46 条规定的"足以致人伤亡或者丧失知觉"为标准对枪支进行判断，不应当以《枪支鉴定判据》和《枪支鉴定工作规定》的规定为依据认定赵春华持有的枪形物为"枪支"；而二审法院的意见则相反。从科学技术的角度来说，击穿人体裸露皮肤的比动能约为 10

至 15 焦耳，对人体致伤的比动能标准应该在 10 焦耳左右或以上。[1]规范枪支性能要求的是《枪支管理法》，其位阶高于行政规范性质的《枪支鉴定工作规定》，这意味着，在认定玩具枪、仿真枪等是否为刑法意义上的枪支时，必须严格恪守法律法规的规定，贯彻从形式到实质双重标准，而非单一的形式标准。从刑法解释的角度来说，为了实现刑法的正义理念，为了维护刑法的协调，对同一用语在不同场合……做出不同解释是完全必要的。[2]特别是在不同的法律规范当中，同一用语的含义要仔细辨别。并且虽然刑法必须恪守其谦抑性以及对其他部门法的从属性，但是，刑法的谦抑性和从属性并不意味着刑法在概念确定上也必须从属于行政或民事法律规范。[3]即不加分辨地将公安机关的规定运用到刑法定罪当中，是不恰当的。并且结合《立法法》界定的"法"的概念而言，罪刑法定之"法"无论如何也不可能包括上述公安机关的两个规定。同时，《枪支管理法》定义的"枪支"是否就能简单地等同于《刑法》中的"枪支"呢？如果可以简单等同，即只要非法持有了《枪支管理法》定义的"枪支"，就构成了《刑法》中的非法持有枪支罪，那么，作为行政法的《枪支管理法》所对应的应受行政处罚的非法持有枪支的行为还存在吗？不加辨别地引用行政法规和规定，无疑是在严密的法网上撕开了一道破坏法秩序统一性的口子，明显违背了刑法体系解释的形式要件和精神实质。

（5）"社会共同体价值体系"层面——违背公众正义观念的判罚。"赵春华非法持有枪支案"一审判决被媒体报道后，迅速成为全民关注的焦点和热点。然而，该案成为焦点和热点的原因并不是该案起到了很好的法治教育作用，而是该案在法律层面被众多的专业人士认为其违背形式的法律规范和实质的法理的判决，在情理价值层面被广大民众认为其违背了人们的基本法感情。之所以说该案的判决结果违背了基本的社会情理价值，是因为这一有罪判决结论与普通民众的正义观念和朴素的法感情产生了激烈的对抗，不符合以人为本的解释理念和方法。[4]虽然该案二审判决由先前的实刑改为了缓刑，使赵春华能够回家过年，稍稍平息了舆论的批判，但并不代表人们认可二审的有罪判决。从普通民众朴素的法感情的角度来看，赵春华持有的只是用来

---

〔1〕 李刚、姚利："枪弹痕迹的法庭科学鉴定现状与未来"，载《警察技术》2008 年第 1 期。
〔2〕 张明楷：《刑法分则的解释原理》（下），中国人民大学出版社 2011 年版，第 780 页。
〔3〕 王钢："非法持有枪支罪的司法认定"，载《中国法学》2017 年第 4 期。
〔4〕 袁林："超越主客观解释论：刑法解释标准研究"，载《现代法学》第 2011 年第 1 期。

打气球的用于娱乐的玩具枪，在长达 3 个月的时间里，在大庭广众之下，在众多人进行射击娱乐的情况下，没有任何一个人感受到了这种所谓的"枪支"有任何危险，在客观上也没有造成刑法意义上的实害或危险的增加，也没有任何人因认为这些枪形物属于刑法意义上的"枪支"而举报赵春华。就连从事市场监管的人员，也并没有认为赵春华持有的是枪支而进行警告或举报，而是向其收取了管理费。况且，赵春华利用玩具枪摆射击摊位供民众娱乐的行为并不是个例，从首都北京到各地的县城乡镇，全国范围内的街头小巷、公园、广场、游乐场等承载了娱乐功能的公共场所中，像赵春华一样摆射击摊位打气球或者其他形式的射击打靶情况随处可见，并成为上至七旬老人下到七八岁孩童的老少皆宜、司空见惯的娱乐项目。这样的娱乐项目也并不是当下所兴起，早在周朝时便将"射"作为男子的必备教育科目之一进行训练，一直延续至今，射击的工具也从弓箭发展为玩具"枪支"。可以说，摆摊射击的游戏早已进入了民众的日常娱乐生活"已经成为国民文化生活传统和健康积极的娱乐体育运动的一部分"，[1]成为镌刻在人们心中的娱乐消遣项目，已经被法秩序所接纳，成为社会共同体价值认知认可的生活日常。然而，判决书中直接引用公安部门出具的鉴定意见，从法律的角度上认定赵春华持有的 9 支枪形物中有 6 支属于刑法意义上的枪支。但是，司法判决中的枪支认定标准（司法认定标准）和多数民众对枪支的认知和感知相差悬殊，出现了广大人民群众和被告人认为行为对象是"玩具枪"，只是因为被鉴定达到了枪支的认定标准而被以有关枪支犯罪追究刑事责任的情况，这样的司法裁判难以获得公众认同。特别是一审判处实刑的有罪判决，更是严重背离了法所蕴含的公平正义理念。

第五节　法的内容

一、理论导读

在法的内容部分，一个重要方面就是法与习惯的关系辨析。二者都隶属社会规范内容，但法律属于制度性规范，具有国家强制力；习惯则属于一般

---

〔1〕　车浩："非法持有枪支罪的构成要件"，载《华东政法大学学报》2017 年第 6 期。

社会规范，不具有国家强制力。不过二者也并非泾渭分明，伴随法治进步与完善，很多习惯也逐渐成为法律内容。在整个法体系中，民商事立法最早进行了习惯考量。甚至有观点认为，整个罗马法都可视为是习惯的结晶。作为社会生活中的重要部分，一般认为，人与人的重复交往行为中抽象出的行为规则即为习惯。如经济往来中的交易习惯、商事活动中的商事习惯、不同民族区域的风俗习惯以及国家交往中的国际习惯等。具体到习惯与法律的关系方面，从法的演进历程来看，由习惯到习惯法再到成文法已成为一种共识，"习惯往往是法律诞生的基础"；而且，习惯与制定法的关系也一直作为学者们重点讨论的内容之一。从制定法对习惯的具体处置来看，当下主要存在以下几种模式：排斥处置，末位处置，次位处置，平权处置和优位处置。受我国司法体制及所采取的大陆法传统的影响，无论在法的静态体系还是动态运行中，习惯一直处于"次选"和"末选"地位。但该次优地位并不意味着习惯或习惯法问题在中国立法中不受关注。当下习惯的"被边缘化"和几次法律移植过程中立法者的"主观选择"直接相关。一直以来，中国民事立法都有考量习惯的基本传统，如《大清民律草案》第1条就对习惯问题作出了规定："民事，本律所未规定者，依习惯法；无习惯法者，依条理。"至民国十七年（1928年）该条被修改为："民法所未规定者，依习惯；无习惯或虽有习惯法官认为不良者，依法理。"[1]且在此基础上又进一步规定，"凡任意条文所规定之事项，如当事人另有契约，或能证明另有习惯者，得不依条文而依契约或习惯，但法官认为不良之习惯不适用之"[2]这些内容虽限制了习惯的适用，但仍高度认可习惯在民法编纂与适用中的重要价值。类似观点同样可见于国外学者对中国法律的评价。

受新中国成立后我们所采取的苏联立法模式，以及亟待建构和完善社会主义法律体系之现实的影响，很长一段时间内我国民事立法中的制度和政策要素不断增强，而习惯要素逐渐削弱。具体而言，相比国外立法，即使在习惯最为典型的民法领域，我国先后颁行的《民法通则》《物权法》《合同法》及《侵权责任法》均对习惯要素规定不足，这也催生出司法实践中一类特定的民事疑难案件——即依照某"传统"或"习惯"，可以很好地实现裁判的公

[1]《中华民国民法》第1条，民国十八年（1929年）颁行。
[2]《中华民国民法》第2条，民国十八年（1929年）颁行。

正效率要求，但却因现行法律不具有相应规范内容，而迫使裁判者陷于两难境地或致使案件久拖不决，典型的如"北雁云依案"等。[1] 当下，该问题已引起立法者的充分重视。这体现在已编纂完成的民法典文本中，无意或刻意摒弃习惯的做法已开始缓解，习惯法在民法典中的基础作用得以强调，其中最具典型意义的就是《民法总则》第10条对"习惯可以作为法源"的直接规定。

当从法理角度看，该法律与习惯反映的是法与民间规范的一个缩影，其背后是一种更为深刻的法与礼的关系。中国现代国家法律主宰着当下的社会制度与生活秩序，而习惯更多地是中国人自己的东西，它既不是由当下有权制定法律的机关所制定，也不是由其所认可，但为一定范围的人们所普遍遵从，多以家族制度、神权观念、风俗习惯等多种渊源形式存在。此时，如何协调好二者之间的关系，并规范"习惯向法律的转化"，不仅对建设和完善社会主义法治体系，而且对从法理上认识"法"之内容，均具有重要价值意义。基于此，该节通过分析21世纪初发生的一个典型案例"顶盆继承案"[2]，从法律适用角度对此问题予以阐释。

二、案例介绍：石某甲诉石某雪案

2005年9月，青岛市李沧区人民法院受理了一起因拆迁引发的财产权属纠纷案。该区石家村按照政府规划整体搬迁，房价随之倍增，光拆迁补偿款就可领到数十万元。村民石某雪拿着已故四叔石某乙的房产证，以房主的名义前往村委会领取拆迁补偿款。可是石的三叔石某甲却拿出了当年弟弟石某乙赠与其房产的公证书找到村委会，宣称侄子那套房子是自己的。侄子手里拿着石某乙的房产证，叔叔手里拿着石某乙赠与房子的公证书，房屋权属存在争议，拆迁无法进行，补偿款无法发放。石某甲遂以非法侵占为由，将石某雪告上法庭，请求依法确认自己和石某乙之间的赠与合同有效，判令被告立即腾出房屋。

2005年12月，区人民法院作出了一审判决：驳回原告石某甲的诉讼请求。法院经审理认为，本案中赠与合同的权利义务相对人仅为石某甲与石某

---

[1] 济南市历下区人民法院［2010］历行初字第4号行政判决书。
[2] 在案发当地农村有个"摔盆儿"风俗。即老人去世之后，在出殡时要由家里的长子把烧纸钱的火盆顶在头上，然后摔碎。这也就宣示，老人的财产由摔盆之人参与继承。如果去世的老人没有子女的话，一般要在叔伯兄弟的孩子中找出一个作为嗣子，由他来摔盆儿。这个风俗因而也叫"顶盆继承"，本案也因此被称为"顶盆继承案"。

乙，原告以确认该赠与合同有效作为诉讼请求，其起诉的对方当事人应为石某乙。因此，原告以此起诉石某雪于法无据，法院不予支持。被告石某雪是因农村习俗，为死者石某乙戴孝发丧而得以入住其遗留的房屋，至今已达八年之久；原告在死者去世之前已持有这份公证书，但从未向被告主张过该项权利，说明他是知道顶盆发丧的事实的。因此被告并未非法侵占上述房屋。顶盆发丧虽然是一种民间风俗，但并不违反法律的强制性规定，所以法律不应强制地去干涉它。因此，原告主张被告立即腾房的诉讼请求法院不予支持。一审判决之后，原告石某甲不服，提出上诉。2006 年 3 月，青岛市中级人民法院对本案作出终审判决：维持原判。

三、案例分析

不论是不同流派的法学家也好，或者立法者也好，还是普通民众也罢，都可以从法文化乃至于法社会学、法哲学的广阔视野中去认识法律，进而反思法律、批评法律，甚至抵制法律、推翻法律；然而，法官却不能，当事人及其律师也不能。法学家完全可以认为某种民间规范具有法律属性。但是，法官却不能。法官即便比法学家认识得更深刻，仍必须将自己的视野放窄，最多只能承认其具有一定意义上的准法律属性或者前法律属性。在当下案件中是不是具有法律属性，尚有待于法官根据国家制定法，因循一定的司法技术标准或曰法律方法的标准予以认可或者不予承认。在法庭上，法官必须遵循规范法学所倡导的法治，必须遵循法治理念下的法律方法论，必须遵循制定法用尽原则和规则稳定性、体系融贯性、社会一致性等方法论标准。

从主流观点上讲，在传统大陆法系国家，法官主要面对的是制定法，所以运用的手段主要是针对制定法的解释技术，现在已逐渐发展成为一套法律方法论体系。根据这种法律方法论体系，司法过程中要运用的第一个法律方法就是法律发现——法官面对个案发现法律。德国法学家卡尔·恩吉施指出："现代法律者的思维首先对准的是制定法……思考都是围绕着制定法的，它的范围，它的界限，它的漏洞和它的错误，尽管作为目标，法律发现总是出现在具体的案件中。"[1]这就是法治社会法官首先受制定法约束的原则。在法治社会里，法官的首要责任就是要在制定法里发现法律。在当事人及其律师的

---

〔1〕 ［德］卡尔·恩吉施：《法律思维导论》，郑永流译，法律出版社 2004 年版，第 226 页。

论辩中，在浩如烟海的制定法体系及其条文中，努力发现解决案件的相关法律依据，并且要遵循制定法用尽原则。也就是说，法官要最大限度地尊重制定法的正式法源地位。不能擅自逾越制定法作为正式法源的首要权威，而去寻求公共政策、道德原则、民间规范等非正式法源的次要权威的支持，更不可寻求政治官员权威等非法源因素的庇佑。正如陈金钊教授所指出的，法官解决社会纠纷，"首先应到正式的法源中去寻找、发现法律。只有在正式法源出现明显背离法律价值或没有明确规定的情况下，才能寻求非正式法源的帮助"。[1]作为法官，遵循制定法用尽原则是一种弘扬法治的姿态。只有当制定法面对个案出现"法律不足""法律冲突""法律漏洞"和"法律不宜"等问题的时候，法官才能不失时机地运用民间规范来加强论证、补足法律、解决纠纷。结合本案，通过法律发现，可以了解到与本案争点密切相关的法律主要涉及：《民法通则》中诉讼时效的法律规定、《婚姻法》中有关父母子女关系的法律规定、《继承法》中有关法律规定和《公证暂行条例》的解释当中有关公证效力的法律规定等。由于我国法律尚不完善，有些地方还支离破碎，给法官进行法律发现制造了很多麻烦。但是再困难，法官也必须首先到制定法中寻找判案依据。经过法律发现并对相关法条进行解释，法官对于立法意图以及本案事实的法律意义有了初步判断，第二步就要结合本案事实，针对到底谁对石某乙的房产拥有权利的根本问题，对双方提出的证据事实进行法律上的判定，以弄清判案标准。

（一）对原告行为的法律界定

先来看原告石某甲的证据。原告基本上有两条证据：一是所谓经过公证的赠与合同，二是其作为石某乙的唯一直系亲属。关于公证，众所周知，我国第一部完整的公证法——《中华人民共和国公证法》自 2006 年 3 月 1 日起才开始施行。因而，适用于本案的依旧是《民事诉讼法》等有关法律规定以及《公证暂行条例》的相关解释。《民事诉讼法》（2007 年修正）第 67 条规定："经过法定程序公证证明的法律行为、法律事实和文书，人民法院应当作为认定事实的根据。但有相反证据足以推翻公证证明的除外。《继承法》（已失效）第 17 条第 1 款规定："公证遗嘱由遗嘱人经公证机关办理。"第 20 条第 3 款规定："自书、代书、录音、口头遗嘱，不得撤销、变更公证遗嘱。"

---

[1]　陈金钊：《法治与法律方法》，山东人民出版社 2003 年版，第 268 页。

《公证暂行条例》（已失效）的相关解释规定："公证书依法具有证据效力、强制执行效力和法律行为成立要件效力，是法院认定事实的根据……对于同一事项，其他证明与公证书不一致的，以公证书为准；非经公证程序，不得撤销、变更公证证明……公证书的效力高于其他证书的效力，已为有效公证书所证明的事实，当事人无需举证，人民法院应当作为认定事实的根据。因此，公证书一旦出具，即具有上述证据所确认的效力。只有当'有相反证据足以推翻公证证明'时，才能作为特例除外"。本案中，原告石某甲的代理律师提出，公证书从证据的效力和证据的能力上看毫无问题，因为公证机关所出具的文书具有公信力，可信度非常高。但从本案反证情况来看，由于石某乙已经去世，所以赠与合同内容的真实性难以认定。虽然被告有足够的证人证言并形成了相当大的证明力，仍不足以证明原告石某甲的公证书内容不真实。正因如此，一审法官才有意识避开了这一点，没有直接去认定原告赠与合同的效力，转而采信被告方关于诉讼时效的主张。被告方提出，即便石某甲想通过公证书来证明房子是他的，八年的时间过去了，石某甲早已超出了"民事权利应该在两年之内主张"的诉讼时效期限。这一招的确奏效，它有力地压制了原告公证书的证据效力和证据能力。所以，即便原告的赠与合同被认定为有效，由于诉讼时效的阻断，石某甲也已经丧失了胜诉权。

原告石某甲进一步主张：自己是石某乙唯一的法定继承人。因为弟弟去世之后，自己是其唯一的直系亲属。按照我国《继承法》的规定，法定继承人范围包括：①配偶、子女、父母；②兄弟姐妹、祖父母、外祖父母。石某甲当年作为其亲弟弟石某乙唯一的直系亲属，自然成为该遗产的法定继承人。然而，虽然当年原告的确享有继承权，但他并没有行使过该权利；甚至从他当年对弟弟的后事不管不问这一行为中，可以推出他并未履行其作为法定继承人对被继承人应尽的义务，在事实上他已经放弃了法定继承权。况且，迟至今日，原告这一权利也已受到诉讼时效期限的有力阻断。从中我们仍不难推出法院对原告的诉讼请求不予保护的结论。

（二）对被告"顶盆继承"行为的司法界定

那么，被告石某雪是否有权拥有该套房产？这需要依被告方提供的证据而定。被告石某雪是因农村习俗，为石某乙"顶盆发丧"而得以入住其遗留下的房屋，至今已有八年。这一事实能否在现行法律中找到依据，以认定其有权继承呢？实际上必须指出的是，石某雪八年前那次"顶盆继承"的行为，不但不是现行法所提倡的，反而是新中国法律曾经几乎否定了的行为。早在1984 年 8 月，最高人民法院《关于贯彻执行民事政策法律若干问题的意见》（已失效）第 38 条就规定："'过继'子女与'过继'父母形成抚养关系的，既为养子女，互有继承权；如系封建性的'过继'、'立嗣'，没有形成抚养关系的，不能享有继承权。"[1]而且，根据《婚姻法》（已失效）之规定，子女包括婚生子女、非婚生子女、养子女和有抚养关系的继子女。石某雪"顶盆继承"之前，并没有与石某乙形成抚养关系，他们之间不是继父与继子的关系。因此，根据我国《继承法》（已失效）的相关规定，石某雪不是法定继承人，国家法不承认其对于石某乙的继承权。另外，他也不属于法律设定的受遗赠人、受抚养人、遗嘱受让人等类型。当然，他"顶盆继承"亦非仅仅属于延续香火、宣扬封建迷信的行为，恰恰是介乎三者之间的一种情形。石某雪"顶盆继承"的行为似乎给国家法出了一道难题。

宗祧继承作为一种落后的、迷信的封建宗法制度，已为自民国以来的国家正式法律所抛弃。我国现行民事法律采用现代西方亲属和继承分离的方法，将封建社会二元主义的宗祧继承制度一元化，目的之一便是使遗产继承不再寄托于宗祧继承之上，使争继者无法再以宗法伦理外衣来掩饰其争夺财产的野心，从而遏止争继夺产的歪风。然而，同样必须指出的是，在国家法的层面上，宗祧继承虽已被废除，但在民间习惯法的层面，立嗣等行为却持续存在于我国乡土社会的土壤里，短时间内并不会消失。而且在这些行为当中，也未必一概都是落后的、迷信的封建遗毒，其中不乏彰显中华民族优良传统的好行为、好习惯——善良风俗。本案中石某雪为其四叔石某乙"顶盆发丧"的行为，就是这种善良风俗的表现。

但是，针对类似石某雪这种并非旨在宣扬封建迷信的"顶盆继承"行为，国家制定法却并未作出明文规定予以规制，可以说出现了某种意义上的"法律漏洞"。此时，法官应该运用国家法所规定的公序良俗或曰社会公德等法律原则来行使司法自由裁量权。我国民事法律规定了民事活动应当尊重社会公德的法律原则。它的实质是给法官以"空白委任状"。因立法者考虑到，法律无法包容诸多难以预料的情况，遂不得不以一种"模糊规定"的方式，授予法官以司法自由裁量权，使之能够应付各种各样的新情况、新问题。或许有

---

〔1〕　程维荣：《中国继承制度史》，东方出版中心 2006 年版，第 490 页。

人会质疑：运用公序良俗或社会公德来断案，岂非有道德裁判、情理断案之嫌？非也。公序良俗或社会公德原则本质上乃是一种以伦理道德为内容的特殊的法律规范。它将道德规范和法律规范合为一体，因而同时具有法律调节和道德调节的双重功能，使法官享有较大的公平裁量权，在法律规则不足的情况下运用该原则来直接调整当事人之间的权利义务关系。[1]法官可以在公序良俗这一法律原则的框架内，通过司法承认的方式，审慎地决定是否将体现大众行为习惯的某一民间规范纳入国家法的范畴之中。

本案中，石某雪通过"顶盆继承"的形式，为四叔石某乙举办了丧事，而且支付了必要的丧葬费用，理应从对方那里得到相应的补偿。鉴于石某乙死后遗留下来的唯一财产就是本案中那套所谓的"凶宅"，按照当年的价值等因素估算，这套房产价值并不大，故将其折抵为石某雪丧葬石某乙所花掉的必要的费用并无不可。既然当年石某甲已放弃了其对于石某乙的法定继承权，那么由尽了料理石某乙后事义务的石某雪获得该套房屋，实为公允之举。亦即石某雪有权获得该房屋，并有权取得相应的收益。至此我们已经比较清楚地厘清了当事人之间的权利义务关系。

然而法官的任务并非仅此而已。在进行个案的"法律续造"这个过程中，法官必须对原则裁判所必须满足的方法论标准展开充分的法律论证。法官必须充分论证其所做的个案裁判是否遵循了规则稳定性、体系融贯性、社会一致性等方法论标准。所谓规则稳定性标准，是指用来补强的民间规范不能破坏现有法律规则的强制性、稳定性。所谓体系融贯性标准，是指用来补强的民间规范不能抵触法律体系之连贯性、合理性。所谓社会一致性标准，是指用来补强的民间规范不能违背社会通行的主流价值观和法律职业共同体的基本共识。只有同时达到了这些方法论标准，才可以说用来补强的民间规范是可接受的。就本案来看，法官在国家制定法规则不足的前提下，在公序良俗这一法律原则的框架内，以司法承认的方式认可了"顶盆发丧"或"顶盆继承"这一民间规范的法律属性，并赋予其在个案中的法律效力。这一用来补强的民间规范既没有破坏制定法实在规则的稳定性，也没有对抗实在规则的强制性。正如本案法官所言，"顶盆发丧"虽然是一种民间风俗，但并不违反法律的强制性规定。其次，"顶盆发丧"这一用来补强的民间规范并没有冲击

---

〔1〕 梁慧星：《民法解释学》，中国政法大学出版社 1995 年版，第 304～305 页。

法律体系自身的融贯性，而且还增强了作为法律体系枢纽的基本原则的合理性。最后，"顶盆发丧"这一用来补强的民间规范本身具有一定的合理性，它作为中华"礼"文化的一种表现形式，在中国乡土社会的某些地区已经存在了数千年，而且在该地区普通大众中得到了较为持续而广泛的实施。就本案而言，它并没有抵制我们这个社会主流的伦理观和道德观，也没有违背法律职业共同体的司法惯例与职业共识。所以，国家法律没有必要强制地去干涉它；相反，在国家法律未明确以实在规则予以立法性认可的情况下，由法官于个案中，运用司法性认可的方式，将其纳入国家法的规制范畴，以之定分止争，则不失为上上之策。

（三）将民间规范考量引入法律的规范性评价体系

"唯习惯需经国家承认时方为习惯法。"[1]尽管习惯要素作为我国《民法典》的重要基础，但由于习惯法多属于道德调整范畴，并非正式法源，它必须以国家法的形式来呈现，才能具有现实实践意义。因此在具体司法操作中，习惯要素的一个重要效用就是通过引起社会公众与立法者的共同关注，实现道德思维与法律思维的充分有效融合。从立法看，一部好的法律既要包含基于国家意识形态、以规范性知识为内容，并沿着自上而下轨道形成的"外部规则"；又要包含源自社会内部结构和大众意识形态，以社会中的事实性知识为基础，遵循自下而上轨道产生的"内部规则"。一般地，"当人口较少、地域较小及其社会复杂性较低，立法者面临的时间成本和立法信息成本较低时，立法对道德化/意识形态化的节约机制功能的依赖就越低；反之则较强"。中国作为一个历史悠久、民族众多、社会繁杂的传统国家，"法律道德化/意识形态化无疑将是中国现代立法者应对立法成本高昂的基本手段"。[2]因此，区别于之前立法，《民法典》无论是在编纂理念、编纂内容还是编纂技术方面，都刻意强调传统习惯在民事裁判中的作用。尽管从法的演进来看，"从习惯到习惯法再到成文法"被认定为是法律发展的客观规律，[3]在尊重中国本土特色基础上，将道德等来自社会生活的内部规则规范化地引入法律，避免赤裸裸的道德评判或舆论干预。这是法治的进步。

〔1〕 梁慧星：《民法总论》，法律出版社2017年版，第24页。

〔2〕 张洪涛："近代中国的'以礼入法'及其补正——以清末民初民事习惯法典化为例的实施研究"，载《比较法研究》2016年第2期。

〔3〕 葛洪义主编：《法理学》，中国政法大学出版社1999年版，第174页。

此习惯要素所实现的"导入"主要通过以下两种方式：

（1）直接规定"良法+良俗"的治理模式。《民法总则》作为编纂《民法典》的宗旨，其第 8 条明确以"良法+良俗"的治理模式作为民事行为主体的行为规范。此条款相对于《民法通则》中"民事活动必须遵守法律，法律没有规定的，应当遵守国家政策"具有较大改变。后者仅是设置了良法治理模式，并未充分考量良俗在社会治理中的重要作用。此时，在社会治理过程中，具有浓厚本土化、地域性的风俗习惯就经过了"规范性转化"和"事实性审查"，[1]纳入法律治理模式中。民法典也在原有良法治理基础上吸纳了良俗之治，实现法治与德治的有机结合。

（2）以开放性姿态实现习惯由"立法治理模式"向"司法治理模式"转换。该模式期待将法律与习惯、习俗的紧张甚至对立关系通过事先目标制定、理念设计上在立法环节一次性解决，强调习惯的法定化、制度化。而司法治理模式主要指，习惯理论上只能通过司法环节制度化地进入法律运行过程中。该模式以司法环节为核心，面对法律与习惯的冲突时，通过化解具体纠纷来吸纳或排除习惯要素之适用。此种观点也得到了司法机关的积极回应。如最高人民法院院长周强就在 2016 年召开的"民族法制文化与司法实践研讨会"上提出，要"认真研究少数民族习惯对司法审判的影响，通过研究和传播民族法制文化，将少数民族习惯中的一些基本道德规范转化为法律规范、司法解释、司法政策、裁判规则"。[2]

自清末以来，由于我国民事立法一直采取的都是立法治理模式，法与习惯严格分离，这必然导致《民法通则》《物权法》《合同法》等诸多民事单行法中习惯要素式微。考虑到中国现实中存在的文化观念、意识形态、民族风俗、当地习惯、生活模式等差异，《民法典》最终选择了一种相对具有弹性的"司法治理模式"以作为习惯要素融入民事裁判的路径。即"凭借法律自身对社会生活变化的反应机制实现法律生长，将规则因素与人的因素结合起来，兼顾确定与灵活，使法律在一般情况下保持着渐进的发展，以求与社会生活相协调"。[3]

---

〔1〕 宋菲、宋保振："援引交易习惯裁决的方法论审视"，载《民间法》2018 年第 2 期。

〔2〕 罗书臻："周强：不断提高民族地区审判工作水平"，载《人民法院报》2016 年 8 月 25 日。

〔3〕 徐国栋：《民法基本原则解释——成文法局限性之克服》，中国政法大学出版社 1992 年版，第 203 页。

第一节　法律与秩序

一、理论导读

生命科技和智能科技的迅猛发展带来了法律规制的革命，同时也引发了科技治理的新兴难题。科技发展重构了法律在维护社会秩序和保障人类价值上的角色，法律的规范性形象被改变。[1]科技发展将人类社会的治理方式从传统的物理性控制转向了风险性控制。传统社会秩序的维持主要通过控制人的伤害性行为加以实现，比如防止身体攻击和制止暴力，但随着互联网技术和生物医学技术的发展，社会秩序的维持不仅包括保障人的生命权利和财产安全，更多地转向了防范技术宰制和失控对人的基本价值的冲击。

生成式人工智能和基因编辑技术虽然对人类实践方式的影响是不同的，但这两种技术共享着同一种价值姿态，也在根本上搅动了人类实践实现价值的方式：它们都重塑了人的存在意义。智能技术塑造出了新兴的数字人格，让人的存在方式超越了时空限制，从而形成了与人的物理人格相对应的数字人格。基因编辑技术则改变了人类生命延展的偶然性方式，将技术支配性嵌入到生命运行的不可预知性之中，更新了人们的生命和健康观念。新兴技术的出现使得技术与伦理、法律之间的边界越发模糊，其所引发的伦理争议也更为突出。法律是调整社会秩序和保障基本价值的社会机制，在科技、伦理和法律的关系不断受到冲击的背景之下，法律与秩序之间的关系也产生了新

---

〔1〕　〔英〕罗杰·布朗斯沃德：《法律 3.0：规则、规制和技术》，毛海栋译，北京大学出版社 2023 年版，第 73 页。

的维度，可以从两个方面进行分析。

首先，新兴科技改变了科技风险的内涵。法律对秩序的保障主要体现在维护社会生活的有效运转，防范潜在的危害和风险。风险治理是现代社会法律治理的一项重要任务，通过将风险控制在最低限度，人的生命安全可以得到基本保障，社会交往和合作能够有序进行。然而，随着科技发展不断深化，风险社会的内涵不断发生变化，风险管理和规制的模式也需要不断更新。贝克的《风险社会》揭示了风险社会自身的自反性和风险的不可控，风险规制只能将风险控制在一定限度之内，从而维持社会的有效运转，比如通过食品安全检测和农药标准把控来减少食品加工技术所带来的安全危机和减少农药技术污染等。[1]然而，智能技术和生命技术改变了技术风险的存在形态，将食品和农药技术的风险叠加型转变为风险内嵌型。风险叠加型体现为风险在技术实施后的社会延续过程中不可控因素的叠加，比如农药残留会对人体健康造成潜在影响。风险内嵌型则体现为技术实施本身就是风险内嵌的，风险贯穿于技术实施的全部过程。例如，智能技术通过对信息的深度处理而影响决策，这个过程本身即是风险传统的，我们无法识别风险在何时会凸显，因为信息处理过程本身就是风险嵌套的。同理，基因编辑技术的应用也是风险嵌套的。研发人员主张对人体基因进行编辑在技术上是安全的，但对人体基因序列的改变和干预本身就是风险，不管是生命意义的，还是社会意义的，因为风险不仅是个体的问题，还涉及更复杂的技术和社会问题。[2]

其次，新兴科技改变了法律实践和保障法律价值的方式，从而引发法律与秩序之关系的变动。在传统技术实践中，法律对秩序的保障呈现出两面性。一方面，法律通过确立基本的秩序状态来促进其他价值的实现。技术应用需要政策支持、科技研发和实践验证，每一个环节都有相关的规范性约束。例如，国家基于规划和实践需要针对科技研发进行财政支持，科技研发者将科学研究成果进行转化，探索产业化路径，而实践需求则动态地对科技研发进行反馈。生命科技发展基本上是遵循这一路径，在法律监管框架之下，针对疾病治疗和健康发展的需求进行医药研发和实践应用。另一方面，尽管监管

---

〔1〕 〔德〕乌尔里希·贝克：《风险社会：新的现代性之路》，张文杰、何博闻译，译林出版社2018年版，第33页。

〔2〕 美国国家科学院、美国国家医学院主编：《人类基因组编辑：科学、伦理和监管》，马慧等译，科学出版社2019年版，第5页。

者或是技术研发者在实践动机上有所差异，比如监管的出发点是防范风险和保障公共利益，而研发者的目标是寻找盈利增长点，但二者共同追求社会基本福祉的提升和技术迭代。在复杂且多元的技术发展格局中，各方主体达成相对平衡，推动技术更好地应用于生产提升和社会福利。

　　然而，新兴技术冲击了传统的监管—防范框架，也重构了科技实现社会福祉的基本方式。数字技术和基因编辑技术对人的自由、尊严和权利等核心概念造成剧烈冲击，以至于无论是监管者还是技术研发者，针对科技的价值意义都无法达成充分共识，监管—防范框架几乎失效，而科技所致力于维持的秩序价值也在不断变动。数字技术的深度应用形成了超大型数字平台，平台对个体生活的主宰使得个人自由、平等和权利等基本价值在技术面前模糊不清，比如平台对个人数据的全方位收集在表面上并不会影响个人自由，甚至在某些方面还会提升个人自由的空间，然而借助于数据控制对个人决策的影响仍会引发强烈的价值担忧。基因编辑技术引发的价值危机更为激烈。通过对人体基因进行编辑，可能会彻底改变人的生物学存在基础，因此很多人担忧人的尊严的基础也会被破坏殆尽。新兴科技对价值世界的搅动使得监管—防范模式暂时失效，而新的有效模式尚未形成。在这种意义上，法律与秩序之间的关系受到了严重冲击。

　　本部分选取贺建奎"基因编辑婴儿案"进行分析，探讨新兴科技重塑下的法律与秩序价值的关系。2018 年 11 月，经新闻媒体曝出的"基因编辑婴儿"事件引发了巨大争议，基因编辑（Genome gene editing，GGE）这种高精尖和前沿的生命科学技术进入了公众视野，并引发了大量的技术、伦理和法律层面的讨论。然而，基于"CRISPR/Cas9"的基因编辑技术是一种新兴技术，真正进入科学实验之中也不过几年，而进入临床试验之中，虽然不能说绝无仅有，但像贺建奎教授所带领的团队这样直接在人胚胎身上实施基因编辑技术并让受编辑婴儿出生的做法确实是开创性的，同时也是骇人的。科学界和普通公众对基因编辑婴儿所表现出的一边倒的担忧和反对，使得基因编辑这种极具前沿性同时又承载人类健康革命之期待的新兴技术蒙上了一层阴影。尽管我国随后针对基因编辑技术制定了全方位的严格监管措施，但基因编辑技术在生命健康和疾病治疗上仍然呈现巨大的潜力和魔力，在健康中国背景下，如何在保障安全的情况下让这一技术迸发出积极的力量，是当前法律监管的迫切课题。

二、案例介绍：基因编辑婴儿案

2018年11月26日，南方科技大学原副教授贺建奎对外宣布，一对基因编辑婴儿诞生。此事引起中国医学与科研界的普遍震惊与强烈谴责。广东省立即成立"基因编辑婴儿事件"调查组展开调查。

贺建奎多年从事人类基因测序研究，同时是多家生物科技企业的法定代表人或投资人。公诉机关指控并经法院审理查明，2016年以来，贺建奎得知人类胚胎基因编辑技术可获得商业利益，即与广东省某医疗机构张某礼、深圳市某医疗机构覃某洲等人共谋，在明知违反国家有关规定和医学伦理的情况下，以通过编辑人类胚胎CCR5基因可以生育免疫艾滋病的婴儿为名，将安全性、有效性未经严格验证的人类胚胎基因编辑技术应用于辅助生殖医疗。为此，贺建奎制定了基因编辑婴儿的商业计划，并筹集了资金。

2017年3月，经贺建奎授意，覃某洲等人物色男方为艾滋病病毒感染者的8对夫妇，并安排他人冒名顶替其中6名男性，伪装成接受辅助生殖的正常候诊者，通过医院的艾滋病病毒抗体检查。后贺建奎指使张某礼等人伪造医学伦理审查材料，并安排他人从境外购买仅允许用于内部研究、严禁用于人体诊疗的试剂原料，调配基因编辑试剂。

2017年8月起，经贺建奎授意，张某礼违规对6对夫妇的受精卵注射基因编辑试剂，之后对培养成功的囊胚取样送检。贺建奎根据检测结果选定囊胚，由张某礼隐瞒真相，通过不知情的医生将囊胚移植入母体，使得A某、B某先后受孕。2018年，A某生下双胞胎女婴。2019年，B某生下1名女婴。2018年5月至6月间，贺建奎、覃某洲还安排另两对夫妇前往泰国，覃某洲对其中一对夫妇的受精卵注射基因编辑试剂，由泰国当地医院实施胚胎移植手术，后失败而未孕。

2019年7月31日，南山区人民检察院向南山区法院提起公诉。鉴于案件涉及个人隐私，12月27日，南山区人民法院依法不公开开庭审理了该案。12月30日，南山区人民法院一审公开宣判，贺建奎、张某礼、覃某洲等3名被告人的行为构成非法行医罪。贺建奎被判处有期徒刑3年，并处罚金人民币300万元；张某礼被判处有期徒刑2年，并处罚金人民币100万元；覃某洲被判处有期徒刑1年6个月，缓刑2年，并处罚金人民币50万元。

三、案例分析

（一）基因科技与"CRISPR/Cas9"技术

基因编辑婴儿一案将 21 世纪最具科学前景和革命意义的基因科技推向了公众关注的焦点。基因科技领域的每一次进步都会把人类对生命之复杂结构和运行原理的理解提升到一个新的高度，并为解决人类生命延续和健康维护领域的顽固难题释放出新的可能。"CRISPR/Cas9"技术与传统分子工具编辑基因手段不同，它依靠一种利用引导性 RNA 分子将其导向目标 DNA、被称为 Cas9 的酶，然后重新编辑 DNA 序列或插入想要的片段。用平实的语言来说，科学家可以通过较为可靠的技术手段，对受精卵中的细胞进行人工干预，改变细胞中 DNA 的特定片段（也就是基因）的存在形式，从而避免因为该片段的缺陷（基因突变）而带来遗传病或其他疾病风险。

如果人们只是把这个手术作为一个纯粹科学事件，那么该事件能够传达出许多鼓舞人心的信号。首先，它表明"CRISPR/Cas9"在临床上具备了实施的技术可行性，而且显然中国的科学研究者走在了前列。[1]其次，该手术虽然只是为了让婴儿能够对艾滋病病毒免疫的特定医疗目标而实施，但其为其他类型的手术的实施指明了方向，并且能够为其他疾病的诊断和治疗提供参照。如果"CRISPR/Cas9"技术足够可靠，也即脱靶率被控制，那么更广范围的临床适用指日可待。最后，科学研究在基因科学研究中迈出了比较重要的一步，如果不考虑其他因素，近十年以来基因工程领域的进步速度超过了过去几十年的发展进程，可被视为基因科技快速发展并裨益于人体健康和卫生事业的见证。

然而，基因编辑婴儿传递出的积极信号在复杂的现实面前不堪一击。该事件所面对的潮水般的质疑将贺建奎团队曝光在聚光灯下，迅速呈现出基因编辑技术所涉及的种种问题和弊端，将一个科学问题的伦理、政治、经济和法律方面的各种问题都挖掘出来，既表达了社会公众对该事件的实质担忧，也将技术发展和法律这个近几年大热的主题推向了新的高潮。毫无疑问，尽

――――――

〔1〕"CRISPR/Cas9"技术发明之后，在临床上实现突破的几起手术都是由中国科学家所实施，包括：2014 年，南京大学的研究人员宣布成功创造出定向突变的基因工程猴，这是有记录以来首次在非人类灵长目动物身上成功使用此项技术；2016 年 8 月，四川大学华西医院肿瘤学家卢铀率领的一个中国科学家团队开展了全球首例对人体使用革命性基因编辑技术 CRISPR 的试验。

管基因编辑婴儿在技术上传递出了积极信号，然而，根据判决书可知，贺建奎团队在对胚胎实施手术过程中的急功近利和程序违规，使得这个本来就已经违背科学家群体所倡导的大多数伦理规范的手术显得更加轻率和不当。在批评者看来，贺建奎团队无疑是打开了潘多拉魔盒，既违背了科学伦理，逾越了人体胚胎实验的红线，同时也应该为此承担相应的法律责任。

（二）本案相关法律规范

在基因编辑婴儿事件发生时，我国关于基因编辑技术的相关监管规范比较欠缺。有关人类基因编辑的法律渊源主要是部门规章以及规范性文件，包括 1993 年卫生部药政管理局制定的《人的体细胞治疗及基因治疗临床研究质控要点》、1993 年国家科学技术委员会制定的《基因工程安全管理办法》、1998 年科学技术部和卫生部共同制定的《人类遗传资源管理暂行办法》、2001 年卫生部制定的《人类辅助生殖技术管理办法》及《实施人类辅助生殖技术的伦理原则》、2003 年国家药品监督管理局制定的《人基因治疗研究和制剂质量控制技术指导原则》及《人体细胞治疗研究和制剂质量控制技术指导原则》、2003 年卫生部制定的《人类辅助生殖技术和人类精子库伦理原则》及《人类辅助生殖技术规范》、2003 年科学技术部和卫生部共同制定的《人胚胎干细胞研究伦理指导原则》、2009 年卫生部制定的《医疗技术临床应用管理办法》、2015 年国家卫生和计划生育委员会和国家食品药品监督管理总局共同制定的《干细胞临床研究管理办法（试行）》及《干细胞制剂质量控制及临床前研究指导原则（试行）》、2016 年国家卫生和计划生育委员会制定的《涉及人的生物医学研究伦理审查办法》、2017 年国家食品药品监督管理总局制定的《细胞治疗产品研究与评价技术指导原则（试行）》、2017 年科学技术部制定的《生物技术研究开发安全管理办法》、2018 年国家卫生健康委员会通过的《医疗技术临床应用管理办法（修改稿）》等。

依据《人的体细胞治疗及基因治疗临床研究质控要点》的规定，我国允许以医疗或研究为目的进行体细胞的基础研究、临床前试验以及临床研究。依据《人胚胎干细胞研究伦理指导原则》的规定，我国允许以研究为目的在实验室对人类胚胎进行基因编辑和修饰，但在体外培养期限自受精或核转移开始不得超过 14 天。我国禁止培养人与其他生物的嵌合体胚胎，禁止克隆人，禁止买卖人类配子、受精卵、胚胎或胎儿组织，并且对用于研究的人类胚胎干细胞的获得方式进行严格限制。此外，依据《人类辅助生殖技术规范》

第 3 条第 9 项的规定，我国禁止以生殖为目的对人类胚胎进行基因操作。由此可知，贺建奎研究团队以生殖为目的采用 CRISPR/Cas9 基因编辑技术对人类受精卵的 CCR5 基因进行修饰并且使婴儿出生的做法，明显违反了《人类辅助生殖技术规范》第 3 条第 9 项的规定。

与之相对的是中山大学黄军就研究团队的实验。黄军就团队用了 86 个废弃胚胎做实验并发现，DNA 编辑只在其中 28 个胚胎中成功，也就是成功率大约为 30%。黄军就此次研究使用的"手术刀"是 CRISPR/Cas9 基因编辑技术。这项技术利用细菌用来保护自己免受病毒袭击的一个系统，其允许科研人员切掉选择的基因，插入新的基因。对于利用 CRISPR/Cas9 基因组编辑技术对人体胚胎中会导致地中海贫血的 β 珠蛋白基因突变进行修饰，有的学者认为其目的并非为了研究 CRISPR/Cas9 基因组编辑技术的有效性，而是利用该项技术达到编辑人类胚胎基因的目的，因此即使其使用的是废弃的人类胚胎，其从事的相关研究的合伦理性仍应受到质疑。[1]但是我国《人类辅助生殖技术规范》仅限制以生殖为目的的人类胚胎基因编辑，此处的以生殖为目的应当为客观标准，既然黄军就研究团队使用的是无法发育成婴儿的胚胎，那么其客观上就并非以生殖为目的，也就不违反我国现行的行政法律规定。

2019 年，行政机关加快了基因编辑等领域的"立法"工作，先后公布了《生物医学新技术临床应用管理条例（征求意见稿）》《生物技术研究开发安全管理条例（征求意见稿）》以及《体细胞治疗临床研究和转化应用管理办法（试行）（征求意见稿）》。此外，2019 年 7 月 1 日《人类遗传资源管理条例》的正式施行标志着我国人体基因编辑领域的相关规范上升到了行政法规的层面。虽然我国行政机关具有立法性行政权，但这建立在全国人民代表大会原则性授权的前提下，而且行政规定只能是法律的具体化，不能创设行政权。[2]因此，我国人体基因编辑领域或者其所属的生物技术领域，应当在法律层面通过引入风险预防原则规范行政机关采取行动的理由，指引和限定行政规制行为，要求将风险的科学不确定因素考虑在内，以便行政机关据此制

---

〔1〕 王洪奇："利用 CRISPR/Cas9 介导基因编辑人类三核受精卵伦理问题探讨"，载《医学与哲学》2016 年第 7 期。

〔2〕 章剑生：《现代行政法基本理论》（上卷），法律出版社 2014 年版，第 105 页。

定规范、采取措施，履行风险预防的职责。实际上，与早期制定的《基因工程安全管理办法》相比[1]，2019年公布的一系列生物技术领域法规、规章的征求意见稿已经明确将"风险"而非"危险"作为行政权力启动的起点，说明生物技术风险规制已经在规范层面纳入行政机关的职责范围之内，为了回应生物技术风险规制的现实需要，应当在法律层面引入风险预防原则，统一立法思想，从而避免风险规制的无序和"去法化"，确保行政机关风险规制行为的合法性与正当性。[2]

除此之外，在法律层面上，《刑法修正案（十一）》填补了关于基因编辑技术犯罪的法律空白。该修正案在《刑法》第336条后增加一条，作为第336条之一："将基因编辑、克隆的人类胚胎植入人体或者动物体内，或者将基因编辑、克隆的动物胚胎植入人体内，情节严重的，处三年以下有期徒刑或者拘役，并处罚金；情节特别严重的，处三年以上七年以下有期徒刑，并处罚金。"尽管这个条文是由基因编辑婴儿事件所引发，但显然按照法不溯及既往原则，贺建奎案件并不能适用该条款。从立法原则的角度，该条款的出现确实及时地填补了空白，但仍然留下一些立法的遗憾。主要包括以下方面：

第一，本罪是行政违法行为的刑法化，且放置在非法行医罪之后，强调的是犯罪者违反了公共卫生管理秩序，并未突出本罪所体现的伦理风险和生命健康危害。立法者仍然是将该罪视为与非法行医造成的风险类似，显然是低估了生命科技所引发的风险内嵌形态，尽管其姿态是非常严厉的，但实际上可能并未针对生命科技研发中的各种复杂情况作出全面的规制，是以传统的思路解决新兴科技风险，反而是"严而不厉"。

第二，"情节严重"的标准难以判定。特别是在基因科技发展实现重大突破的背景之下，对技术应用的情节进行判断难以形成有效的标准。基因编辑技术在医疗领域具有广泛的应用前景。例如治疗人类遗传病、癌症等疾病。基因编辑技术可以直接干预病原基因，从根本上解决疾病问题。这种技术可以用于开发基因治疗药物、开发癌症免疫疗法、修补遗传性疾病等。例如，将基因编辑、克隆的人类胚胎植入动物体内或许可能是进行研发的一种有效

---

[1] 《基因工程安全管理办法》第8条规定："从事基因工程工作的单位，应当进行安全性评价，评估潜在危险，确定安全等级，制定安全控制方法和措施。"

[2] 郑玉双、刘默："人类基因编辑的行政监管"，载《预防青少年犯罪研究》2020年第1期。

途径，那么难以判断这一做法究竟如何才会达到情节严重的标准。

第三，非法植入基因编辑、克隆胚胎罪的主体界定存在问题。实施基因编辑、克隆胚胎行为通常不是个人单独完成的，往往由科技公司、科研院所或者医院等工作团队或者项目团队共同参与。由于科研或者技术转化的需要，研究成果可能会被付诸实际行动，这就涉及单位的参与，使得刑事责任难以归属个人。[1]

（三）对本案的评析

贺建奎的手术虽然只是为实现婴儿能够对艾滋病病毒免疫的特定医疗目标而实施，但其为其他类型的手术的实施指明了方向，并且能够为其他疾病的诊断和治疗提供参照。如果"CRISPR/Cas9"技术足够可靠，也即脱靶率被控制，那么更广范围的临床适用指日可待。然而，基因编辑婴儿传递出的积极信号在复杂的现实面前不堪一击。该事件所面对的潮水般的质疑将贺建奎团队曝光在聚光灯下，将一个科学问题的伦理、政治、经济与法律的关系方面的各种问题都挖掘出来，既表达了社会公众对该事件的实质担忧，也将技术发展和法律这个近几年大热的主题推向了新的高潮。毫无疑问，尽管基因编辑婴儿在技术上传递出了积极信号，然而，根据媒体报道，贺建奎团队在对胚胎实施手术过程中的急功近利和程序违规，使得这个本来就已经违背科学家群体所倡导的大多数伦理规范的手术显得更加轻率和不当。在批评者看来，贺建奎团队无疑是打开了潘多拉魔盒，既违背了科学伦理，也逾越了人体胚胎实验的红线。南山区人民法院的判决以法律的形式表明"玩火者应当承受必要的代价"。

虽然判决已经作出，该事件似乎也画上了句号，但仍有一系列问题需要解决。在生物医学领域，关于基因编辑技术"是否能够适用于可发育为人的胚胎之上"这个问题，科学界没有形成密不透风的共识，但在实践中科学家们整体采取"望而却步"的态度。贺建奎团队在实施手术的过程中存在的重大瑕疵，使得这起基因编辑手术的实施明显地违反了共识性的基因编辑适用伦理。主要体现在：①未进行充分的风险评估，特别是面对脱靶的风险；②伦理委员会审查违反程序；③婴儿父母知情权未得到充分保障，特别是关于手术实施的社会风险和必要性问题。从法律角度来看，按照《人类辅助生殖技

---

[1] 郑延谱、薛赛赛："人类基因编辑行为的刑法规制及思考"，载《法律适用》2023年第7期。

术规范》的规定，贺建奎相应地违反了卫生部 2001 年制定的《人类辅助生殖技术管理办法》，因此应该承担行政责任。

《人类辅助生殖技术规范》第 3 条 "实施技术人员的行为准则" 第 9 项规定："禁止以生殖为目的的对人类配子、合子和胚胎进行基因操作。" 然而，该部门规章效力层次过低，并且严重落后于基因科技发展步伐。我们也可以援引《科学技术进步法》《执业医师法》和《人类辅助生殖技术管理办法》中的相关规定，对贺建奎进行责任认定。但《科学技术进步法》（2007 年修订）第 29 条只是规定了 "国家禁止危害国家安全、损害社会公共利益、危害人体健康、违反伦理道德的科学技术研究开发活动"。这是否意味着对胚胎实施基因编辑是 "危害人体健康、违反伦理道德" 的研究活动？如前所述，贺建奎团队的手术实施明显不当，但其错误在于程序上的不当以及违反职业伦理，而《科学技术进步法》中规定的 "伦理道德" 应属于涉及研究主题和对象的实质性伦理判断，也就是对在胚胎上实施基因编辑这一临床试验的伦理正当性问题。显然，在对基因编辑的伦理界限作出理论上的澄清之前，仅仅依据内涵不确定的法律规范作出扩张性解释，与法治精神存在一定冲突。

南山区人民法院依据《刑法》关于非法行医罪的规定对贺建奎进行定罪量刑，满足了舆论对于该事件之严重性的心理期待，但也引发了应对生命科技的法律规范之体系性的某种隐忧。非法行医罪的核心要件包括犯罪人不具有执业许可证和医疗活动的情节严重，且不论贺建奎是否具有执业许可，在胚胎身上进行基因编辑是否属于严格意义上的医疗活动，以及该手术所造成的强烈社会反响是否应当被视为非法行医罪的教义中的 "情节严重"，都存在着可辩论的空间。非法行医罪在司法实践之中本身就存在着比较大的争议，而与人类遗传研究与试验相关的法律规范又屈指可数，因此该判决难免有些牵强。

基因编辑婴儿事件的法律问题表明了法律在面对生命科技发展中的捉襟见肘，这是现代科技所产生的道德异乡人困境的附属产品，也是人类走出异乡人困境的一次契机。科技发展对立法提出了挑战，我们也无法寄托于一次立法就能够回应现实中的诸多困境，无论是人类遗传资源的管理还是生命技术的适用规范等领域，会随着技术发展的迅速步伐而涌现出大量的新兴问题。科技发展与法律理论的良性互动，技术价值与法律价值的碰撞，以及法律实践的道德框架的重构，是走出这种困境的必要努力。

（四）法律与科技秩序的展望

尽管贺建奎受到了应有的惩罚，现行法律法规针对基因编辑技术的应用也进行了较为全面的规制，但正如本节开始所言，生命科技带来的风险和价值搅动并非一个传统的风险防范问题，而是一个在科技发展和社会福祉之间进行价值重估和平衡的新兴治理问题。既要防范风险，也要面对可允许的风险。[1]只有展示新兴科技对秩序的重构意义，才能将科技发展放置在稳定的价值天平上，才能够为法律规制提供有效的指引。科技发展具有广阔的前景，特别是生命科技，对于人类健康具有重大裨益。如何实现科技发展与秩序的有效平衡，通过科技研发实现健康突破，将风险控制在可靠的范围之内，确实是当前需要回应的迫切课题。

我国人类基因编辑的风险管理制度在一定程度上得到了完善，但仍然存在一些需要改进的部分：其一，人类基因编辑的风险管理作为一项公共行政活动，其中涉及大量的价值判断和利益权衡，因而必须在民主的框架下进行，但我国目前的人类基因编辑风险管理制度公众参与程度较低；其二，虽然我国确立了对生物技术开发研究和临床应用的分级管理制度，但由于明确将基因编辑技术列为高风险的生物医学新技术，因此无法在规范层面体现出对人类基因编辑不同层次风险的区分管理；其三，在人类基因编辑临床试验中，虽然受试者可以获得一定经济补偿并且优先享受人类基因编辑技术所带来的福利，但同时也承担了新兴技术的潜在风险，为生物医学的进步作出了巨大贡献，然而目前受试者损害补偿的救济途径较为单一，难以为受试者权益提供切实的保障。

基于此，应当在以下三个方面对我国人类基因编辑的风险管理制度进行优化：

1. 应当加强风险管理行政决策的公众参与和专家论证

《全面推进依法行政实施纲要》第 11 条倡导公众参与、专家论证和政府决定相结合的行政决策模式。公众参与可以让更广泛的社会公众通过直接参与来影响人类基因编辑风险管理相关的行政决策，使行政决策的过程更具民主性，避免由行政官员独断。此外，社会公众的参与亦会增强行政决策的科学性，因为社会公众可以将不同的价值诉求和知识带入行政决策的过程中，

---

〔1〕　魏汉涛："人类基因编辑行为的刑法规制"，载《法商研究》2021 年第 5 期。

使决策者能够比独自决断考虑得更为周全。

2. 应当对人类基因编辑风险进行分类管理

相关行政部门在对人类基因编辑进行风险管理的过程中，应当具体结合人类基因编辑的不同类型，把握风险管理的侧重点，灵活采取合理的干预措施。

（1）由于人类基因编辑的基础研究阶段主要涉及在实验室对人类遗传资源的利用，不涉及临床试验，因此，风险相对较小，该阶段风险管理的重点应当在于对人类资源提供者知情同意权的保障。

（2）对于人类体细胞基因编辑的临床研究及临床应用，虽然二者均存在损害人类基因编辑接受者生命健康的风险，但二者的性质和风险程度明显不同。前者属于生物医学研究活动，后者则属于临床医疗活动，临床医疗的目的是治愈疾病，而生物医学研究即使在客观上取得了治愈疾病的效果，该效果也并非其追求的首要目标。因此，患者与受试者承担的风险程度亦存在差异，患者接受的是已证明有效的治疗过程，风险相对较小；而受试者参与临床研究往往是为了测试某种治疗方法是否安全有效，风险相对较大。

（3）对于人类生殖系基因编辑，虽然其具有一次性治疗遗传性疾病的优势，但由于其存在巨大的安全和伦理风险，对其临床试验和应用应当秉持谨慎性原则。[1]2015 年 12 月，第一届人类基因组编辑国际峰会声明指出："由于目前生殖系基因编辑临床实践的安全性、有效性问题尚未得到解决，而且关于其适宜性尚未取得广泛的社会共识，因此将生殖系基因编辑投入临床试验或应用是不负责任的。"[2]2018 年 11 月，第二届人类基因组编辑国际峰会重申了生殖系基因编辑因临床实践的科学理论和技术水平目前均有很大不确定性，风险难以控制，因此不得投入临床试验或应用。由此可知，在当下禁止开展人类生殖系基因编辑的临床试验和应用属于国际共识，我国行政机关应当继续维持现有的禁止人类生殖系基因编辑的临床试验和应用的立场不变。但是随着基因编辑技术的不断发展成熟，如果安全性和有效性问题在一定程度上得到解决，行政机关则应当就人类生殖系基因编辑能否得到伦理学辩护

---

〔1〕 李昕："论人类基因组编辑规制的目的与特征"，载《山东科技大学学报（社会科学版）》2019 年第 3 期。

〔2〕 ［美］美国国家科学院："关于人类基因编辑：国际高峰会议声明"，周思成译，载雷瑞鹏等主编：《人类基因组编辑：科学、伦理学与治理》，中国协和医科大学出版社 2019 年版，第 400 页。

组织广泛讨论，同时加强国际交流，定期对现有的法律法规和政策文件进行动态评估。

3. 应当丰富人类基因编辑临床研究受试者的损害补偿救济途径

由于人类基因编辑的临床试验是检验人类基因编辑技术安全性和有效性的研究活动，受试者参与其中意味着面临生命健康可能受到损害的高风险，因此对受试者的权利保护是人类基因编辑风险管理的重中之重。然而由于人类基因编辑风险存在高度不确定性，即使临床研究人员不存在过错亦有可能造成实际损害的发生，因此对人类基因编辑受试者的权利保护应当在预防损害发生的同时建立健全损害填补的救济机制。从我国《生物医学新技术临床应用管理条例（征求意见稿）》第20条第8项的规定中可以看出，我国对生物医学新技术临床试验受试者的损害填补主要通过研究方与受试者在临床试验前自愿达成补偿协议的方式进行。由于研究方是临床研究活动的直接受益者，同时其发起的临床试验活动也是风险的直接来源，[1] 由其作为风险责任的最终承担者无可厚非。但是研究方个体承担风险责任的能力非常有限，如果将非因过错造成的损害责任全部归于其自身，过重的负担可能会阻碍科技的发展进步，同时也不利于受试者损害补偿救济的及时兑现，因此，应当丰富受试者的损害补偿救济途径，分散风险责任的承担。

第二节　法律与自由

一、理论导读

（一）积极和消极自由

英语中的"liberty"一词来自拉丁词根"liber"（意为"自由"）。许多思想家将自由分为消极自由和积极自由，这种区分至少可以追溯到康德。关于积极和消极自由的讨论通常是在政治和社会哲学的背景下进行的。以赛亚·伯林在20世纪五六十年代对这两种自由进行了深入研究。在他的名篇《自由的两个概念》中，伯林指出，我们使用消极自由的概念来试图回答"在什么范围内，主体——一个人或一群人——可以或应该不受他人干涉地做他能够做

---

〔1〕 杨雅婷、汪小莉："基因编辑临床研究风险责任之法律探析"，载《科技管理研究》2018年第20期。

的事或成为他能够成为的人”的问题，而我们使用积极自由的概念来试图回答“什么或谁是控制或干涉的来源，能够决定某人做这个而不是做那个”的问题。[1]

消极自由是指没有障碍、壁垒或限制。一个人拥有消极自由的程度是指他可以采取这种消极意义上的行动。积极自由是指行动的可能性或事实，能够掌控自己的生活、实现自己的根本目的。正如伯林所指出的，消极自由和积极自由不仅仅是两种截然不同的自由，它们可以被视为对单一政治理想的相互对立、互不相容的诠释。由于很少有人声称反对自由，因此如何解释和定义“自由”一词会产生重要的政治影响。政治自由主义倾向于预设一个消极的自由定义：自由主义者通常声称，如果一个人赞成个人自由，他就应该支持对国家活动施加强有力的限制。自由主义的批评者往往通过质疑自由的消极定义来进行反驳。他们认为，追求自我实现或自决（无论是个人还是集体）的自由可能需要国家的干预，而这种干预通常是自由主义者所不允许的。

（二）法律与自由

法律与自由是相互关联的。但究竟是法律提供了自由，还是法律剥夺了自由，这是人们经常思考的问题。我们有时会提到“不受源自法律规制的自由”，这意味着法律的固有特征是限制自由。有时又会提到“法律赋予的自由”，这又意味着自由是通过法律来保障的。

其实法律与自由并不冲突，而是相辅相成的。在大多数民主国家，自由在宪法中得到保障。司法机构是宪法的监督者，适用法律保护人民的自由。这种自由是积极自由和消极自由的结合，它不仅让个人得到发展并发挥其潜能，还保护他们免受外部因素的干扰。例如，《美国宪法》在一系列修正案中规定公民享有新闻、言论、结社、集会等自由。

（三）多数人的统治与少数人的自由

法律代表多数人的意愿。在现代民主的历史上，我们所珍视的两种核心价值观——多数人的统治与少数人的自由——之间发生冲突的例子比比皆是。美国历史上此类冲突最尖锐的例子都是围绕种族问题展开的：将结束奴隶制强加给不情愿的（白人）南方、在南北方不情愿的社区取消种族隔离等。

---

[1] Isaiah Berlin, *Liberty*: *Incorporating Four Essays on Liberty*, Oxford University Press 2002, edited by Henry Hardy, p. 169. 所引内容为作者自行翻译。

20 世纪后半叶的美国出现了新的冲突。其中包括个人出于娱乐目的使用毒品的权利、个人与其他成年人自愿发生性关系的权利、生命权与堕胎权以及死亡权等。这其中，罗伊诉韦德案[1]（以下简称"罗伊案"）是美国最高法院作出的一项具有里程碑意义的判决。法院在该判决中裁定，《美国宪法》普遍保护堕胎权。该判决推翻了许多堕胎法，并在美国引发了一场持续性的堕胎辩论，争论的焦点是堕胎是否合法或在多大程度上合法，堕胎的合法性应由谁决定，以及道德和宗教观点在政治领域中应扮演何种角色。在计划生育协会诉凯西案[2]（以下简称"凯西案"）中，最高法院维护了罗伊案所确立的堕胎权。凯西案推翻了罗伊案的三个月框架（trimester framework）分析法，转而采用了生命力分析法（viability analysis），从而允许各州实施适用于妊娠头三个月的堕胎限制。2022 年，最高法院在多布斯诉杰克逊妇女健康组织案[3]（以下简称"多布斯案"）中推翻了罗伊案和凯西案的基本观点，认为《美国宪法》并未赋予堕胎权，将不受联邦法律保护的堕胎监管权交还给了各州。

二、案例介绍：多布斯诉杰克逊妇女健康组织案

（一）背景

在特朗普政府执政期间，美国最高法院的意识形态发生了转变，2020 年保守派大法官艾米·科尼·巴雷特（Amy Coney Barrett）的任命使这一转变达到了顶点。此外，2021 年 9 月成功实施的《得克萨斯心跳法案》(Texas Heart-beat Act) 削弱了罗伊案和凯西案的判决。在该法案中，得克萨斯州设计了一种法律变通办法来规避罗伊案判决，使其能够在罗伊案和凯西案继续有效的情况下成功取缔怀孕六周的堕胎。由于《得克萨斯心跳法案》是由公民个人而不是政府官员执行的，因此堕胎服务提供者无法起诉州政府官员来阻止法律的执行，也无法获得司法救济来阻止针对他们的私人诉讼。其他州效仿这一执行机制，回避罗伊案判决，使其反堕胎法规免受司法审查。这种做法削弱了罗伊案判决，削弱了联邦司法机构保护堕胎权利不受州立法侵害的能力。

---

〔1〕 *Roe v. Wade*, 410 U. S. 113 (1973).

〔2〕 *Planned Parenthood v. Casey*, 505 U. S. 833 (1992).

〔3〕 *Dobbs v. Jackson Women's Health Organization*, No. 19-1392, 597 U. S. （2022).

（二）案情

多布斯案涉及密西西比州于 2018 年通过的《妊娠年龄法案》（Gestational Age Act），该法案禁止 15 周后的堕胎，医疗紧急情况或严重胎儿畸形除外。该法案还对堕胎提供者实施吊销执照等处罚。该法案是根据基督教法律组织"捍卫自由联盟"（Alliance Defending Freedom）的模式制定的，其具体意图是挑起一场法律战，将其提交最高法院，从而推翻罗伊案。2018 年 3 月，杰克逊妇女健康组织（Jackson Women's Health Organization）——密西西比州唯一一家堕胎诊所——在联邦地区法院起诉密西西比州卫生部的州卫生官员托马斯·多布斯（Thomas E. Dobbs），质疑《妊娠年龄法案》的合宪性。下级法院通过初步禁令阻止了该法的实施。禁令的依据是凯西案中的裁决，该裁决禁止各州在胎儿存活前禁止堕胎，理由是妇女在此期间选择堕胎受到《美国宪法第十四修正案》"正当程序条款"的保护。多布斯提交了调卷申请，并获得批准。美国最高法院签发了令状，以处理所有对胎儿存活前选择性堕胎的禁令是否违宪的问题。

（三）双方辩词

最高法院于 2021 年 12 月进行了口头辩论。密西西比州通过多布斯辩称，《美国宪法》并未规定堕胎权（因此，如果与合法的政府利益合理相关，各州可自由禁止堕胎）。密西西比州依据的是《美国宪法第十修正案》的条文，该修正案剥夺了各州制定条约等权力，但并未直接剥夺限制堕胎的权力。此外，密西西比州认为《美国宪法第十四修正案》中的"自由"只涉及"深深植根于美国历史和传统"的基本权利。密西西比州进一步辩称，堕胎在这里并不是一项基本权利，因为在《美国宪法第十四修正案》批准时，许多州都禁止堕胎。此外，密西西比州还辩称，"生命线"（viability line）标准阻碍了州对其利益的保护，而且过于武断或主观。

与此相反，杰克逊妇女健康组织（以下简称"妇女健康组织"）认为，堕胎的依据是《美国宪法第十四修正案》。该组织声称，身体自主权和身体完整性是"受正当程序条款保护的自由的基本要素"。例如，避孕就包含在"自由"一词中。妇女健康组织还认为，堕胎或个人拥有自己身体的权利在普通法传统中非常重要。此外，妇女健康组织还指出，联邦法院一直统一适用"生命线"标准。

（四）判决

2022 年 5 月，*Politico* 杂志发表了一份由塞缪尔·阿利托（Samuel Alito）大法官撰写的多数意见草案，泄露的草案与最终判决基本一致。2022 年 6 月 24 日，法院以 6 比 3 的票数作出裁决，推翻了下级法院的判决。五名法官推翻了罗伊案和凯西案的意见。他们认为，堕胎不是一项宪法权利，因为《美国宪法》并未提及堕胎，而且堕胎的实体性权利在美国历史上并非"根深蒂固"。首席大法官约翰·罗伯茨（John Roberts）同意维持密西西比州法律的判决，但没有加入推翻罗伊案和凯西案的多数意见。

（五）案件影响

既然堕胎没有被赋予基本权利的地位，那么在审查受到宪法挑战的各州堕胎法规时，将采用合理性审查标准。从根本上说，各州可以"出于合法理由"对堕胎进行监管，如果这些法律受到宪法挑战，它们有权获得"强有力的有效性推定"。共和党的主要政治家支持这一判决，而民主党的主要政治家则对此提出批评。针对该判决的抗议和反抗议时有发生。作出该判决时的民意调查显示，大多数美国人反对该判决。

三、案例分析

（一）判决要点[1]

1. 多数意见

多布斯案多数判决由塞缪尔·阿利托（Samuel Alito）大法官撰写，克拉伦斯·托马斯（Clarence Thomas）、尼尔·戈萨奇（Neil Gorsuch）、布雷特·卡瓦诺（Brett Kavanaugh）和艾米·科尼·巴雷特（Amy Coney Barrett）法官加入。最终的多数意见与泄露的草案基本相似，只是对斯蒂芬·布雷耶（Stephen Breyer）、埃琳娜·卡根（Elena Kagan）和索尼娅·索托马约尔（Sonia Sotomayor）三位大法官的联合反对意见以及罗伯茨对判决的赞同意见的反驳略有改动。

阿利托的论点基于 1997 年华盛顿诉格鲁克斯伯格案（*Washington v. Glucksberg*）中的标准，即一项权利必须"深深植根于"国家的历史之中。阿利托在判决书中写道："该条款（第十四修正案正当程序条款）被认为保障了一些《宪法》中未提及的权利，但任何此类权利都必须'深深植根于这个

---

〔1〕 本部分所引用的多布斯案判决书中的内容节选均由作者自行翻译。

国家的历史和传统',并且'隐含在有序自由的概念中'。"

阿利托进一步写道:"堕胎不能受到《宪法》保护。直到 20 世纪后半叶,美国法律中还完全没有这种权利。事实上,当《第十四修正案》通过时,四分之三的州规定堕胎在怀孕的各个阶段都是犯罪。""罗伊案的推理异常薄弱,该判决造成了破坏性后果。罗伊案和凯西案不仅没有在全美范围内解决堕胎问题,反而激化了争论,加深了分歧。"

阿利托在意见书的第一部分简要描述了案件的背景,然后在第二部分论证了堕胎权与其他隐私权的不同。他写道:"堕胎权与罗伊案和凯西案所依据的权利截然不同的是,这两个判决都承认的一点:堕胎摧毁的是这些判决所称的'潜在生命',而本案所涉及的法律则将其视为'未出生人类'的生命。"阿利托还对反对意见做出了回应,他写道:"反对意见非常坦率,它无法证明堕胎权'在这个国家的历史和传统中'有任何基础,更不用说'根深蒂固'的基础了。反对意见没有指出任何支持这种权利的罗伊案之前的权威——没有州宪法条款或法规,没有联邦或州司法判例,甚至没有学术论文。"

在第三部分,阿利托讨论了遵循先例(stare decisis)问题。他还回应了反对意见者对多布斯案会扩展到其他权利的担忧,指出关于多布斯案的多数意见的范围仅适用于堕胎。在第四部分,阿利托写道,大法官们"不能允许我们的判决受到任何外在因素——比如公众对我们工作的反应——的影响"。

在第五部分中,阿利托进一步回应了罗伯茨在判决中寻求中间立场的赞同意见,声称"这种方法存在严重问题",只会"延长"罗伊案的"动荡"。阿利托认为,如果只裁定密西西比州的法律符合《美国宪法》,那么法院以后就必须裁定其他州的法律中关于获得堕胎的不同期限是否符合《美国宪法》。在第六部分,阿利托写道,由于堕胎不是一项基本权利,因此最低审查标准必须适用于堕胎法,根据该标准,如果法律与合法的州利益合理相关,则必须得到支持。

2. 赞同意见

托马斯和卡瓦诺分别撰写了赞同意见。托马斯认为,法院在未来的案件中应更进一步,重新考虑最高法院过去基于实体性正当程序授予权利的其他案件,例如格里斯沃尔德诉康涅狄格州案(Griswold v. Connecticut)(避孕权)、奥伯格费尔诉霍奇斯案(Obergefell v. Hodges)(同性婚姻权)和劳伦斯诉得克萨斯州案(Lawrence v. Texas)(废除禁止私人性行为的法律)。他在判决书中写道:"由于任何实体性正当程序判决都是'明显错误的',我们有责任'纠正'这些先例中确立的错误。"

卡瓦诺指出,根据《美国宪法》赋予的旅行权,禁止妇女去另一个州寻求堕胎仍然是违宪的;追溯性地惩罚在多布斯案之前实施的堕胎也是违宪的,因为这些堕胎受到了罗伊案和凯西案的保护。

3. 同意判决

仅有罗伯茨同意判决。他认为法院应该推翻第五巡回法院关于密西西比州法律的意见,并"应该摒弃罗伊案和凯西案所确立的生命线标准"。罗伯茨不同意多数人关于彻底推翻罗伊案和凯西案的裁决,认为"没有必要对我们面前的案件作出裁决",并写道,推翻"罗伊案和凯西案是对法律体系的严重冲击"。罗伯茨还写道,堕胎法规应"扩展到足以确保合理选择机会的程度,但不必再扩展"。罗伯茨最后总结道,他"不确定……根据《宪法》,从受孕那一刻起就禁止堕胎的禁令必须与15周后禁止堕胎的禁令同等对待"。

4. 反对意见

布雷耶、索托马约尔和卡根大法官共同撰写了反对意见。他们在介绍性声明中写道:"罗伊案和凯西承认的权利并非孤立存在。相反,法院几十年来一直将其与涉及身体完整性、家庭关系和生育的其他自由联系在一起。最明显的是,终止妊娠的权利直接产生于购买和使用避孕药具的权利。反过来,这些权利最近又导致了同性亲密关系和婚姻的权利。多数人的意见要么是虚伪的,要么是更多的宪法权利受到了威胁。二者必居其一。"

在反对意见的第一部分,三人写道:"多数意见允许各州从受孕开始就禁止堕胎,因为他们认为强迫生育根本不涉及妇女的平等和自由权。也就是说,今天的法院并不认为妇女控制自己的身体和人生道路具有任何宪法意义。国家可以强迫她终止妊娠,甚至不惜付出最惨重的个人和家庭代价。"他们认为"如果罗伊案之前的堕胎法自由化在20世纪更快、更广泛地发生,那么多数人就会说(再次)只有(第十四修正案)批准者的观点才是相关的"。针对多数人根据格鲁克斯伯格案(Glucksberg)提出的一项权利必须"深深扎根于国家历史"的论点,持不同意见者反思了这种做法对异族通婚意味着什么:"《第十四修正案》的批准者并不认为它赋予了黑人和白人相互结婚的权利。相反,当时的做法认为这种行为与堕胎一样不受保护。然而,法院在洛文诉弗吉尼亚州案 [Loving v. Virginia, 388 U. S. 1(1967)] 中将《第十四修正案》解读为包括洛文夫妇的结合。"

针对阿利托声称反对意见者的"标准在高度概括性上可以许可非法吸毒、卖淫等基本权利",反对意见者们写道:"这是完全错误的。法院关于身体自主权、性和家庭关系以及生育的先例都是交织在一起的,都是我们宪法结构的一部分,正因为如此,也是我们生活的一部分,尤其是妇女的生活。这些交织在一起的权利保障了她们的自决权。"针对卡瓦诺的赞同意见,他们写道:"他的观点是,中立性在于将堕胎问题交给各州处理,有些州可以采取这种方式,有些州则采取另一种方式。但如果法院允许纽约州和加利福尼亚州随心所欲地禁止所有枪支,他还会说法院是在'恪守中立'吗?"在第三部分,三人总结道:"我们怀着悲痛的心情——为了本法院,更是为了今天失去了基本宪法保护权利的数百万美国妇女——提出异议。"

(二) 只有通过正当法律程序才能剥夺自由

在多布斯案判决中反复提到了正当程序条款(Due Process Clause),这一条款体现了法律和自由之间的一种至关重要的关系:只有通过正当法律程序才能剥夺自由。《美国宪法》只两次规定了这一条命令:《美国宪法第五修正案》规定,联邦政府不得"未经正当法律程序剥夺任何人的生命、自由或财产";1868 年批准的《美国宪法第十四修正案》使用了同样的字眼描述了各州的法律义务。这些词语的核心承诺是保证美国各级政府必须在法律范围内运作("合法性"),并提供公平的程序。

1. 正当程序条款的目的

从历史上看,该条款反映了英国《自由大宪章》(Magna Carta) 中的承诺,即约翰国王在 13 世纪向他的贵族们承诺,他将只依法("合法性")行事,所有人都将接受普通的法律程序的规制。这也呼应了英国 17 世纪对政治和法律规范性的争取,以及美国殖民地在革命前时期对遵守正常法律秩序的强烈坚持。政府依法运作是这些措辞所强调的重点。对合法性的承诺是所有先进法律制度的核心,而正当程序条款通常被认为体现了这一承诺。

该条款还承诺,在剥夺公民的生命、自由或财产之前,政府必须遵循公平的程序。因此,政府并不总是只按照存在的法律行事就足够了。公民还有权要求政府遵守或提供公平的程序,无论政府据以行事的法律是否规定了这些程序,剥夺"正当"程序的行为都是违宪的。例如,假设州法律赋予学生接受公共教育的权利,但对纪律问题只字未提。在州政府可以通过开除行为不端的学生来剥夺其权利之前,必须提供公平的程序,即"正当程序"。

我们如何才能知道程序是否正当（什么算作对"生命、自由或财产"的"剥夺"），何时正当以及必须遵循哪些程序（在这些情况下什么程序是"正当"的)？如果"正当程序"主要指的是程序问题，那么它对这些问题的回答就很少。最高法院在如何找到这些答案上的挣扎与多年来在解释上的争议相呼应，也反映了公民与政府之间关系的一般性质的变化。

19 世纪的美国政府相对简单，其行动也相对有限。在大多数情况下，政府试图剥夺公民的生命、自由或财产时，都是通过刑法来实现的，《权利法案》明确规定了许多必须遵守的程序（如陪审团审判权）——这些权利在英国普通法的悠久传统中得到了律师和法院的充分理解。

一些人认为，"正当程序"一词暗示了对程序而非实体内容的关注。克拉伦斯·托马斯大法官（Clarence Thomas）在佩里诉新罕布什尔州案（Perry v. New Hampshire）中写道："《美国宪法第十四修正案》的正当程序条款并不是防止不公平的实体性保障的秘密宝库。"[1]然而，另一些人认为，正当程序条款确实包括对实体性正当程序的保护，例如斯蒂芬·菲尔德法官（Stephen J. Field）在屠宰场案（The Slaughter-House Cases）的反对意见中写道，"正当程序条款保护个人免受州立法对其联邦宪法规定的'特权和豁免权'的侵犯"。[2]

2. 实体性正当程序

实体性正当程序是美国宪法第五和第十四修正案保护基本权利不受政府干预的原则。具体而言，第五和第十四修正案禁止政府未经正当法律程序剥夺任何人的"生命、自由或财产"。第五修正案适用于联邦行为，第十四修正案适用于州行为。

美国最高法院首次界定哪些政府行为违反了实体性正当程序是在洛赫纳（Lochner）时代。在洛赫纳诉纽约案（Lochner v. New York）中，美国最高法院认定纽约州一项规定面包师工作时间的法律违宪，裁定该法律的公共利益不足以证明面包师根据自己的条件工作的实体性正当程序权利是正当的。在随后的三十年中，法院认定合同自由和其他经济权利是基本权利，州政府控制雇员与雇主关系的努力——如最低工资——都被驳回。1937 年，美国最高法院在 West

[1] *Perry v. New Hampshire*, 565 U. S. 228 (2012).
[2] *Slaughter-House Cases*, 83 U. S. (16 Wall.) 36 (1873).

Coast Hotel v. Parrish[1]一案中驳回了洛赫纳时代对实体性正当程序的解释，允许华盛顿州对妇女和未成年人实施最低工资。一年后，在 U. S. v. Carolene Products[2]一案的脚注 4 中，最高法院指出实体性正当程序将适用于以下情况："美国宪法前八条修正案中列举和衍生的权利，参与政治进程的权利，如投票权、结社权和自由言论权，以及'离散和孤立的少数群体'的权利。"

在 Carolene Products 案之后，美国最高法院确定，受实体性正当程序保护的基本权利是那些深深植根于美国历史和传统，并根据不断演变的社会规范来看待的权利。这些权利并没有在美国宪法中明确列出，而是在某些修正案中提及或假定了这些权利的存在。这使得最高法院认为，相对于经济权利而言，个人权利和关系权利是基本权利并受到保护。具体而言，最高法院对实体性正当程序的解释包括以下基本权利：隐私权、特别是获得避孕药具的权利（Griswold v. Connecticut）；与不同种族的人结婚的权利（Loving v. Virginia）；生育前堕胎的权利（罗伊案，已被推翻）；与同性结婚的权利（Obergefell v. Hodges）。

3. 程序性正当程序

程序性正当程序是指当联邦政府或州政府的行为剥夺了公民的生命、自由或财产利益时，必须给予当事人通知、审讯的机会，并由中立的决策者做出裁决。亨利·弗兰德（Henry Friendly）法官在一篇题为《某种审讯》（*Some Kind of Hearing*）的文章中列出了正当程序所要求的一系列必要程序。虽然这份清单并不是强制性的，但其内容和每个项目的相对优先顺序都具有很大的影响力。这并不是一份证明正当程序所需的程序清单，而是一份在正当程序论证中可能主张的程序类别清单，大致按其重要性排序。

（a）公正的法庭。

（b）关于拟采取的行动及其理由的通知。

（c）有机会说明不应采取拟议行动的理由。

（d）提交证据的权利，包括传唤证人的权利。

（e）了解对方证据的权利。

（f）盘问不利证人的权利。

（g）完全根据所提供的证据做出决定。

---

〔1〕 *West Coast Hotel v. Parrish*，300 U. S. 379（1937）.

〔2〕 *U. S. v. Carolene Products*，304 U. S. 144（1938）.

（h）由律师代理的机会。

（i）要求法庭准备所提交证据的记录。

（j）要求法庭准备书面的事实认定和裁决理由。

4. 正当程序条款适用条件

1915 年的 Bi-Metallic Investment Co. v. State Board of Equalization[1] 案确立了一个重要的区别：美国宪法并不要求在制定法律时采用"正当程序"；该条款适用于国家"在每个案件中基于个别理由"针对个人采取行动的情况——即当公民的某些独特特征受到影响时。当然，可能会有很多公民受到影响，问题在于评估影响是否取决于"在每种情况下基于个别原因"。因此，正当程序条款并不制约一个州如何制定其高中学生的纪律规则，但它确实制约该州如何将这些规则适用于被认为违反了这些规则的个别学生——即使在某些情况下（例如，在全州范围的考试中作弊）有大量学生被指控参与其中。

即使一个人明确无误地因个别原因而受到侵害，也可能存在国家是否"剥夺"了他的"生命、自由或财产"的问题。这里首先要注意的是，必须有国家行为。因此，正当程序条款不适用于私立学校对其学生采取的惩戒措施（尽管该学校可能出于其他原因希望遵循类似的原则）。如前所述，《得克萨斯心跳法案》是由公民个人而不是政府官员执行的，堕胎服务提供者不能利用正当程序条款起诉任何州政府官员以阻止该法律的执行。

第三节　法律与正义

一、理论导读

正义是法律的一项重要的价值，是我们谴责和赞美法律的尺度，也是我们去评判法律的执行是否道德的尺度。相对于法律与道德的关系来说，法律与正义的关系更为古老。据说在欧里庇得斯笔下，已经可以看到正义"比星辰更让人崇敬"的说法。亚里士多德在《尼各马可伦理学》和《政治学》中大篇幅地讨论正义。例如，《尼各马可伦理学》的第五卷就专注于讨论正义。罗马人甚至有一个说法，叫"实现正义，哪怕天翻地覆"，这就使正义的价值超出秩序的价

---

[1]　*Bi-Metallic Investment Co. v. State Board of Equalization*, 239 U. S. 441 (1915).

值。即便在 20 世纪下半期关注法律规范的逻辑结构的实证主义法学家笔下也仍然要对正义问题进行讨论，例如，哈特在《法律的概念》中就写道："我们的确有充分的理由相信，在对法律制度的批评里，正义占有很重要的地位。"〔1〕

对于正义的最早的集中讨论，是柏拉图的《理想国》。《理想国》第一卷的讨论呈现了柏拉图正义观的视野，但按照第一卷最后的说法，正义等同于人的灵魂所具有的德性。在随后几卷的讨论中，为了识别灵魂的德性，也就是正义，柏拉图采取了著名的"以大见小"的方法，即通过言辞建构了一个正义的城邦，并试图以正义城邦的结构来类比和认识灵魂的结构，在这个城邦中，正义被界定为"每一个单个的个人应该只照管有关城邦事务中的单一的一件事，对于这一件事，这一个个人的天性是最为适宜的"。（433a）这就类比于灵魂内部以理性为主导，以血气为辅助，从而支配欲望的三部分各司其职的结构体系，如此，灵魂才能如同正义的城邦一样处于最好的状态。

在亚里士多德笔下，有关正义的讨论更具有体系性，在《尼各马可伦理学》第五卷中，不仅有分配正义和矫正正义（亦被称为"交换正义"）的区分，还有回报的正义、政治的正义以及自然正义、约定正义的区分。在这些区分中，分配正义与矫正正义的讨论对于法理学来说最具影响。

分配正义和交换正义有不同的标准和规则，分配正义要求"按配得分配"，"人们都同意，分配的公正要基于某种配得，尽管他们所要的并不是同一种东西。民主制依据的是自由身份，寡头制依据的是财富，有时也依据高贵的出身，贵族制则依据德性。所以，公正在于成比例。因为比例不仅仅是抽象的量，而且是普通的量。比例是比率上的平等，至少包含四个比例项。"（1131a25）与之相对，矫正正义是"得与失之间的适度"（1132a15），它依据的不是几何比例，而是算术比例，它是私人交易中的公正，"法律只考虑行为所造成的伤害。它把双方看作是平等的。它只问是否其中一方做了不公正的事，另一方受到了不公正对待；是否一方做了伤害的行为，另一方受到了伤害。既然这种不公正本身就是不平等，法官就要努力恢复平等"。（1132a1-5）〔2〕如果用现代的正义观来类比的话，分配正义相当于公法的正义，而矫

---

〔1〕 ［英］哈特：《法律的概念》，许家馨、李冠宜译，法律出版社 2006 年版，第 226 页。

〔2〕 ［古希腊］亚里士多德：《尼各马可伦理学》，廖申白译注，商务印书馆 2003 年版，第 135 页、第 137~138 页各处。

正正义相当于私法正义。

从总体上看，在古典时代，有关正义的讨论并不与社会结构直接相关，这一点鲜明地体现在柏拉图的著作之中，《理想国》有关正义的讨论从苏格拉底同凯法洛斯的对话开始。对话的语境是，两个人讨论在老年时回顾自己的一生，反思自己的行为是正义还是不正义。在随后的对话中，苏格拉底分别讨论了正义是否在于归还债务、正义是不是扶友损敌、正义是不是强者的利益等一系列问题。很显然，苏格拉底并非从这些层面来界定正义，有关正义的讨论最终涉及了一个人应该过怎样的生活的问题。但是，在亚里士多德笔下，政治正义开始作为一个独立的范畴而存在，我们在《尼各马可伦理学》第五卷中可以看到单独命名为"政治的正义"的一节，在这里，政治的正义是"依据法律而说的，是存在于其相互关系可以由法律来调节的，即有平等的机会去治理或受治理的人们之间的"。（1134b15）《政治学》中则明确写道："正义是为政的准绳，因为实施正义就可以确定是非曲直，而这就是一个政治共同体秩序的基础。"（1253a35）[1]尽管如此，在亚里士多德笔下，正义的问题仍然隶属于人的德性，正义"是交往行为上的总体的德性，它是完全的，因为具有正义德性的人不仅能对他自身运用其德性，而且还能对邻人运用其德性"。遵守法律的正义乃是属于总体德性的一个部分，尽管并非总体的德性本身。[2]

与之相对，在 20 世纪，人们不再将正义问题视为人的德性的一个部分，人的德性问题同正义问题区分开来，正义问题成了政治与法的问题，社会基本结构成了正义的主要对象，而独立于有关德性的讨论。在此方面，1971 年出版的罗尔斯《正义论》重启了当代有关正义问题的讨论。《正义论》提出了两个正义原则：第一个正义原则是平等的原则，具体来说，是，"每个人对与其他人所拥有的最广泛的平等基本自由体系相容的类似自由体系都应有一种平等的权利"；第二个正义原则是差别原则，"社会和经济的不平等应这样安排，使它们（1）被合理地期望适合于每一个人的利益；并且（2）依系于地位和职务向所有人开放"。[3]两个正义原则一经提出，随即产生巨大

〔1〕［古希腊］亚里士多德：《政治学》，颜一、秦典华译，中国人民大学出版社 2003 年版，第 5 页。

〔2〕［古希腊］亚里士多德：《尼各马可伦理学》，廖申白译注，商务印书馆 2003 年版，第 130 页。

〔3〕［美］约翰·罗尔斯：《正义论》，何怀宏、何包钢、廖申白译，中国社会科学出版社 2009 年版，第 47 页。

反响。[1]

无论是在古典社会，还是在当代世界，正义的根本问题在于分配。分配正义因此是有关正义的学说之中最为重要的内容。[2]尽管在现代世界，矫正正义大有取代分配正义的趋势。后者是伴随着市场时代的来临出现的现象，人们期待用私法关系来界定一切关系，因此，对于正义的认识就主要集中在遵守市场交易规则，确保交易的平等性。这就背离了古典时代有关正义的讨论。我们看到，在亚里士多德笔下，正义不仅涉及个体与个体之间的交易，也涉及个体所在的城邦共同体自身的评判，但在罗尔斯有关正义的讨论中，恢复了有关分配正义的视野，他将分配问题扩展到了整个社会，而不仅仅限定在两个个体之间的经济交往。分配不仅包括具体的物质资源，还包括有社会地位，荣誉等方面的内容。

有关正义的分配有一个非常著名的说法，这就是"正义就是给予每个人他应得的部分"，但这是一个非常含糊的说法，关键在于，什么是每个人应得的。谁来判断，或者说谁来分配，判断的标准是什么，或者说分配的标准是什么，这是与正义相关的两个重要的问题。正是在这两个问题上产生了正义的相对主义者，正义的相对主义者认为，判断每个人该得到多少的标准不是固定的，是流动的和变动不居的，如此一来就不存在统一的正义标准，当然，这个问题是与他们对于第一个问题的态度紧密联系的，之所以说正义的标准是相对的，根本上是因为实施分配的主体，或者说作分配判断的那个主体是人或者说是不同的共同体，人与人之间是有差异的，甚至同一个人在不同时间段也是有差异的，不同的民族之间的差异尤其大，这样，因为判断主体的多元就会产生判断标准的多元。

当然，有正义的相对主义也就有正义的绝对主义，主张绝对正义观的人会认为存在一些最低限度的、永恒不变的正义的内容。也就是说，尽管作判断的主体不断变化，但标准还是有共通之处。此外，也可以说在一神论时代，正义的标准是永恒不变的，都是上帝的命令，而在哲学家那里，也会存在一个统一的正义的标准，比如说，我们可以期待柏拉图笔下的哲人王有关

---

[1] 针对相关争论，罗尔斯后来对于两个正义原则做了进一步的说明与诠释，参见 [美] 约翰·罗尔斯：《作为公平的正义：正义新论》，姚大志译，中国社会科学出版社2011年版，第65页。

[2] 参见 [美] 塞缪尔·弗莱施哈克尔：《分配正义简史》，吴万伟译，译林出版社2010年版，第112~116页。

分配的标准是一致的，因为哲人王是根据理念来制定的正义标准。

正义究竟是相对的，还是绝对的，围绕这个问题的争论永不消停，除了上述主体方面的多元，还与我们有关各种善（goods）的看法的差异相关。实际上，有关正义的最大争论，不是说分配的主体以及分配的标准存在差异，因为要在这方面达成统一，虽然说是困难的，但也不是不可能的，譬如说通过协议，双方妥协，可以得到统一的分配标准。在正义问题上遇到的最大的麻烦，其实是因为在什么是"该得的"这个问题上存在分歧。正义并不是简单的分配，而是给每个人他所应该得到的。"应该得到的"而不是实际得到的，这就意味着，正义的分配同我们现实生活中的分配是有差别的，我们在现实生活中也会遇到很多分配活动，但在这些分配中我们很难说自己得到了"该得的"。究竟根据什么分配才是一种该得的分配呢？我们之所以说按照正义的分配是美好的，是因为它想要符合我们有关善或者好的看法，这才是正义问题中真正关键的内容。不同的主体是否能够在善的内容上达成一致意见，在多元文化的语境中，这是一个难以回答的问题。

因此，相对主义的正义观和绝对主义的正义观之间的分歧就不是判断主体和判断尺度之间的多元或者多样带来的分歧，而是因为相对主义的正义观不相信有一个绝对好的分配，不相信我们能找到一个能够据此实现"该得的"分配的绝对标准，而绝对主义的正义观相信存在这种好的分配。根据这种分配，每个人在共同体中都可以得到自己"该得的"那一份。在古典时代有关这个问题的思考（例如在柏拉图的思考）中，是存在有关"好"的标准的，这个"好"的标准就是德性的标准，根据德性的等级、层次而进行的分配是正当的。柏拉图甚至根据德性的层次划分了城邦的各个阶层，比如说卫士阶层、工匠阶层和哲人阶层。各个阶层有不同的德性的等级，从而也根据这些等级确定了他们在城邦中的职位和名誉。

局限于相对主义和绝对主义正义的讨论，在现代社会几乎失去了效力。因为很显然，现代社会是一个多元社会。正如罗尔斯在其《正义新论》中重申的，我们面临着五个方面的障碍，例如无法获得精确证据，无法给出有关权重的一致意见，概念方面的不确定性，以及总体经验的差异及问题，最后还有每个人的思考侧重点不同，因此，我们无法在绝对主义和相对主义的正义观方面给出确定性的意见。

在罗尔斯笔下，现代社会有关正义的问题，变成了一种基于重叠共识的正义，而且这一重叠共识是基于反思平衡的程序达成的。由此，有关正义的讨论就转向了对于程序问题的关注。人们越来越习惯于从程序的角度来识别法律的正义。程序正义的出现，也是分配正义发展到现代社会的结果。在现代社会，程序越来越受到重视，程序被视为自由的姊妹。显然，在强调商业贸易与劳动分工的现代社会，根据德性的等级层次进行分配不仅是主观的，而且十分荒谬，个体的德性如何能被确定地评判呢，就连现代的哲学家都认为没有绝对的价值，也就是说，没有绝对的善，德性这个词本身就是不确定的，我们每一个人都有长处，因此要"取长补短"。柏拉图在《理想国》中说，谁的德性在总体上比其他人高，因此我们就选他作领袖，这种做法在现代人看来是荒诞的。尽管如此，仍然有必要思考的是，在这个世界上是否真正存在德性这样的东西，因为我们在日常生活中，似乎仍然还在使用这样的判断。但在政治法律中，我们充其量将一个人的德性与教养视为一种品格证据，在审判中作为定罪量刑的参考因素。

现代社会找不到一个绝对统一的实质性的正义标准，因此就将眼光放在了分配的程序上，因为既然不存在好与坏的实质标准，就只能从形式上进行分辨。我们通过程序来实现分配，只要认同特定的分配程序，并参与其中，那么，就可以有效地进行资源分配，由此导致的一切后果都是正义的。程序尤其适合于不断发展状况的经济社会，当代中国法理学者早在20世纪90年代初期就意识到这一点，从法理学角度提出要认真对待程序问题。[1] 在当代中国法学中，十分强调程序的价值。有关程序正义的讨论不仅是法理学的核心命题，也是程序法的基础。例如，非法证据排除规则已经为当前的《刑事诉讼法》所吸收，[2] 而程序正义已经成为当代中国行政法的基本原则，并在行政法实践中得到运用。[3]

二、案例介绍：辛普森案

1994年，美式橄榄球运动员辛普森（O. J. Simpson）杀妻一案成为当时美

---

〔1〕 中国法学界最早系统地认识到程序在现代社会的价值的法理学家是季卫东，参见季卫东："程序比较论"，载《比较法研究》1993年第1期。

〔2〕 易延友："非法证据排除规则的中国范式——基于1459个刑事案例的分析"，载《中国社会科学》2016年第1期。

〔3〕 周佑勇："行政法的正当程序原则"，载《中国社会科学》2004年第4期；周佑勇："司法判决对正当程序原则的发展"，载《中国法学》2019年第3期。

国最为轰动的事件。1994 年 6 月 12 日晚上 11 点 35 分左右，警察接到报案，在洛杉矶西部的一所豪华住宅区里，发现了一男一女两具尸体，女性是辛普森的妻子尼科尔·布朗，男性尸体是餐馆的侍应生罗纳德·高曼。两人皆被利器刺死，现场一片狼藉。

案发后，警方来到辛普森的住所，在门外发现了他的白色福特野马型越野车染有血迹，车道上也发现血迹。警方按铃无人回应，于是翻墙而入，在辛普森家的后园找到"一双带有血迹的手套和一双血袜子"的关键物证。案发后凌晨，辛普森在芝加哥酒店接到警方通知前妻死讯，清早赶回加州。当时警察发现辛普森受伤，他解释说是因为接到前妻死讯过于激动打破镜子而受伤的。警察经过几天调查后，决定将辛普森列为主要疑犯准备逮捕。1995 年，长达 134 天针对辛普森的刑事诉讼开始。

检方请来多位专家做证，血液 DNA 鉴定和痕迹分析都表明辛普森曾出现在凶案现场。然而，在庭审辩护时，辩护人拿公诉人的证据保管来"开刀"，他提出洛杉矶警察的保管方法不当，因为按照规定，新鲜血迹要用专门包装袋包装，而警察采取了普通纸袋，这就可能使血迹受到污染，而 DNA 检验是很精密的，在此基础上，辩护人质疑公诉人的鉴定结论。另外，还有在血袜子上发现一种 EDPA 的化学物质，而这种物质是人体所不具有的，因此说明血不是被害人流出的，而是在保管时染上去的。不仅如此，在审理中，辩护律师突然要求在法庭上戴上手套，但辛普森无法戴上手套。虽然控诉律师找到辛普森穿戴类似同一手套的照片，并且有专家证词证明手套溅染血液后会收缩，但辩护律师也提出了对此进行反驳的专家证词。

不仅如此，案件主要证人也无法提出直接证据证明辛普森杀人。本案中的两个关键证人，由于在庭审之前已经将证据出卖给媒体，检方在审判过程中自始至终并未加以传唤。由于媒体的大量报道，大陪审团宣布解散。不仅如此，负责办案和入屋搜查证据的主要警察证人福尔曼，还被辩护律师指控为种族歧视者。

控方还试图证明辛普森曾有家庭暴力史，从而表明他有杀妻嫌疑。但他的辩护律师认为，只有极少数受到虐待的妇女会被其配偶谋杀，因此即便可以证明辛普森有虐待行为，但也不能证明他因此而去杀害自己的妻子。后来，辩护方又试图证明辛普森在身体方面没有犯下凶案的能力。因为此时辛普森已经 46 岁了，并且患有慢性关节炎。但是公诉人找出了辛普森两年前的训练录像，以此证明辛普森尽管身体条件不如以前，但仍然有作案的能力。

辛普森坚持认为自己无罪。最终，在所有人的震惊中，由绝大多数黑人组成的陪审团在分析了 113 位证人的 1105 份证词后，判决辛普森无罪。辛普森在针对他的一级谋杀罪的指控中，由于警方的几个重大失误导致有力证据的失效，最终以无罪获释，仅在民事部分承认巨额的赔偿责任。本案也成为美国历史上疑罪从无的最大案件。

此案的后继也值得关注。2007 年 9 月，辛普森在内华达州被指控犯有持枪抢劫和绑架等多项重罪，2008 年 12 月，法官宣判辛普森绑架，携带致命性武器抢劫等 8 项罪名成立，判处 33 年监禁，9 年内不得保释。2017 年 7 月 20 日，假释委员会认为辛普森不再具有社会危害性，批准了他的申请。

三、案件分析

由于辛普森是红极一时的橄榄球明星，对于这起明星犯罪，媒体一开始就持有了充分的兴趣。从 1994 年 6 月 17 日案件曝光开始，各种媒体竞相报道，规模空前。辛普森案件因此又被称作"世纪审判"。如今我们可以从这起世纪审判中获得哪些有关正义的观念呢？

在这起著名的案件中，有许多内容为人们津津乐道。例如，辛普森是一个黑人，他的妻子是一个白人，从而激发种族歧视的问题。法庭不得不面对美国社会对种族歧视问题的敏感，以至于难以在审判中保持中立。再比如，辛普森案件中媒体对于司法的干预问题，在前述对于案件的介绍中，我们已经看到，媒体在很大程度上影响了审判进程，尤其是对于证人和陪审团造成了影响。然而，辛普森案最有影响的还是这个案件中的法律部分，明明有非常明显的证据，为何不能证明辛普森有罪？

实际上，其中涉及了一系列重要的程序方面的问题。第一，血迹 DNA 鉴定因为违反法定程序而被认为不具有证据力，辩护人认为，血迹证据的保管不符合法律的规定，因此，不能作为案件的证据使用。第二，尽管警方似乎已经掌握了确凿无疑的证据，尤其是发现了沾有被害人和辛普森血迹的袜子。但辩护律师发现，这双血袜子上有一种人体不具有的物质，因此怀疑这只袜子是实验室的产物。第三，作为主要证据的带血的手套，在法庭上辛普森居然戴不进去。第四，充当关键证人的福尔曼警官被辩方认定为是一个拥护种族灭绝主义的种族主义者，并且，身为证人，他居然在法庭上拒绝作证。这就导致辩方运用品格证据规则，排除了这一关键证人的证词。可以说，警方和检方在这起案件中有太多的程序方面的瑕疵。

在这一案件中，直接相关的美国刑事诉讼程序中有关非法证据排除规则，也就是俗称为"毒树之果"（poisonous trees）的规则。[1] 违背法律程序取得的证据不能成为证据。由于警方在获取关键性的证据的过程中，违反了法律规定的程序，使关键性的证据丧失了证据效力，这就导致了本案明明是在客观上可以证明辛普森有罪，但最后不得不将其无罪释放。[2]

非法证据排除作为证据法规则中的重要内容，实际上反映了美国宪法的一项重要的正式条款，也就是有关正当程序（Due Process）的条款，正当程序条款具体体现在《美国宪法第五修正案》和《美国宪法第十四修正案》中，规定非经合法程序，任何人不得被逮捕或者审判，任何人不得自证其罪，从中衍生出了一系列的具体的法律规则。辛普森案在其传入中国之后之所以产生了如此大的影响，是因为中国法学家们通过这一案件，进一步意识到了程序所具有的重要价值，并由此扩展了传统有关正义的讨论，2001 年前后，有关程序正义的讨论成为中国法学界的热门研究主题。

在对于程序正义的追求中，很明显可以看到，程序正义暂时性地搁置了有关正义内容或者实质正义或者实体正义的考量，这也是程序正义理论迄今为止遭遇的最大质疑。在程序正义面前，受害人的正义问题似乎是次一级的问题，比如说，在辛普森案中，如果相关证据不排除的话，明明可以证明辛普森就在现场，辛普森杀妻就是一种客观上发生的事实。然而，这些证据被作为非法证据排除了，从法律上看，这个确定的案件事实被视为是不确定的，成了有疑问的犯罪，即"疑罪"。正是在这方面的疑问引出了当代中国诉讼法学界有关"法律真实"与"客观真实"的讨论。法律中讨论的究竟是哪方面的真实？如果奉行程序正义的原则，那么这里所讨论的真实显然是法律真实。强调案件事实是一种法律上的真实，也就意味着一切进入法律中的案件必须是遵循法律程序而获得的。违法获得的，不经法律认可的事实，都无法被视为是真实的东西。很显然，这种正义的背后十分重视法律本身的价值。因此，

---

〔1〕 关于这一规则在美国的运用的介绍，参见杨宇冠："'毒树之果'理论在美国的运用"，载《人民检察》2002 年第 7 期；更为详细的分析，参见汪海燕："论美国毒树之果原则——兼论对我国刑事证据立法的启示"，载《比较法研究》2002 年第 1 期。

〔2〕 封丽霞："辛普森'杀妻'案判决的启示"，载《理论视野》2016 年第 3 期。

正义就不是法律之外的正义，而是法律之中的正义。正义是法律的正义。程序的正义就是法律的正义。众所周知，法律本身就是由一系列程序构成的，法律实际上是由程序所建构起来的一个公共空间。在这个空间之中，法律所确定为正当的东西，才是正义的。

法律中的正义并不当然意味着一种永恒的正确之物，因为法律要面临时间和空间的制约等一系列特定问题，一个案件不能无限期地审讯下去，诉讼时效等规则已经表明，正义只能是一种相对的正义。设想一下，辛普森案如果一直审讯下去，也可能会找到新的证据和线索。学者们给出的一个看法是，法治意味着一种对于稳定生活的期待，案件拖延的时间过长，无助于人们建立起对稳定生活的期待。毕竟，生活并不只是为了审判而存在。但这并不意味着对绝对正义的否定。而仅仅是说，在法律领域对于正义的追求，目的不是要获得一种绝对正义。这样一种相对的正义观念，等同于一种形式正义（formal justice），从而与实质正义相对照。实质正义（substantial justice）是指符合某种特定的正义内容的正义，有时也被学者称之为实体正义。仅仅通过某种特定的程序或形式而获得的正义，有可能并不能获得正义的实质内容。这就使形式正义或者程序正义的种种论述面对质疑，但这并不是说，形式正义一定与实质正义相对立。因为，在很多情形下，我们也的确是通过某种程序或者形式获得正义的实质内容。

在罗尔斯有关正义的讨论中，将刑事审判过程中所遵守的正义视为一种不完善的程序正义，他如此表达说，审判程序是为了探究和确定案件的真实情况而设计的，但看起来不可能将法规设计得使它们总是达成正确的结果，不完善的程序正义因此有一个基本标志，"尽管有一种判断正确结果的独立标准，却没有可以保证达到它的程序"，[1]这并不是因为人的过错，而是因为偶然。因此，有关程序正义的讨论中就承认了人的有限性，人难免出现错误，这种错误或者出于错误的认识，也可能出于某种情绪，甚至，有的时候，饱满的情绪和健全的认识，也会导致错误的结果。在辛普森案件中，血迹鉴定中之所以违反操作程序，可能是基于某种认识方面的错误，操作者并没有意识到此种采集方式非法，他甚至可能平时也是这样操作，而种族主义的情绪

---

〔1〕 〔美〕约翰·罗尔斯：《正义论》，何怀宏、何包钢、廖申白译，中国社会科学出版社2009年版，第67页。

则可能影响审判结果，从而形成了对于关键证人不利的品格证据等。而新闻媒体以及美国社会的民主情绪则在很大程度上影响了案件的发展方向。从而使得辛普森案变得扑朔迷离，远离了我们想要追求的案件的客观真实。

在罗尔斯笔下，有一个纯粹的程序正义的设想，他设想了一个十分公平的分配蛋糕的程序，这就是让划分蛋糕的那个人取最后的一份，而其他人都被允许在此人之前拿取。于是此人将平等地划分蛋糕，因为这样他才能确保自己可以拿到可能的最大一份。实际上，是平等的划分。在罗尔斯看来，这个例子揭示出了纯粹程序正义的两个特征，其一是对于什么是正义的分配有一个独立的标准，其二是设计一种一定能达到想要的结果的程序是可能的。[1]

这个分蛋糕的例子已经成为人们思考正义时十分典型的例子，但这个例子实际上大大简化了有关正义环境的思考。因为蛋糕看来是非常规则的，如果这里有一种形状极其不规则的蛋糕，那就可能无法对蛋糕进行几何学的均等划分，并且，这里也没有考虑每个人对于蛋糕的需要，比如说，假如其中有人食用超过一定量的蛋糕之后会过敏，因此导致晕厥乃至死亡，在这种情形下，如何能够做到纯粹的程序正义呢？在刑事案件中，正义的分配当然是找到真正的加害人，使其得到应得的惩罚。结合辛普森案，问题的核心当然是首先找到真正的加害人，可以进一步追问的是，现有的刑事调查程序，包括搜查、鉴定等审前程序的设计，是否最有利于发现真正的加害人？具体到与本案息息相关的非法证据排除规则来说，尽管相关证据在采集的过程中并未遵守法定程序，但从科学实验的角度来看，仍然不妨碍其发现客观真实，然而，法治社会中的一项共识却认为，如果为程序上的非法敞开大门，就可能会为新的侵权事件提供温床。例如，如果可以通过严刑逼供获得真实的口供，那么，拷打就会成为一种获得案件真实的常规办法，而如此就会产生数不尽的无辜受害者。刑事程序的目的不仅是发现真实，打击犯罪，也要提防程序本身成为新的侵权行为的来源。一旦从这个角度来看，那么可以说，几乎所有的法律程序都很难说能达到纯粹的正义程序的标准。

---

[1]　[美]约翰·罗尔斯：《正义论》，何怀宏、何包钢、廖申白译，中国社会科学出版社2009年版，第66~67页。

四、有关现代社会正义理论的反思

当我们将程序正义视为现代法律的最高价值的时候，其他的法律价值，例如自由与平等，乃至于对于秩序的追求，都不再是单一的正义内容，程序正义必须兼顾这些不同的实质性内容。考虑到自由的生活状态和平等的生活状态显然不是一回事，但当我们强调自由的时候，我们着眼于个体的生活，而当强调平等的时候，强调的是群体的生活状态，在这个群体中，人与人之间是同等的个体，自由并不等于平等，比如说在古希腊的城邦政治中，自由人阶层很显然是自由的，在中世纪的贵族阶层中，贵族很显然也是自由的，但是在古希腊和中世纪，我们却不能说它们是一个平等者的城邦，然而，现代社会却似乎有一种倾向，这就是要使得自由和平等调和起来，我们希望生活在其中的那个社会，既是自由的，又是平等的，个体既能够充分地实现自身的自由，又并不妨碍我们彼此之间是同等的。

有能力的人可以创造较之他人更多的社会价值，也因此应该得到更多的收益，而平等的政治则要求缩小他和他人收入之间的差异，这是不是对于自由的损害呢？另外，想要发挥自己的能力，但眼下又处在不利的生活状态，尤其是经济状态中的人，为了发挥他的自由，就必须从他人那里获得帮助，这样为了实现自由，又似乎需要平等，平等和自由之间似乎是矛盾的，又似乎是相辅相成的，没有了平等，似乎就没有自由，而有了平等，似乎也会对自由构成钳制。平等的政治描述的是一种群体的生活状态，是现代民主社会的一个根本特征，民主社会在起步之初面临的最大的阻力就是如何消除贵族和平民之间的不平等，然而，平等的追求当然会构成对于自由追求的钳制。自由的秩序是一个在其中个体实现其权利的秩序状态，因此在这里是存在差异的，自由必然意味着差异。而在平等的秩序中，则是比较担心高下之分、比较担心人的差异的。因此，现代社会正义所遇到的难题就是，自由和平等如何同时共存的难题。

罗尔斯在《正义论》中提出的两个正义原则：一个是平等的，另一个是自由的。说它是自由的，是因为正义的第一个原则，也就是每个人都平等享有与其他人的同样自由相容的最广泛的基本自由的平等权利。这里所谓的自由的平等权利，是指每个人都平等地享有自由，但第二点，社会和经济的不平等将以如下原则来安排，一是要对每个人都有利，二是与职位相连，而职位对每个人都开放，这就是平等。自由是不考虑这一点的，自由考虑的是，我可以选择对我有利的事情去做，并且，我要选择最适合我的职位，强调平等则要求不管他人在能力和才华方面与你有多大差异，所做的经济与社会安排都要对他有利，并且职位也要向他开放，这样的人可能因为偶然的原因或投机取巧而进入我们的经济与社会生活的关键部门。

在现代人对于正义的追求过程中，要想协调自由和平等的要求，就需要自由人具有一种德行，即对于平等的政治有一种容忍，对于我们现代社会而言，这个容忍主要体现在，优秀的人和有能力的人，一方面要允许能力上比他差的人来统治，并且不仅要容忍，更为重要的是要使自己继续保有自由的情怀，既不能因为受能力上不如自己的人统治而怨恨，也不能放弃自己的自由追求，而比他能力差的人也要有一种对于自由人的基本的尊重，这就是所谓的求同存异的、相互尊重的政治法律文化。只有在这种求同存异和相互尊重的政治法律文化中，人与人之间才能在保持自由追求的同时，做到真正的平等，或者说在保持平等的时候，不抹杀人的自由，如此，现代人的正义生活才是可能的。

第四节　法律与效率

一、理论导读

"效率"是法律所期许的内在固有品质，也是法律所追求的外在目的价值。所谓"效率"，其基本的含义是："所得到的劳动效果与付出的劳动量的比较值。"[1] 这一概念在物理学、经济学、管理学上被广泛使用，有时也不免与"效益"一词相混淆，被认为泛指"投入与产出或成本与收益之间的关系"。[2] 但是，效率与效益还是有区别的，"效益显然是成本与收益之比，而效率则是劳动的成果（收益）与劳动力（成本之部分）之比。因此，两者的关系可归为，有效益则意味着有效率，有效率则不一定就有效益"。[3] 基于此，有效益常常被看成是有效率的表现，尽管概念上的交替混淆带来了语焉

---

〔1〕　参见上海辞书出版社：《辞海》，上海辞书出版社 2020 年版，第 1326 页。

〔2〕　强世功："法理学视野中的公平与效率"，载《中国法学》1994 年第 4 期。

〔3〕　张文显：《二十世纪西方法哲学思潮研究》，法律出版社 1996 年版，第 200 页。

不详的疑惑，但二者却清晰地反映出了一种运用经济分析视角看待法律的思维方式，即法律应当满足并追求"从一个给定的投入量中获得最大的产出，即以最少的资源消耗取得同样多的效果，或以同样的资源消耗取得最大的效果"。[1]故而，将效率作为法律的固有品质与目标价值，意味着：一方面，法律应当以一种自我节制的意识，控制法律规范制定与实施的成本来实现社会治理效果的最大化；另一方面，法律应当以一种合乎理性的策略，配置权利与义务的内容来实现促进社会整体发展的目标。

意大利经济学家维弗雷多·帕累托对效率做出了描述，提出了一种资源分配的理想效率状态，即在资源配置方案的选择中，从一种分配状态到另一种状态的变化，使得至少一个人的境况变得更好，而没有使其他任何人的境况变坏。这种由分配方案变化带来的个体的境况的改善过程被称为"帕累托改进"或"帕累托最优"，而当不存在任何更多的"帕累托改进"时，便实现了帕累托最优（Pareto Optimality），也称为"帕累托效率"（Pareto efficiency）。然而，在利益纠葛与冲突的现实情形中，"一人改善、他人不变"往往过于完美，"一方获利、一方受损"的情况更属常态。如果在某种资源配置方案下，某些主体的收益大于另一些主体的损失，获得的收益完全可以对所受到的损失进行补偿，社会整体福利从而得以增加，这种情形也被认为具有效率，因其由英国经济学家约翰·理查·希克斯提出，也被称"卡尔多-希克斯效率"（Kaldor-Hicks efficiency）。就促进社会经济发展的目标而言，法律对于效率的追求往往也体现在对"帕累托效率"和"卡尔多-希克斯效率"的应用。

作为一套涉及资源配置安排的社会规范体系，法律必然会对效率水平产生影响。为了更好地促进效率，法律被认为应当满足一些基本的要求，这些要求可能包括但不限于以下三个方面：第一，尊重和保护人权。通过确认和维护人权，调动生产者的积极性，促进生产力的进步。第二，全面推进产权保护法治化。承认并保障人们的物质利益，从而鼓励人们为物质利益而奋斗。确认和保护产权关系，鼓励人们为效益的目的占有、使用或转让（交换）财产；承认和保护知识产权，解放和发展科学技术。第三，通过法律实施制度创新。确认、保护、创造富有效率的经济运行模式，使之更有效地推动社会生产力的快速发展。正如美国著名的经济学家、经济史学家道格拉斯·诺思

〔1〕 张文显主编：《法理学》，高等教育出版社、北京大学出版社 2018 年版，第332页。

所言，"我们应当特别对这些制度注意，这些制度安排能够使经济单位实现规模经济（股份公司、企业），鼓励创新（奖金、专利法），提高要素市场的效率（圈地、汇票、废除农奴），或者减少市场的不完善（保险公司）。这类制度安排起到了提高效率的作用。有的制度安排无需改变现行所有权便可以创造出来，有的包括在新的所有权的创造过程中；有的制度安排由政府完成，有的则是自发组织起来的"。[1]法律对效率的促进不仅仅限于产权制度，而是涵括在经济运行与社会生活的各个方面。

二、案例介绍：淘宝公司诉美景公司案[2]

淘宝（中国）软件有限公司诉安徽美景信息科技有限公司不正当竞争纠纷案（简称"淘宝公司诉美景公司案"）是全国首例数据产品纠纷案，也是首例涉数据资源开发应用正当性及数据权属判定的新类型不正当竞争案件。本案入选"中国法院50件典型知识产权案例""人民法院十大民事行政案件""全国十大平等保护民营企业家人身财产安全案例""2021年中国十大最具研究价值知识产权裁判案例""杭州互联网法院发布数据和算法十大典型案例""全国法院系统优秀案例分析二等奖""第四届全国知识产权优秀裁判文书二等奖"等。

淘宝公司系阿里巴巴卖家端"生意参谋"零售电商数据产品的开发者和运营者。淘宝公司通过"生意参谋"面向淘宝网、天猫商家提供可定制、个性化、一站式的商务决策体验平台，为商家的店铺运营提供数据化参考。淘宝公司主张："生意参谋"提供的数据内容是淘宝公司经用户同意，在记录、采集用户于淘宝电商平台（包括淘宝、天猫）上进行浏览、搜索、收藏、加购、交易等活动所留下的痕迹而形成的海量原始数据基础上采取脱敏处理，在剔除涉及个人信息、用户隐私后再经过深度处理、分析、整合，加工形成的诸如指数型、统计型、预测型的衍生数据。在"生意参谋"数据内容的形成过程中，无论是在海量原始数据形成方面，还是在衍生数据的算法、模型

---

〔1〕　［美］道格拉斯·诺思、罗伯特·托马斯：《西方世界的兴起》，厉以平、蔡磊译，华夏出版社1999年版，第11页。

〔2〕　本案介绍内容源自："淘宝（中国）软件有限公司诉安徽美景信息科技有限公司不正当竞争纠纷案"（杭州铁路运输法院民事判决书［2017］浙8601民初4034号，浙江省杭州市中级人民法院民事判决书［2018］浙01民终7312号）。

创造方面，淘宝公司均投入了巨大的人力、物力。"生意参谋"数据内容在形成过程中不存在侵犯网络用户权益的情况，是淘宝公司合法取得的劳动成果。依据《民法总则》（当时有效）第127条的立法精神，"生意参谋"中的原始数据与衍生数据均系淘宝公司的无形资产，淘宝公司均享有合法权益，有权进行使用、处分。同时，淘宝公司通过"生意参谋"，为商家的店铺经营、行业发展、品牌竞争等提供相关的数据分析与服务并收取费用，已形成特定稳定的商业模式，给其带来较大的商业利益。"生意参谋"数据内容体现了淘宝公司的竞争优势，已成为淘宝公司的核心竞争利益所在。淘宝公司认为，美景公司通过"咕咕互助平台"软件、"咕咕生意参谋众筹"网站实施了以下侵犯淘宝公司正当权益的行为：第一，在"咕咕生意参谋众筹"网站上推广"咕咕互助平台"软件，教唆、引诱已订购淘宝公司"生意参谋"产品的淘宝用户下载"咕咕互助平台"客户端，通过该软件相互分享、共用子账户；第二，组织已订购淘宝公司"生意参谋"产品的淘宝用户在"咕咕互助平台"客户端上"出租"其"生意参谋"产品子账户获取佣金；第三，组织"咕咕互助平台"用户租用淘宝公司"生意参谋"产品子账户，并为其通过远程登录"出租者"电脑等方式使用"出租者"的子账户查看"生意参谋"产品数据内容提供技术帮助，并从中牟利。淘宝公司认为，美景公司的上述行为，对淘宝公司数据产品已构成实质性替代，直接导致了淘宝公司数据产品订购量和销售额的减少，极大损害了淘宝公司的经济利益，同时恶意破坏了淘宝公司的商业模式，严重扰乱了大数据行业的竞争秩序，已构成不正当竞争行为，故提起本案诉讼。

美景公司系"咕咕互助平台"软件、"咕咕生意参谋众筹"网站的开发商与运营商。美景公司答辩称：第一，淘宝公司未经淘宝商户及淘宝软件用户同意，以营利为目的，私自抓取、采集和出售淘宝商户或淘宝软件用户享有财产权的相关信息，侵犯了网络用户的财产权、个人隐私以及商户的经营秘密，具有违法性；第二，淘宝公司利用其对数据控制的垄断优势，迫使原始数据拥有者以高价购买由自己数据财产衍生出来的数据产品，具有不正当性；第三，淘宝公司属于电商平台运营商，美景公司属于社交平台运营商，两者分属不同行业，相互间不存在竞争关系，不属于反不正当竞争法调整的范围；第四，美景公司属于社交平台运营商，淘宝商户在涉案平台上沟通交流，分享各自所购买的不同权限的"生意参谋"数据内容，能够实现数据的增值与利益共享，不应为法律所禁止，且该部分行为系淘宝商户自主行为，美景公司仅提供技术支持，并不存在淘宝公司诉称的教唆、引诱淘宝商户出租其子账户泄露数据的行为；第五，美景公司的"咕咕互助平台"以技术服务，帮助那些被淘宝"生意参谋"以高价等限制条件排除于门外的淘宝商户享受自有权利，实际促进了淘商经营及其公共利益的保护，并未损害任何人的权益，也未破坏互联网环境中的市场秩序。据此，美景公司认为淘宝公司的诉请无事实和法律依据，请求法院予以驳回。

　　本案主要争议焦点为：第一，淘宝公司收集并使用网络用户信息的行为是否正当；第二，淘宝公司对于"生意参谋"数据产品是否享有法定权益；第三，被诉行为是否构成不正当竞争。一审法院经审理认为："(1) 关于淘宝公司收集并使用网络用户信息的行为是否正当。涉案数据产品所涉网络用户信息主要表现为网络用户浏览、搜索、收藏、加购、交易等行为痕迹信息以及由行为痕迹信息推测所得出的行为人的性别、职业、所在区域、个人偏好等标签信息。这些行为痕迹信息与标签信息并不具备能够单独或者与其他信息结合识别自然人个人身份的可能性，故不属于《网络安全法》规定的网络用户个人信息，而属于网络用户非个人信息。但是，由于网络用户行为痕迹信息包含有涉及用户个人偏好或商户经营秘密等敏感信息，因部分网络用户在网络上留有个人身份信息，其敏感信息容易与特定主体发生对应联系，会暴露其个人隐私或经营秘密。因此，对于网络运营者收集、使用网络用户行为痕迹信息，除未留有个人信息的网络用户所提供的以及网络用户已自行公开披露的信息之外，应比照《网络安全法》关于网络用户个人信息保护的相应规定予以规制。经审查，相关隐私权政策所宣示的用户信息收集、使用规则在形式上符合'合法、正当、必要'的原则要求，涉案数据产品中可能涉及的用户信息种类均在隐私权政策已宣示的信息收集、使用范围之内。故淘宝公司收集、使用网络用户信息，开发涉案数据产品的行为符合网络用户信息安全保护的要求，具有正当性。(2) 关于淘宝公司对于涉案数据产品是否享有法定权益。首先，单个网上行为痕迹信息的经济价值十分有限，在无法律规定或合同特别约定的情况下，网络用户对此尚无独立的财产权或财产性权益可言。网络原始数据的内容未脱离原网络用户信息范围，故网络运营者对于此类数据应受制于网络用户对其所提供的用户信息的控制，不能享有独立的权利，网络运营者只能依其与网络用户的约定享有对网络原始数据的使用权。但网络数据产品不同于网络原始数据，数据内容经过网络运营者大量的智力劳动成果投入，通过深度开发与系统整合，最终呈现给消费者的是与网络用户信息、网络原始数据无直接对应关系的独立的衍生数据，可以为运营者所实际控制和使用，并带来经济利益。网络运营者对于其开发的数据产品享有独立的财产性权益。（3）关于被诉行为是否构成不正当竞争。美景公司未经授权亦未付出新的劳动创造，直接将涉案数据产品作为自己获取商业利益的工具，明显有悖公认的商业道德，如不加禁止将挫伤数据产品开发者的创造积极性，阻碍数据产业的发展，进而影响到广大消费者福祉的改善。被诉行为实质性替代了涉案数据产品，破坏了淘宝公司的商业模式与竞争优势，已构成不正当竞争。根据美景公司公布的相关统计数据估算，其在本案中的侵权获利已超过 200 万元。综上，一审法院判决美景公司立即停止侵权，赔偿淘宝公司经济损失及合理费用 200 万元。宣判后，美景公司提起上诉，二审法院判决驳回上诉，维持原判。"[1]

三、案例分析

本案是国内首例涉及如何更有效率地实现数据资源的开发应用的案件，案件中的关键点在于衍生数据的权属认定问题，法院在审理过程中展现了判断衍生数据权利归属的裁判思路，确立了数据收集、使用的合法性、正当性标准，第一次通过司法判例的方式初步厘清了相关主体数据权益的权利边界，赋予了数据产品开发者享有"竞争性财产权益"，为促进数据产业的发展提供了司法支持。在本案中我们可以以"衍生数据"的权属之争为切入点，进一步探讨法律如何实现对于效率的促进。

（一）法律促进效率的理论模型

法律对效率的促进作用以法律主体为作用点，以法律关系中的权利义务配置为主要手段，通过影响法律主体的行为来实现。法律对于效率的促进背后暗含了一系列理论假说与模型。

（1）法律上的人性假设。通常我们将法律上的自然人个体假设成一个"经济人"（"理性人"），这一人性假设构想了一个理性自足的人的形象，其具有充分的理性认知与判断能力，在作出行动决策时，总是能够深思熟虑地

---

[1] 杭州互联网法院发布数据和算法十大典型案例：数据产品的法律属性及权益保护——某（中国）软件公司与安徽某科技公司不正当竞争纠纷案，"北大法宝"，[法宝引证码] CLI. CR. 430766816.

通过"成本—收益"的分析方法，进行利害权衡，从而实现自身利益的最大化。因而，当个体以一种"利己主义"的策略开展行动时，法律可以通过增减行为成本或增减行为收益来影响个体行动决策，从而通过干预个体行动的效率实现促进社会经济效率的目标，借助个体实现自身利益最大化的途径实现社会利益的最大化。然而，自 20 世纪 50 年代，美国心理学家赫伯特·西蒙提出有限理性这一概念以来，[1]人们逐渐认识到人类的认知能力并不是无限的，个体在做选择时通常受到有限理性、有限意志力与有限自利的约束而做出不利于自身利益的决策，因此，法律不能真正指望通过个体的自利行为实现社会利益最大化。法律必须从一个真实的人的角度，而不是一个假设的人的角度来促进效率的提升。但是，"经济人"假设虽然在对"自然人"的描述上有所偏差，却很好地适应了"法人"的形象及其行为逻辑，这一法律上拟制的"人"在资本运作逻辑的支配下，能够更切实地遵从自利性的经济逻辑，从而也能够更有成效地推动经济效益的提升，实现对效率的追求。在市场经济中，能否充分有效保护企业的合法权益也成为判定能否有效促进效率的一条重要标准。

（2）"看得见的手"与"看不见的手"相结合。1776 年，英国经济学家亚当·斯密在其著作《国富论》中描述了一只促动经济社会发展的"看不见的手"，提出在一个完全竞争的市场秩序中，个人在经济生活中只需要考虑自己的利益，在社会分工与市场机制作用下，无需政府干预，经济发展与国家富裕的目标自然可以实现。这只"看不见的手"指代的是一套在经济人理性原则支配下，在市场经济中逐渐形成的价格机制、供求机制和竞争机制。然而，各国经济发展的历史和现实向我们证明了，无论市场多么完善、市场机制如何灵活，都不能保证国家目的和社会整体利益最大化的实现，政府有必要对市场进行干预，推进市场机制的完善，这对于发展中国家而言尤其重要。于是，与"看不见的手"相对应，一个国家的经济社会发展往往同时需要政府伸出一只"看得见的手"推动经济发展，实现国家目标。"看不见的手"不足以实现效率的原因之一在于，"人类在追逐物质利益的过程中必然会产生对立和摩擦。这种对立和摩擦会造成资源的浪费甚至是巨大的浪费"。[2]因

---

〔1〕　See Herbert Simon, *A Behavioral Mode of Rational Choice*, 69 Q. J. Econ. 99 (1955).

〔2〕　张文显主编：《法理学》，高等教育出版社、北京大学出版社 2018 年版，第 335 页。

此，法律要通过权衡和调节各种利益冲突，把对立和摩擦减少到最低限度。这背后也应验了科斯定理的基本假设，即法律可以通过降低交易费用的来发挥推动经济社会发展的作用。

（3）促进效率的法律模式。通过法律实现效率的模式主要包括三种类别六种模式，即权利模式与义务模式、奖励模式与惩罚模式、助力模式与阻力模式。各种模式之间存在相互联系、互相辅助的关系。其中，权利模式与义务模式是将人们的某种需要转变为法律上的权利和义务，引导人们充分行使权利、积极履行义务，以此引导人们作出有利于社会整体利益的行为。与权利模式与义务模式不同，如果说权利模式与义务模式背后的立论基础主要源自经济学上的科斯定理与产权理论，那么奖励模式与惩罚模式的理论基础则有两个方面：一是有关"成本—收益"的经济学理论，即认为通过奖励和惩罚能够改变行为人行为的成本或收益的比值，从而影响改变行为的方向或向量；二是有关操作性条件反射的行为强化理论，即认为奖励可以起到巩固、保持、加强行为的正强化作用，惩罚可以起到动摇、减弱、消退行为的负强化作用。通过奖励模式与惩罚模式的设定，利用趋利避害的人性特点，引导人们作出有益社会效益提升的行为。助力模式与阻力模式类似于奖励模式与惩罚模式，只是前两者注重行为过程，后两者注重行为结果。助力模式是指法律制度为引导行为主体的行为（包括作为与不作为）发生，而设置相应的辅助机制，为行为主体的行为创造条件，帮助其实施法律制度所期望的行为。阻力模式是指法律制度为避免行为主体的行为（包括作为与不作为）发生，而设置相应的约束机制，破坏行为主体的行为条件，阻止其实施法律制度所不期望发生的行为。

（二）法律促进效率的基本命题

法律促进效率的提升既是一个具体性、零散化的制度安排，也是一个整体性、体系化的制度效果，涉及法律制度的制定与运作、主体与环境、制度内与制度外等方面诸多因素。在此，仅就部分命题加以概括，来说明法律如何实现对效率的促进。

（1）权利的初始配置要体现效率目标。根据科斯定理的描述，在交易成本为零的情况下，权利的初始分配并不影响社会财富的最大化。但是当交易成本大于零时，不同的权利分配意味着不同效率的资源配置。"淘宝公司诉美景公司案"中"衍生数据"的权属问题之所以成为关键问题即在于此。衍生数据中所包含的人格利益、财产利益以及社会利益，为其作为数据时代下法律关系的客体提供了正当性依据。然而，关于衍生数据所对应的权利性质却众说纷纭，不同的理论基点产生了不同的认识，也导致了相应不同的规制策略。例如，可以以衍生数据的数据源头和内容指向对象为关注点，将衍生数据看成是个人信息的分类，视其为个人信息权的内容，强调推测信息的个人归属权、积极的自决权。但是，如此一来可能会导致个人信息的内容范围被无限制地扩大，甚至导致"一切信息皆是个人信息"而规制乏力的悖论；并且，个人虽名义上有权，但是实际上却难以实现数据的自主控制与利用。从而不仅增加了交易成本，而且也没有能够充分利用好衍生数据的价值。至于将衍生数据看作是个人隐私权内容的观点则更限制了数据价值的开发与利用。因此，为了保护科技人员与数据企业的积极性和正当利益，衍生数据也被认为可以置于知识产权的保护范围内，或者置于一种复合权利保护的框架中，以此更好有效地促进信息领域的扩大生产与数据产业的繁荣。

　　（2）保护劳动者的利益。劳动创造价值，劳动是价值的源泉。法律意欲促进效率的提升，本质上就是要承认劳动的价值、鼓励人们劳动。例如在本案中，以将"衍生数据"视为知识产权内容的观点看来：一方面，创建、存储和挖掘数据的软件或算法本身就是一种知识财产，而衍生数据就是这些知识财产的衍生产品，其不同于原始收集的信息，是脱离于信息源而由大数据和算法通过深度学习生成的"新信息"，衍生数据的准确性源于算法的合理性与科学性，因此，算法编写者的劳动决定了衍生数据的内容可靠性，并因此构成了衍生数据知识产权属性的正当性基础；另一方面，衍生数据虽然由算法自动生成，但是其内容解析仍然需要算法编写人员的解释，同时，衍生数据的存储也有赖于技术人员与科技企业的成本投入，不仅数据分析需要劳动付出，建立相应的数据库也同样凝聚了智力劳动和经济投入。[1]事实上，本案的一审判决书中也正是以"保护劳动者的利益"的原则来确定数据产品是否享有法定权益："'生意参谋'数据产品中的数据内容系淘宝公司付出了人力、物力、财力，经过长期经营积累而形成，具有显著的即时性、实用性，能够为商户店铺运营提供系统的大数据分析服务，帮助商户提高经营水平，进而改善广大消费者的福祉，同时也为淘宝公司带来了可观的商业利益与市

---

〔1〕　任丹丽："从'丰巢之争'看个人信息上的权利构造"，载《政治与法律》2018年第6期。

场竞争优势。'生意参谋'数据产品系淘宝公司的劳动成果，其所带来的权益，应当归淘宝公司所享有。"[1]

（3）鼓励自由竞争与公平竞争。在一个理想的社会条件下，市场机制应当在资源配置中发挥支配性作用，以"看不见的手"促进经济社会的发展本身就是一个富有效率的方式。但是，在现实社会中，阻碍市场机制发挥作用的往往是市场主体间的不正当竞争和垄断行为。政府当然要伸出那只"看得见的手"纠正这种影响自由竞争和公平竞争的行为，恢复自由平等的社会交易秩序，从而促进市场经济的高效发展。在本案中，"美景公司未付出自己的劳动创造，仅是将'生意参谋'数据产品直接作为自己获取商业利益的工具，其使用'生意参谋'数据产品也仅是提供同质化的网络服务。此种据他人市场成果直接为己所用，从而获取商业利益与竞争优势的行为，明显有悖公认的商业道德，属于不劳而获'搭便车'的不正当竞争行为，如不加禁止将严重挫伤大数据产品开发者的创造积极性，阻碍互联网产业的发展，进而会影响广大消费者福祉的改善。"[2]因此，法院判定淘宝公司对于"生意参谋"数据产品享有竞争性财产权益，以此否定了"搭便车"行为，保护了公平竞争的市场环境。

（4）避免逆向选择与道德风险。在信息经济学看来，信息不对称是影响效率提升的重要负面因素。为方便研究并建立理论模型，信息经济学将拥有信息优势的一方称为"代理人"，将处于信息劣势的一方称为"委托人"，以此建立起了"委托—代理"模型。信息不对称存在事前（ex ante）信息不对称和事后（ex post）信息不对称两种情形，它们分别产生了逆向选择（adverse selection）与道德风险（moral hazard）现象。所谓逆向选择，即是由于委托人不能判断代理人所提供产品或服务信息的真实性，而选择以最低的价值估量来评价交易内容，从而引发市场中出现"劣质品驱逐优质品"的现象。所谓道德风险，即是代理人与委托人达成协议后，违背承诺而采取损害委托人利益的自利行为的现象。信息经济学研究认为：缓解逆向选择问题的主要机制在于信号发送与信息甄别，即拥有私人信息的一方代理人发送私人

[1] "淘宝（中国）软件有限公司诉安徽美景信息科技有限公司不正当竞争纠纷案"（杭州铁路运输法院民事判决书［2017］浙8601民初4034号）。
[2] "淘宝（中国）软件有限公司诉安徽美景信息科技有限公司不正当竞争纠纷案"（杭州铁路运输法院民事判决书［2017］浙8601民初4034号）。

信息，而委托人主动甄别信息真伪，其中信号能够发挥作用的前提在于使不同类型（能力）的代理人发送信号的成本有差异；缓解道德风险问题的方法在于使代理人对行为后果承担责任，抑或提供有效的监督机制。在法律层面，缓解逆向选择可以通过法律上的主体资格确认、权利确认等方式实现，缓解道德风险可以通过赔偿制度、举证责任规则的设置来实现。在本案中，"为给予权利人提供充分的司法救济，惩戒恶意侵权行为，有效弥补权利人的经济损失，剥夺侵权人所得的非法侵权获利。一审法院根据反不正当竞争法及相关司法解释的规定，秉持严格保护的司法政策，综合考量上述因素，依法行使法律赋予的自由裁量权，确定本案的法定赔偿数额及合理费用开支共计为人民币 200 万元"。[1]这也体现出法律通过责任机制的设置发挥了促进效率的引导功能。

事实上，以上分析概括并非一套知识性的结论，而是一种启发性的过程，只要我们继续思考，便还可以归纳出其他多方面、多层次、多角度的法律促进效率的基本命题与观点，诸如诚实信用原则、尊重并平等保护权利原则、保护个人合法私有财产原则等有益于效率实现的法律原则，诉讼时效制度、表见代理制度、审级审限制度等体现效率的制度安排，司法裁判中的预防性视角、能动作用、效果导向等反映效率追求的思维方式等。

第五节　法律与安全

一、理论导读

安全是人类生存和发展的基础价值，谋求安全是国家法律制度建构和演进的重要目标。党的二十大报告指出，国家安全是民族复兴的根基，社会稳定是国家强盛的前提。必须坚定不移地贯彻总体国家安全观，把维护国家安全贯穿到党和国家工作各方面全过程，确保国家安全和社会稳定。随着社会的发展，"安全在人民对美好生活的追求中分量越来越重、越来越多样化多层次"，[2]因

---

〔1〕　"安徽美景信息科技有限公司、淘宝（中国）软件有限公司商业贿赂不正当竞争纠纷二审民事判决书"（浙江省杭州市中级人民法院民事判决书［2018］浙 01 终第 7312 号）。

〔2〕　党的二十大报告辅导读本编写组编著：《党的二十大报告辅导读本》，人民出版社 2022 年版，第 115 页。

此必须理清"安全"在我国法律价值体系中的地位，并以此为基础处理好安全价值与其他价值之间的关系。目前我国法理学界主要在一般意义上初步分析了安全的内涵、法律的安全价值、法律安全价值的实现途径等问题。

（一）什么是安全

1. 安全的含义

"在汉语构字法上，'安'是屋檐下之女，意即受到保护的意思，或者说保护女子，或者说安稳是人之生存之母、生存之基；'全'是'人'字下一个'王'字，意即人之最大、最高、最基本、最完美、最全面的方面。"〔1〕《易传·系辞下》曾提到，"是故君子安而不忘危，存而不忘亡，治而不忘乱，是以身安而国家可保也"。〔2〕《易经》认为，"个体的客观存在并不是孤立的，而受制于安危或吉凶等事实状态，并最终发展成'和合中庸'的安全理念"。〔3〕在《现代汉语词典》中，"安全"被解释为"没有危险；不受威胁；不出事故"。〔4〕在英文中，"安全"一般由两个词来表述，即 safety 与 security。其中，safety 被认为"与客观的现实危险相对的具体安全"，security 则被认为有组织地提供安全"以备将来不安的安心体系"。引用权利论的话来说，暂且可以将两者作这样的类型化，即将 safety 视为作为人的具体权利的安全，将 security 视为作为政府的制度化任务的安全。〔5〕

目前，国内外理论界对"安全"仍没有统一的定义。刘潜认为："安全是人的身心免受外界（不利）因素影响的存在状态（包括健康状况）及其保障条件。"〔6〕丹·考德威尔（Dan Caldwell）认为："所谓安全，就是一种不受威胁的情形或状态，包括主观和客观两个方面。"〔7〕还有人认为，安全是主体对现有利益所持有的能够持久、稳定、完整存在的期盼。〔8〕当然，还有从其他

〔1〕 颜烨：《安全社会学》，中国政法大学出版社 2013 年版，第 7 页。

〔2〕 《易经》，苏勇点校，北京大学出版社 1989 年版，第 87 页。

〔3〕 张洪波："以安全为中心的法律价值冲突及关系架构"，载《南京社会科学》2014 年第 9 期。

〔4〕 中国社会科学院语言研究所词典编辑室编：《现代汉语词典》，商务印书馆 1984 年版，第 6 页。

〔5〕 ［日］森英树："宪法学上的'安全'与'安心'"，王贵松译，载王贵松主编：《宪政与行政法治评论》（第 5 卷），中国人民大学出版社 2011 年版，第 73 页。

〔6〕 刘潜、徐德蜀："安全科学技术也是第一生产力（第三部分）"，载《中国安全科学学报》1992 年第 3 期。

〔7〕 ［美］丹·考德威尔、罗伯特·E. 威廉姆斯：《危中求安：如何在动荡的世界寻求安全》，彭子臣译，金城出版社 2017 年版，第 7 页。

〔8〕 杨震：《法价值哲学导论》，中国社会科学出版社 2004 年版，第 219 页。

学科角度对安全的理解和界定，在此不一一列举。但关于安全的定义，大致可分为客观安全说与主观安全说两类。所谓客观安全，是指通过一定手段排除危险而形成的客观状态，是一种安全状态；所谓主观安全，是指在客观安全保障的前提下人们在主观上感受到的安全，是一种安全感。〔1〕

2．安全的具体化

从不同的角度可以对安全作出不同的划分。根据主体的不同，可以将安全具体化为：①国家安全。对内指社会的安定、政权的稳固及免受侵害，对外指主权的独立、领土的完整及免受侵犯。②社会安全。主要指社会的政治经济制度、社会的生产和建设正常运行，社会的公共财产、公共设施和其他利益免受侵害。③个人安全。指个人生命、身体、名誉、财产和其他自由权利得到保障、免受侵害。〔2〕根据领域的不同，可以将安全具体化为经济安全、政治安全、文化安全、军事安全、环境安全、粮食安全、公共卫生安全、信息安全、网络安全、核安全等。〔3〕

3．安全的意义

安全是人类生存与发展的基础价值，人的尊严、自由以及对美好幸福生活的追求都依赖于安全价值的实现。美国心理学家马斯洛曾提出人的五个层次需要的理论，其中安全需要居于第二个层次。他认为："在我们的社会中，成年人一般都倾向于安全的、有序的、可预见的、合法的、有组织的世界；这个世界是他所能依赖的，而且在他倾向的这个世界中，出乎意料的、难以控制的、混乱的以及其他诸如此类的危险事情都不会发生。"〔4〕德国学者洪堡认为，如果没有安全，人就不能培养他的各种力量，也不能享受这些力量所创造的果实。〔5〕在安全与其他价值的关系中，安全有助于使人们享有诸如生命、财产、自由和平等其他价值的状况稳定化并尽可能地维持下去。〔6〕

---

〔1〕　王贵松："论法治国家的安全观"，载《清华法学》2021年第2期。

〔2〕　高其才：《法理学》，清华大学出版社2021年版，第185页。

〔3〕　陈柏峰主编：《法理学》，法律出版社2021年版，第30页。

〔4〕　［美］马斯洛：《动机与人格》，许金声等译，华夏出版社1987年版，第40页。

〔5〕　［德］威廉·冯·洪堡：《论国家的作用》，林荣远、冯兴元译，中国社会科学出版社1998年版，第60页。

〔6〕　［美］E.博登海默：《法理学：法律哲学与法律方法》，邓正来译，中国政法大学出版社1999年版，第293页。

（二）法律的安全价值

1. 法律安全价值的体现

无论处于何种历史阶段，安全始终是法律价值体系中不可缺少的基本价值。霍布斯在论国家和法律的产生时，基于对人性本恶的假设描述了在自然状态下人基于自身的力量为所欲为的情景。天生爱好自由和统治他人的人类缔结契约建立国家的根本目的就在于维护生命。因此，在其建构的法律体系中安全价值成为足以压倒一切的价值。〔1〕法律所确立的制度框架，成为实现安全价值的主要制度凭借。"法律力图保护人的生命和肢体，预防家庭关系遭到来自外部的摧毁性破坏，并规定了侵犯财产权的救济手段。再者法律在制定防止国内混乱和（通过承认防御性自卫战争的合法性）预防外国入侵的措施方面也发挥着重要的作用。"〔2〕安全价值源于人性，因此也超越了时空，超越了各国在政治、经济、文化等领域的差异，成为人类社会建构法律制度的普遍价值追求。

法律的安全价值也体现在法律运行的各个环节。第一，各项具体的立法是保障不同安全要求的手段。〔3〕一方面，立法将特定主体享有的安全权利规定在法律文件中，并将其作为法律保护的对象，〔4〕法律把安全价值从朴素的正义情感上升为得到正式法律制度确认的法益。另一方面，立法设定安全保障的相关标准，〔5〕为相关主体设立了保障安全权利、确保安全价值实现的义务。《刑法》《国家安全法》《出入境管理法》《治安管理处罚法》《民法典》《个人信息保护法》等均从上述两个维度实现了安全价值的法定化。第二，通过执法活动和司法活动制裁危害安全的行为。一旦发生安全权利受到侵害的情形，法律将使侵犯安全的违法犯罪者受到应有的法律制裁，同时使直接的受害者得到足够的补偿，以实现对社会相关安全的有效保护。〔6〕第三，在守法这一维度上，"由于法律是人们的行为规则，可以告诉人们权利和义务的内

〔1〕［英］霍布斯：《利维坦》，黎思复、黎廷弼译，商务印书馆1985年版，第128～138页；杨心宇主编：《法理学导论》，上海人民出版社2006年版，第29页。

〔2〕［美］E. 博登海默：《法理学：法律哲学与法律方法》，邓正来译，中国政法大学出版社1999年版，第293页。

〔3〕郭道晖：《法理学精义》，湖南人民出版社2005年版，第213页。

〔4〕卓泽渊主编：《法理学》，法律出版社2009年版，第120页。

〔5〕《法理学》编写组：《法理学》，人民出版社2021年版，第88页

〔6〕卓泽渊主编：《法理学》，法律出版社2009年版，第121页。

容，以及什么是合法，什么是非法，什么行为将受到法律的制裁，什么行为将不受法律的制裁。人们若能遵守明确的法律规则，自觉调整自己的行为，就可以减少人们相互之间的安全侵害，人们也会因此而减少侵犯别人的安全，减少自己因侵犯别人的安全而受到法律制裁的危险，也就使人们从多重意义上获得安全的保障"。[1]通过立法原则、执法规范、裁判规则等形式，安全价值贯穿了法律运行的全过程。

法律的安全价值也体现在法律的发展中。法律需要随着时代发展进行调试，安全价值的内涵、标准和意义也随之发生变化。法律"必须随着客观形势的发展而发展变化，针对安全的新威胁，制定新的法律以更好地保障人和社会的安全。法律的修改、完善或者制定新的法律，都是保障安全新的需要的反映。从这个意义来讲，法律的不断更新也就意味着人们保障安全的手段或措施在不断更新"。[2]

2. 安全与效率、自由的关系

在诸多法律价值中，安全价值居于重要地位，并且与自由、效率等价值存在复杂的联系。安全与自由之间的持续紧张关系，在法律的诸多价值冲突中具有代表性。德沃金认为，安全是少数可以构成自由限制的因素，为了保障安全和私人财产，基于安全的法律限制是必要的。[3]出于安全的自由克减，是实现更广泛自由并让自由获得更坚实根基的重要基础。在安全与效率的关系问题上，一般认为，在一个组织良好的社会，安全属于必需品，而效率属于优先品，当安全必需品遇到效率优先品之时，应该遵循必需品大于优先品的准则。[4]如前所述，由于安全解决的是个体或社群的存续问题，而效率则主要指向经济领域的生产效率。因此，需要以安全为底线，在确保安全价值的基础上实现效率。在少数情况下，安全与效率又是统一的。比如，当被害人因被追杀而报警时，公安机关的工作效率与公民生命安全就是一致的。

（三）法律安全价值的实现途径

价值的实现是一个动态化过程，需要在法律运行的各个环节实现法律的

---

〔1〕卓泽渊主编：《法理学》，法律出版社 2009 年版，第 118 页。

〔2〕卓泽渊主编：《法理学》，法律出版社 2009 年版，第 120 页。

〔3〕［美］罗纳德·德沃金：《认真对待权利》，信春鹰、吴玉章译，上海三联书店 2008 年版，第 354 页。

〔4〕张洪波：“以安全为中心的法律价值冲突及关系架构”，载《南京社会科学》2014 年第 9 期。

安全价值。

（1）在不同领域的立法中贯彻安全价值，实现基于安全价值的良法善治。"法治应包含两重意义：已制定的法律获得普遍的服从，而大家所服从的法律本身又应该是制定得良好的法律。"[1]无论国家安全、社会安全、个人安全等面向不同主体的安全，还是经济安全、政治安全、文化安全、军事安全等不同领域的安全，均需要以法治的视角考虑问题并设计贯彻安全价值的法律规则。在立法中，不仅要及时更新传统安全价值的内涵，更要应对环境、粮食、公共卫生、信息、网络等新兴领域提出的安全需要，通过科学立法、民主立法、依法立法，实现安全价值在国家法律体系中的全面贯彻。

（2）坚持依法行政，在行政执法中高效及时地实现安全价值。工业革命后，随着技术发展与变革，现代社会已经步入一种风险社会，环境、生产、信息等新兴技术带来的安全问题危及人类的生存与发展。相较于立法和司法部门，行政机关具有高效、及时、灵活等特征，可以有效预防风险的发生。当前，由于行政权的扩张，世界各国普遍形成了"行政国家"，并在预防风险和保障安全领域发挥重要作用。与此同时，行政机关在保障安全时要依法行政，坚持合法行政、合理行政、程序正当、高效便民、诚实守信、权责统一等基本原则，为避免矛盾、有效解决矛盾创造有利条件，融洽政府与群众的关系，减少由行政执法所引发的社会矛盾；紧紧围绕法律的安全性价值要求，提高执法水平，充分体现行政执法的公平性，避免因机械执法、粗暴执法产生社会矛盾；善于平衡执法机关与行政相对人之间的利益关系，本着以人为本，尊重和保障人权的原则，努力建设服务型政府，强化社会管理和公共服务职能；加强行政执法制度建设，促进行政机关更多地为实现法律的安全价值而努力。[2]

（3）发挥司法的能动作用，实现安全与其他价值的平衡。司法是法律价值实现的最终环节，在价值衡量中具有权威性。一方面，司法机关通过解释法律，把法律中规定的价值排序、安全价值的法定方式和评价标准适用于具体个案；另一方面，在遇到法律冲突、法律漏洞等情形时，司法机关通过援引先例或正义原则，实现安全价值与其他价值的平衡。此外，由于安全价值

---

〔1〕 ［古希腊］亚里士多德：《政治学》，吴寿彭译，商务印书馆1996年版，第199页。

〔2〕 安东："论法律的安全价值"，载《法学评论》2012年第3期。

具有系统性的特征，在确保安全的法律框架内需要遵循统一标准，否则将造成安全保障体系的崩溃。因此，司法机关需要充分发挥能动作用，通过统一裁判原则、裁判方式和裁判标准，实现安全保障体系中标准的统一。

（4）增进公民对法律的信仰，实现公民对安全价值的普遍追求和遵守。安全既包含了国家安全和社会安全等公共安全价值，也包含了公民个体的安全价值；即使是公共安全，最终也将个体化为公民的安全利益。因此，无论对公共安全而言，还是对个体安全而言，公民不仅是安全价值的受益方，也应当是安全规范的遵守者。

二、案例介绍：中国"人脸识别第一案"[1]

2019 年 4 月，郭某向杭州野生动物世界有限公司（以下简称"野生动物世界"）购买双人年卡。野生动物世界以店堂告示形式公示年卡的办理和使用说明，告知需采集指纹，持卡人游览园区前需同时验证年卡及指纹方可入园。郭某遂向野生动物世界交付卡费 1360 元，与其妻子叶某芳留下姓名、身份证号码、电话号码、拍照并录入指纹。后野生动物世界决定将入园方式从指纹识别入园调整为人脸识别入园，并以店堂告示形式公示涉及人脸识别的年卡办理和使用说明。同年 7 月，野生动物世界向包括郭某在内的年卡持卡客户群发短信，称年卡系统已升级，未进行人脸激活的年卡用户须携带实体卡至年卡中心激活。10 月，野生动物世界向包括郭某在内的年卡持卡客户群发短信称园区年卡系统已升级为人脸识别入园，原指纹识别已取消，郭某遂前往园区核实。年卡中心工作人员告诉郭某原指纹识别方式已无法入园，郭某对此提出质疑，要求野生动物世界退卡，双方协商未果，郭某遂诉至法院，并根据《信息安全技术　个人信息安全规范》《消费者权益保护法》《侵害消费者权益行为处罚办法》《网络安全法》的相关条款，请求判令野生动物世界店堂告示和短信通知中涉及指纹识别和人脸识别的内容无效，要求野生动物世界赔偿年卡卡费 1360 元、交通费 1160 元，并在第三方技术机构见证下删除郭某在办理年卡及之后使用年卡时提交的全部个人信息。

---

[1]　参见浙江省杭州市富阳区人民法院［2019］浙 0111 民初 6971 号民事判决书；浙江省杭州市中级人民法院［2020］浙 01 民终 10940 号民事判决书；浙江省高级人民法院［2021］浙民申 2672 号民事裁定书。

2020 年 6 月，浙江省杭州市富阳区人民法院对此案进行公开审理。法院审理后，认为被告收集个人信息的行为是基于年卡用户可在有效期内无限次入园畅游的实际情况，并且使用指纹识别、人脸识别等生物识别技术可以达到甄别年卡用户身份、提高年卡用户入园效率的目的，因此符合相关法律规定的"合法、正当、必要"三原则的要求。被告店堂告示内容保障了原告的消费知情权和对个人信息的自主决定权，但被告收集原告人脸识别信息的行为超出了必要原则的要求，不具有正当性；被告向原告发送有关人脸识别的新要约，在合同正常履行中以明示的方式表明不履行主要义务，故被告应当根据利益受损的比例确定赔偿数额，并且赔偿原告咨询被告的往返交通费，但新要约不生效并不影响有关人脸识别店堂告示的效力。因此，依据《民法总则》《合同法》《消费者权益保护法》《民事诉讼法》等相关条款，法院判令被告赔偿原告合同利益损失及交通费共计 1038 元，要求被告删除原告办理指纹年卡时提交的包括照片在内的面部特征信息，驳回原告的其他诉讼请求。宣判后，郭某与野生动物世界均提起上诉。

2020 年 12 月，杭州市中级人民法院对此案进行公开审理。法院审理后认为人脸识别信息相比其他生物识别信息，具有敏感度高，采集方式多样、隐蔽和灵活的特性，不当使用将给公民的人身、财产带来不可预测的风险，故被告须在原告充分知情同意的前提下，遵循合法、正当、必要的原则，方能对人脸识别信息进行收集和使用。郭某同意拍摄照片只是为了配合指纹的使用，野生动物世界超出事前收集目的，欲利用收集的照片扩大信息处理范围，违反了正当性原则，存在侵害郭某面部特征信息之人格利益的可能与危险。因此，二审法院在原判决的基础上增判删除指纹识别信息。郭某之后向浙江省高级人民法院申请再审，被裁定驳回。

本案是全国第一起涉及人脸识别技术使用纠纷的案件，被入选为"人民法院 2021 年度十大案件"。该案并非一起简单的民事案件，而是"在处理一个极具时代性的重要命题，即在网络与数字技术不断发展的背景下，在新兴领域或事务所牵涉的各方主体在法律上应当如何正当而合理地分配科技所带来的效益与风险的问题"，[1]本案要处理的核心问题就是信息安全与数据利用之间的价值紧张关系。

---

〔1〕 劳东燕："'人脸识别第一案'判决的法理分析"，载《环球法律评论》2022 年第 1 期。

三、案例分析

信息安全是随着数字技术的发展衍生出的一种新兴安全形态，由于数字应用的日常化和普遍化引起了诸多法律纠纷。野生动物世界收集人脸识别信息引发的法律纠纷，较为全面地展示了信息安全价值与数字应用带来的与其他法律价值之间的紧张关系。法院在判决书中对价值冲突的平衡，也较为典型地表现出法律安全价值的实现方式。

（一）人脸识别案中的信息安全风险

根据《信息安全技术　个人信息安全规范》的规定，个人信息是以电子或者其他方式记录的，能够单独或者与其他信息结合识别特定自然人身份或者反映特定自然人活动情况的各种信息。传统意义上个人信息的收集和处理是社会交往中认知、辨析、了解特定个人的方式，本身没有危害性。但数字化的信息处理与利用加深了个体与社会的联系，个人信息成了公共领域的素材或材料，任何人都可以处理和使用。[1]作为一种特殊的数据信息，个人信息承载的人格因素导致在个人信息处理活动中会面临被客体化的风险，[2]"由于个人无法完全控制他人对个人信息的使用，因此个人信息的不当使用不仅可能侵害个人基本权利或精神利益，而且还可能危害个人的人身安全和财产安全，侵害个人的安全利益"。[3]违法处理、使用个人信息并不直接、定然造成权利损害的后果，但它为后续实害行为的发生提供了条件，间接提高了权利受到损害的风险，实质上是减损了安全。由此看来，违法处理直接造成安全减损结果，安全受到减损又会极大可能引发实害行为，违法处理后的实害行为才是直接造成权利损害结果的原因。[4]正基于此，立法上对于确立个人信息权持审慎态度，倾向于选择一种有利于防控个人信息动态化风险的个人信息安全保护机制。

随着大数据、人工智能、区块链等信息技术的发展，当今社会已全面进

---

〔1〕　Joseph E. Stiglitz, "The Contributions of the Economics of Information to Twentieth Century Economics", *115 The Quarterly Journal of Economics*, 1441~1478（2000）.

〔2〕　张新宝："论个人信息权益的构造"，载《中外法学》2021年第5期。

〔3〕　高富平："论个人信息保护的目的——以个人信息保护法益区分为核心"，载《法商研究》2019年第1期。

〔4〕　贺彤："安全作为个人信息保护的法益"，载《财经法学》2023年第3期。

入数字时代。个人信息被大量处理、使用而产生巨大经济效益，网络数据画像与大数据分析深刻揭示了数据主体的数字化人格及其社会性关联。用户个人信息与网络运营商大数据集在其全生命周期中面临客体交织与利益交叉的情形，用户与大数据企业之间、大数据企业相互之间围绕用户信息处理及大数据挖掘利用所衍生的数据利益展开激烈角力与争夺。[1]个人信息安全与个人信息商业化运用之间的紧张关系日益突出。习近平总书记指出："要坚持网络安全为人民、网络安全靠人民，保障个人信息安全，维护公民在网络空间的合法权益。"[2]我国在着力保障个人信息安全的基础上，大力促进大数据产业发展，个人信息处理行为亟待规制。

本案中的指纹信息、人脸识别信息即属于个人信息中的个人生物识别信息。案件之所以备受瞩目，就在于其涉及如何实现个人信息安全与个人信息商业化利用之间的平衡，在法理上则表现为如何正当而合理地分配科技所带来的效益与风险。[3]本案中，原告郭兵认为野生动物世界存在个人信息违法处理行为，要求法院确认野生动物世界店堂告示和短信通知中涉及的指纹识别和人脸识别的内容无效，并且要求野生动物世界在第三方技术机构见证下删除其在办理年卡及之后使用年卡时提交的全部个人信息，便是出于对被告强制收集和利用个人信息所产生的安全隐患的担忧。

（二）人脸识别案中的信息安全价值评判

案件发生时，《个人信息保护法》正在酝酿中，立法通过多处原则性规定对个人信息的处理安全提供保障。《民法总则》第111条规定："自然人的个人信息受法律保护。任何组织和个人需要获取他人个人信息的，应当依法取得并确保信息安全，不得非法收集、使用、加工、传输他人个人信息，不得非法买卖、提供或者公开他人个人信息。"该条文原则性规定了个人信息受法律保护，但并没有明确规定保护的方式、标准、原则。《网络安全法》第41条第1款规定，网络运营者收集、使用个人信息，应当遵循合法、正当、必要的原则。对于合法、正当、必要原则的内容应如何理解，理论界和实务界

---

〔1〕 胡朝阳："大数据背景下个人信息处理行为的法律规制——以个人信息处理行为的双重外部性为分析视角"，载《重庆大学学报（社会科学版）》2020年第1期。

〔2〕 习近平："迈出建设网络强国的坚实步伐——习近平总书记关于网络安全和信息化工作重要论述综述"，载《人民日报》2019年10月19日。

〔3〕 劳东燕："'人脸识别第一案'判决的法理分析"，载《环球法律评论》2022年第1期。

虽尚未完全达成共识，但该原则是安全价值的基础标准。《信息安全技术　个人信息安全规范》明确了个人信息收集的最小化要求，包括个人信息控制者收集的个人信息类型应与实现其产品或服务的业务功能有直接关联，即没有个人信息参与，产品或服务的功能无法实现。本案中野生动物世界提供的年卡服务显然不是必须提取指纹或人脸信息才能实现[1]。

案件审理时，法院在相当程度上支持了原告的主张。一审法院认为被告并未告知原告其收集人脸信息的行为和目的，因此被告收集人脸信息超出了必要原则，不具有正当性，判令其删除人脸信息。二审法院认为被告在合同履行过程中单方变更指纹年卡的入园方式并停止使用指纹识别闸机，致使原约定的指纹识别入园的服务方式无法实现，因此在一审判决基础之上增判删除指纹识别信息。由于《个人信息保护法》尚未颁布，法院在裁判依据上援引了《民法总则》《合同法》以及《消费者权益保护法》中的相关条款，特别是旨在平衡信息主体与信息处理者之间的不平等关系的格式合同处理规则，以此来实现法律对信息安全风险的防控功能。

法院按照信息处理的流程将信息安全的法律保障分为三个阶段：在前端收集个人信息阶段需要遵循"合法、正当、必要"的原则和征得当事人同意的规则；在中端控制信息过程中需要遵循确保安全原则，不得泄露、出售或者非法向他人提供个人信息；在末端出现个人信息被侵害的情形时，经营者依法需要承担采取补救措施等相应的侵权责任。通过对不同信息处理阶段安全风险等级的细致划分，确立了信息处理者差异化的安全保障义务，并以此实现信息安全与信息利用之间的平衡。

案件发生后，公众关于加强人脸识别信息保护的呼声日益高涨。在此背景下，最高人民法院出台了《关于审理使用人脸识别技术处理个人信息相关民事案件适用法律若干问题的规定》，为处理由人脸识别信息引起的民事纠纷案件提供审判指引。其后，全国人大常委会通过了我国第一部专门保护个人信息的《个人信息保护法》，通过立法构建起保障个人信息安全的法律屏障。

（三）人脸识别案中信息安全价值的实现

（1）立法上进一步完善个人信息处理告知同意机制。我国个人信息立法

---

[1]　劳东燕："'人脸识别第一案'判决的法理分析"，载《环球法律评论》2022年第1期。

坚持以告知同意作为个人信息保护法律体系的核心，但在实践中，告知同意机制却日益流于形式，再加上告知同意机制存在大量例外情形，处于弱势地位的个人或对风险的存在默然不知，或对风险无可奈何而放任不管，或为了一时便利而无视风险，因此导致信息主体无法有效保护自身信息。[1]本案"两审法院要求对法律上的知情同意做单纯事实性的理解，实质上架空了信息主体的同意权利，进而在相当程度上消解了同意机制对信息主体的微薄保护"。[2]对此，应进一步从个人信息处理告知同意机制的开放性结构出发，通过复次的信息处理阶段、多元的主体交互关系、行为授权的程序价值，构建起动态化的公法保护框架，通过政府规制、元规制和自我规制等方式，真正矫正信息主体与处理者之间的不平等地位。[3]

（2）以风险预防强化信息安全的行政监管。由于信息处理的系统性和对信息主体权益严重性的危害，需要行政机关以风险预防为目标，强化信息处理前和信息处理中的信息安全风险防控。通过建立备案审查、市场准入、黑名单、信用评级等制度，行政监管机构对信息处理过程中可能存在的安全风险进行事先的提示，以起到事前预防的效果。另外，行政约谈、行政指导以及对行业的政策激励，都可以作为强化行政监管的途径。

（3）发挥司法能动性，通过法律续造保障个人信息安全。面对科技带来的效益与风险之间的冲突，法官应当坚持以当事人的具体利益为起点，在社会公共利益的基础上，联系群体利益和制度利益，特别是对制度利益进行综合衡量，从而得出妥当的结论。[4]本案因涉及个人信息安全问题引起了全民关注，但法院仅将该案作为一个具体的个案来处理，过于保守地维持传统立场。尽管在判决结论上，本案并没有太大问题，但由于在判决的理由上过于依赖传统民事案件的分析逻辑，法院丧失了一个通过裁判说理公平合理地分配技术革命所带来的效益与风险的机会。

---

〔1〕 刘权："个人信息保护的权利化分歧及其化解"，载《中国法律评论》2022年第6期。

〔2〕 劳东燕："'人脸识别第一案'判决的法理分析"，载《环球法律评论》2022年第1期。

〔3〕 何晓斌："个人信息保护中告知同意的开放结构及其公法实现"，载《行政法学研究》2023年第1期。

〔4〕 梁上上："利益的层次结构与利益衡量的展开——兼评加藤一郎的利益衡量论"，载《法学研究》2002年第1期。

第一节　立法原理

一、理论导读

法的制定即立法，是法运行的起点，是把由物质生活条件所决定的阶级意志、人民意志以国家形式客观化的过程，是国家对法律资源进行的权威性、制度性配置。[1]随着"大立法时代"的到来，立法成为中国法治建设的重要问题。当前，对立法原理的研究主要包括指导思想和基本原则，涉及法的起源、发展规律、本质、功能和作用、立法意图、目的和任务、种类和形式、模式等问题。[2]同时，随着对立法需求的不断提升，立法的理性化建设逐渐推进，学界对立法制度和立法技术的研究逐渐深化。

（一）立法的基本原理

立法原理是关于立法的带有普遍性和基本规律性的事物的理论表现。立法原理是立法实践、立法制度、立法技术等立法现象外化的观念形态。立法原理不仅包括立法的本质、发展规律、模式等基本原理，还包括关于立法制度和立法技术的原理。在我国，形成了以人大为主导的立法和释法模式，对立法原理的研究也更加侧重不断深化对科学立法、依法立法和民主立法等原则的发掘与倡导。[3]但当前，这些立法原则的体系化和理性化程度还不够，

---

〔1〕 张文显主编：《法理学》，高等教育出版社、北京大学出版社2018年版，第26页，第223页。

〔2〕 参见周旺生：《立法学》，法律出版社2009年版；朱立宇、叶传星：《立法学》，中国人民大学出版社2015年版，第2页。

〔3〕 叶会成："立法法理学的类型与意义——立法学学科性质的反省"，载《法制与社会发展》2021年第6期。

迈向法治中国建设新征程的立法活动，亟须立法理念的创新和发展，这种立法理念应当立足于中国现实，吸纳和反映中国特色社会主义法治理论体系和法治话语体系。[1]还应当进一步提升立法原则的体系化和理性化程度，为立法评估提供标准和指南。[2]

（二）立法制度

立法制度是立法活动或立法过程应当遵守的实体性准则，是国家法律制度的重要组成部分。立法制度包括立法主体、立法体制、立法程序、立法效力等内容。[3]立法主体与立法权密切联系，是立法权的载体。立法体制是立法制度中最重要的内容，是关于立法权限划分的制度。立法程序是享有立法权的国家机关制定、认可、修改或废止规范性文件过程中的工作方法、步骤和次序。立法效力是由于国家机关根据其享有的立法权制定了不同的规范性文件，形成了自上而下、处于不同位阶和具有不同效力的法律渊源体系，因此不仅要研究不同规范性文件所具有的普遍约束力和适用范围，还要探究各种规范性文件之间的效力关系和立法中的法律溯及力问题。立法制度有成文和不成文两种形式，中国的立法制度是成文制度。

（三）立法技术

立法技术是立法主体在立法活动中所遵循的方法和操作技巧，[4]立法技术包括立法方法、策略和要求、立法预测、规划和决策、法案起草、立法的完善等内容。[5]也有学者将立法技术限定为法律规范的结构与形式、规范性文件的结构与形式、立法语言等内容。这种划分方式强调，作为法律规范的表达手段，立法技术归根到底是由法律规范的自身属性和作用特点决定的，立法技术的完善与否在相当程度上制约着法律规范功能的发挥程度，规范性文件的立法技术问题对于搞好立法甚至执法、司法、守法及法学研究都具有重要意义。法律作为一国公民普遍遵守的行为规范，必须以明确、特定化和无歧义性的词语、语言结构作为载体，否则法律的规范性将因其语言的非确

---

〔1〕 高中、廖卓："立法原则体系的反思与重构"，载《北京行政学院学报》2017年第5期。

〔2〕 See Bryan A. Garner（ed.），*Black's Law Dictionary*，9th Edition，West Publishing Co.，2009，p. 983.

〔3〕 朱立宇、叶传星：《立法学》，中国人民大学出版社2015年版，第89~147页。

〔4〕 汪全胜："立法技术评估的探讨"，载《西南民族大学学报（人文社科版）》2009年第5期。

〔5〕 参见周旺生：《立法学》，法律出版社2009年版，第389~458页、第499~522页。

定性而受到破坏，立法语言是决定能否创制出高质量立法的必不可少的重要技术因素。[1]

二、案例介绍：《甘肃祁连山国家级自然保护区管理条例》违背上位法规定案

祁连山是我国西部重要生态安全屏障，是黄河流域重要水源产流地，是我国生物多样性保护优先区域，国家早在 1988 年就批准设立了甘肃祁连山国家级自然保护区。长期以来，祁连山局部生态破坏问题十分突出。主要有违法违规开发矿产资源问题严重，部分水电设施违法建设、违规运行、周边企业偷排偷放问题突出，生态环境突出问题整改不力。2017 年 2 月，党中央、国务院有关部门组成中央督察组对祁连山国家级自然保护区生态环境破坏问题展开专项督查，经过调查核实发现，甘肃省有关方面对"五位一体"总体布局和新发展理念认识不深刻，片面追求经济增长和显绩，长期存在生态环境为经济发展让路的情况。

上述问题产生的原因，其中之一是在立法层面为破坏生态行为"放水"。《甘肃祁连山国家级自然保护区管理条例》历经三次修正，部分规定始终与《中华人民共和国自然保护区条例》不一致，将国家规定"禁止在自然保护区内进行砍伐、放牧、狩猎、捕捞、采药、开垦、烧荒、开矿、采石、挖沙"等 10 类活动，缩减为"禁止进行狩猎、垦荒、烧荒"等 3 类活动，而这 3 类都是近年来发生频次少、基本已得到控制的事项，其他 7 类恰恰是近年来频繁发生且对生态环境破坏明显的事项。1997 年 9 月 29 日甘肃省八届人大常委会第二十九次会议通过《甘肃省祁连山国家级自然保护区管理条例》，2002 年 3 月 30 日由甘肃省九届人大常委会第二十七次会议对条例进行第一次修正，2010 年 9 月 29 日由甘肃省第十一届人大常委会第十七次会议进行第二次修正。2015 年，甘肃省林业厅在《甘肃省祁连山国家级自然保护区管理条例（修订草案）》的说明中提出，保护区内采石、开矿、挖沙等活动日益增多，对自然保护区生态的破坏日益严重，但现行条例第 10 条第 2 款的规定不明确，缺乏管理依据，拟将其修改为："禁止在自然保护区内进行采石、开矿、挖沙、取土、开垦、砍柴、采药、捕捞、狩猎、烧荒、采摘林木果实等活

---

〔1〕　朱立宇、叶传星：《立法学》，中国人民大学出版社 2015 年版，第 241~285 页。

动。"但在 2016 年 9 月甘肃省人大常委会审议相关修订草案时，认为草案关于条例第 10 条第 2 款的修正内容在上位法中已经有明确的规定，没有必要重复，而且有些内容的修改需要结合自然保护区管理的现状和当地的实际情况进行更深入研究。据此，甘肃省人大在审议结果报告中建议删去上述内容。2016 年 9 月 29 日的甘肃省第十二届人大常委会第二十六次会议对条例进行第三次修正，第 10 条均规定为："未经国务院批准，不得改变保护区的性质和范围。禁止在保护区内进行狩猎、垦荒、烧荒等活动。法律、法规另有规定的除外。"至此，经历了四届人大常委会审议，未对与上位阶法律不符合的内容做出修改。此外，2013 年 5 月修订的《甘肃省矿产资源勘查开采审批管理办法》，违法允许在国家级自然保护区实验区进行矿产开采。《甘肃省煤炭行业化解过剩产能实现脱困发展实施方案》违规将保护区内 11 处煤矿予以保留。张掖市在设定全市党政领导干部绩效考核时，把 2015 年和 2016 年环境资源类指标分值分别设为 9 分和 8 分，低于 2013 年和 2014 年 11 分的水平。

2017 年 11 月 30 日甘肃省第十二届人民代表大会常务委员会第三十六次会议修订通过《甘肃祁连山国家级自然保护区管理条例》其中，将第 10 条修改为："未经国务院批准，不得改变保护区的性质和范围。禁止在保护区内进行砍伐、放牧、狩猎、捕捞、采药、开垦、烧荒、开矿、采石、挖沙等活动。法律、行政法规另有规定的除外。"

三、案例分析

新中国成立以来，我国地方立法经历了从无到有、主体由少到多的发展变化过程。地方立法对国家治理和法治建设发挥了重要作用。地方立法问题是一个复杂的问题，具体的立法实践会涉及立法原则在内的立法原理问题、也会涉及立法体制以及立法技术等立法问题。

（一）立法原则视角下的地方立法违背上位法行为分析

《甘肃祁连山国家级自然保护区管理条例》修改过程中，地方立法者与执法者在"立法上"和"执法上"认识错误，为了达到抵消、架空、规避上位法的目的，地方立法者在法规文本中"缩减"了上位法规定的禁止性事项，这构成了"以合法形式掩盖非法目的"的违反上位法、抵触上位法的行为。[1]

---

〔1〕 沈寿文："论'立法放水'的认定"，载《理论探索》2023 年第 1 期。

从立法原则的视角对这一问题进行审视，可以从以下几个方面进行分析。

1. 对依法立法原则的违背

我国 2015 年修正的《立法法》对依法立法原则作了明确规定，该法第 3 条规定"立法应当遵循宪法的基本原则……"第 4 条规定"立法应当依照法定的权限和程序，从国家整体利益出发，维护社会主义法制的统一和尊严"。坚持法制统一原则，就是要从国家的整体利益出发，充分考虑和维护人民的根本利益和长远利益，杜绝只强调本部门和本地方利益的狭隘部门保护主义和地方保护主义。[1]从地方立法的角度来看，法制统一原则的具体体现是"不抵触"原则。2015 年修正的《立法法》第 72 条第 1 款规定："省、自治区、直辖市的人民代表大会及其常务委员会……在不同宪法、法律、行政法规相抵触的前提下，可以制定地方性法规。"不抵触是指不得与宪法、法律、行政法规相冲突、相违背。一是不得与宪法、法律、行政法规的具体条文的内容相冲突、相违背（即直接抵触）；二是不得与宪法、法律、行政法规的精神实质、基本原则相冲突、相违背（即间接抵触）。[2]下位法与上位法不一致是普遍现象，其中一个主要原因是地方立法是为了适应当地具体情况，在不抵触原则下结合地方实际情况突出地方特色是被允许的。也即有的学者所提出的，判定地方立法是否抵触上位法的一个重要判断原则是有效治理原则，有效治理原则是国家在不同领域或属地管理中解决经济社会等各方面实际问题的有效性，与强调维护统一体制的法制统一原则，有效治理原则有明显的实用主义导向，更关注地方解决实际问题的质量与效率。[3]因此，下位法的规定与上位法不一致不一定就构成抵触。在具体实践中，《大连市法律援助条例》对《法律援助条例》的援助范围进行了目的性扩张，将工伤、环境污染、食品药品安全等造成的人身伤害都列入了法律援助的范围，因为两者的目的和功能相同，都是为了更好地让弱势群体获得法律援助，因此不能算作抵触。[4]但在本案中，甘肃省人大在立法修法时，对国家上位法的具体规定作简化处理，使之符合地方实际，那么这种简化应该是建立在可靠的调查研究基础上，而实际上，甘肃条例所禁止的三类行为都是近年来发生频率小、基本得到控

〔1〕　张文显主编：《法理学》，高等教育出版社、北京大学出版社 2018 年版，第 231 页。

〔2〕　参见周旺生：《立法学》，法律出版社 2009 年版，第 284 页。

〔3〕　沈广明："地方立法抵触上位法的判定方法及其价值取向"，载《中外法学》2023 年第 1 期。

〔4〕　刘雁鹏："地方立法抵触标准的反思与判定"，载《北京社会科学》2017 年第 3 期。

制的事项，而其他七类恰恰是频繁发生且对生态环境破坏明显的事项，这种调整明显与上位法原则和精神相违背。因此，这种立法不是技术问题，而是立法政策问题。[1]

2. 对科学立法原则的违背

科学立法是重要的立法原则，意味着尊重立法规律、克服立法中的主观性和盲目性，避免或减少错误和失误，降低成本，提高立法效益。其核心在于尊重和体现客观规律，使法律准确适应改革发展稳定安全需要，公正合理地协调利益关系，提高法律的针对性、及时性、系统性、协调性，增强法律的可执行性和可操作性。[2]科学立法不仅包括立法内容的科学化，还包括立法程序和立法基础的科学化。其中，评估是科学立法的有效举措。立法评估主要有立法前评估、立法中评估以及立法后评估。当前我国的部门法立法评估以立法后评估为主。[3]立法后评估是指在法律法规制定出来后，由立法部门、执法部门及社会公众、专家学者等，采用社会调查、定量分析、成本与效益计算等多种方式，对法律法规在实施中的效果进行分析评价，针对法律法规自身的缺陷技术加以矫正和修缮。在地方立法实践中，通过立法后评估完善法律法规的情况是较为常见的做法。如，《甘肃省地质环境保护条例》在2000年颁布实施，经过十余年的发展，总体上已经不适应甘肃省地质环境保护工作的需要，相关部门在组织学习有关法律文件、确定评估方案、多次走访沟通、组织专家确定评估调查、开展实地调研等评估程序后，在科学分析、反复论证基础上撰写立法评估报告，2016年甘肃省第十二届人民代表大会常务委员会第二十五次会议审议通过《甘肃省地质环境保护条例》（2016年修订），该条例接受了《甘肃省地质环境保护条例立法后评估报告》中70%的内容。[4]《甘肃祁连山国家级自然保护区管理条例》的修改，也应当在开展充分的立法评估后作出，对七类近年来频繁发生且对生态环境破坏明显的事项未予以规定，是没有完全坚持实事求是、科学立法的典型体现。

---

〔1〕 梁鹰："备案审查视角下地方立法'放水'问题探讨"，载《地方立法研究》2021年第6期。
〔2〕 张文显主编：《法理学》，高等教育出版社、北京大学出版社2018年版，第232、233页。
〔3〕 黄颖琼："全过程生态环境立法评估指标体系建构研究"，载《学术探索》2022年第7期。
〔4〕 俞金香："立法后评估的近视与远观：实践问题与理论反思——以《甘肃省地质环境保护条例》立法后评估为例"，载《地方立法研究》2018年第1期。

3. 对民主立法原则的违背

1982 年《宪法》确立公民参政权，并在地方立法中逐渐开展工作，其作为一种制度安排是在 2000 年《立法法》公布实施后。我国现行《立法法》第6 条规定："立法应当坚持和发展全过程人民民主，尊重和保障人权，保障和促进社会公平正义。立法应当体现人民的意志，发扬社会主义民主，坚持立法公开，保障人民通过多种途径参与立法活动。"公众参与立法作为一种制度化安排时，强调立法机关与公众之间的双向沟通、协商和对话。[1]基层的社会大众的利益与地方立法息息相关，并且民众的公共意识、参政意识和权利意识会随着经济社会发展水平的提升而不断提高，在地方立法活动的不断增多、地方立法从"粗放型"向"精细化"转变过程中，公众参与成为提高与深化地方的立法质量、推进地方立法公开化、科学化与民主化的重要保障，也是维护公众合法权益的重要制度安排。[2]公众参与立法活动的范围，至少包括法规的规划建议、项目征集、草案建议，以及法规制定后的修改、废止和立法效果评估等阶段。我国地方立法过程中的公众参与也有相关制度保障，地方立法普遍规定了，法规草案在存在重大意见分歧或者涉的利益关系较为重大而需要进行听证时，地方立法机关"应当"召开听证会听取社会有关方面意见。但地方立法实践中，却往往容易出现立法机关主导立法活动过程的现象，表现为，地方性法规草案由该法的执行部门负责（或主要牵头）起草，在部门保护主义和利益集团的影响下，立法活动容易忽视公众利益的实际需求。

我国现行《立法法》第 54 条规定："全国人民代表大会及其常务委员会加强对立法工作的组织协调，发挥在立法工作中的主导作用。"上述案例中，甘肃省人大常委会的法规审议作用弱化、虚化，将法案审议环节变成"走程序""走过场"，有关内容在审议过程中被删除，使不符合环保政策和上位法规定的草案得以通过。为此，要进一步完善我国的人大组织制度、机构设置和工作制度，健全有立法权的人大及其常委会主导立法工作的体制机制，确保立法充分体现人民的共同意志，充分展现人民主体地位。

---

〔1〕　宋方青："地方立法中公众参与的困境与出路"，载《法学》2009 年第 12 期。

〔2〕　黄信瑜："公众参与地方立法制度创新：实践反思与完善制度"，载《学术论坛》2016 年第12 期。

（二）立法体制视角下地方立法"放水"的原因分析

我国是统一多民族的单一制国家，在立法体制上，实行统一而又多层次的立法体制。随着国家治理呈现出多层级逐级下沉的治理格局，立法领导权的一元性、国家立法对地方立法权的统领性、地方立法权相对国家立法权的从属性，构成了中国特色立法体制的显著特征。[1]全国人大及其常委会行使国家立法权，国务院制定行政法规，省级和设区的市人大及其常委会制定地方性法规。地方性法规是中国特色社会主义法治体系的重要组成部分，是国家立法的重要补充。我国地方立法在国家治理和法治建设中发挥的重要作用主要体现在，在贯彻落实国家法律、行政法规和国家政策的过程中，地方可以结合地方实际来具体化。各地可以根据经济社会发展需要，因地制宜地开展创制性立法，为地方实现依法治理提供有力法治保障。在国家尚未立法的情况下，可以开展先行先试立法，为国家立法积累经验、提供样本。地方在立法过程中还能够培养各地立法工作队伍，充分发挥人大制度功能。[2]地方立法出现的重复立法、越权立法、立法抵触与冲突等问题的原因有很多，如立法者的理性有限、地方保护主义、立法能力不足等，但最终可以追溯到立法体制这一"元问题"上来。[3]

立法体制的最主要问题是立法权限的划分。中央与地方权力划分的原则，当今世界通行的做法有两种：一种是中央只能行使由法律明确规定的权力，法律没有明确赋予中央的权力，由地方和人民保留，联邦制国家采用这种形式。另一种是，国家权力由人民直接赋予，地方权力来自中央，由国家法律规定或赋予，国家法律没有明确规定的权力，地方不得行使，单一制国家大多采取这种形式。我国作为单一制国家，地方事权和范围由法律或国务院设定，属于列举性事权，未列明的事权原则上应视为中央事权或中央和地方的共同事权。[4]根据我国《立法法》的规定，全国人大可以就任何事项制定法律。根据《宪法》的规定，国务院有权对中央与地方的权限进行具体划分，但划分的形式和程序目前没有宪法和法律的规定。

---

〔1〕 周尚君："中国立法体制的组织生成与制度逻辑"，载《学术月刊》2020 年第 11 期。

〔2〕 许安标："我国地方立法的新时代使命——把握地方立法规律　提高地方立法质量"，载《中国法律评论》2021 年第 1 期。

〔3〕 姜孝贤："论我国立法体制的优化"，载《法制与社会发展》2021 年第 5 期。

〔4〕 叶必丰："论地方事务"，载《行政法学研究》2018 年第 1 期。

根据我国《立法法》的规定，地方性法规可以就两类事项作出规定：一类是为执行法律、行政法规的规定，需要根据本行政区域的实际情况作具体规定的事项；另一类是属于地方性事务需要制定地方性法规的事项。此外，除国家专属立法权事项外，其他事项国家尚未制定法律或者行政法规的，地方可以根据本地方的具体情况和实际需要，先制定地方性法规。根据《地方各级人民代表大会和地方各级人民政府组织法》第 8 条和第 44 条对县级以上地方各级人大及其常委会的职权的规定，地方性事务主要包括本行政区域内的政治、经济、教育、科学、文化、卫生、环境和资源保护、民政、民族等事项。环境和资源保护属于地方性事务，但我国地方的权力是中央赋予的，地方事务是非终局性的。受国家治理复杂性和地方事务多样性的影响，很难通过中央统一立法规定地方性事务范围，从实现地方有效治理的角度来看，应当在坚持利益范围、地域范围和事务性质三个基本标准确定地方事务的范围。[1]

（三）立法监督视角下的地方立法问题分析

根据《立法法》的规定，我国目前针对地方性法规的监督主要通过立法批准、备案审查制度实现。其中，备案审查是我国地方立法监督的主要方式，主要针对省市两级地方性法规，其需要报送全国人大常委会和国务院进行备案审查。根据《法规、司法解释备案审查工作办法》的相关规定，备案审查工作主要由全国人大专门委员会和全国人大常委会法制工作委员会负责。当两委发现地方性法规与上位法冲突时，一般采取沟通、约谈、函询、发送书面审查意见等方式予以监督。对地方性法规审查程序的启动有要求审查、建议审查和主动审查等方式，要求审查是指国务院、中央军委、最高人民法院、最高人民检察院和省级人大常委会认为地方性法规同宪法或者法律相抵触的，可以向全国人大常委会提出进行审查的要求，由常委会工作机构分别送有关的专门委员会进行审查、提出意见。建议审查是指上述规定以外的其他国家机关和社会团体、企事业单位组织以及公民认为地方性法规同宪法或者法律相抵触时，可以向全国人大常委会书面提出进行审查的建议，由常委会工作机构进行研究，必要时，送有关专门委员会进行审查、提出意见。主动审查

---

〔1〕 郑智航："治理能力现代化视角下的地方立法权扩容"，载《中国特色社会主义研究》2019年第 6 期。

是有关专门委员会和常务委员会工作机构可以对报送备案的规范性文件进行主动审查。[1]在本案中，按照《立法法》的规定，省级人大及其常委会通过的地方性法规需要同时报送全国人大常委会和国务院进行备案，即使《甘肃祁连山国家级自然保护区管理条例》经甘肃省四届人大审议尚未发现违反上位法，但如果全国人大常委会法制工作委员会及时进行审查，或者国务院法规审查机构能对备案法规及时进行审查，都能够发现下位法违反上位法的问题。[2]

第二节　执法原理

一、理论导读

执法，即执行法律的简称，是法的适用形式之一。法的适用是指国家专门机关、国家授权的特定单位依照法定职权与程序，将法律适用于具体的人或组织的活动，具有合法性、国家强制性、法律特定性和法定程序性等几个基本属性。[3]狭义上的执法，指的是与司法机关的司法相对应的行政机关（以及国家授权的特定单位）执行法律的活动。[4]

（一）执法具有主动性

执法机关的职责决定了执法的主动性。执法机关必须主动地依照法定职权执行法律，否则不仅会使有关的法律、法规不能实现，而且是一种严重的失职，应当对国家依法承担失职的法律责任。执法的主动性也是执法机关的工作性质决定的。执法机关是国家行政管理机关，它们担负着国家和社会的日常管理工作，只有主动管理才可能保证社会的秩序与发展。

（二）执法具有单向性

执法过程中，执法机关与行政相对人之间建立起行政法律关系。执法行政法律关系中的主体不是平等的法律关系主体，他们之间具有管理与被管理

---

〔1〕　苗连营："立法法重心的位移：从权限划分到立法监督"，载《学术交流》2015年第4期。

〔2〕　韩大斌："论我国地方立法监督的困境与出路——基于备案审查制度为中心的考察"，载《法学》2022年第8期。

〔3〕　葛洪义主编：《法理学》，中国政法大学出版社2017年版，第317页。

〔4〕　葛洪义主编：《法理学》，中国政法大学出版社2017年版，第317页。

的关系。不论相对人是否愿意，或者是否有某种意思表示，都不影响执法的成立。执法机关可以在不应相对人请求、不征求相对人同意的情况下，单方自主采取执法行为。相对人有权依法对执法请求复议、提起诉讼、进行申诉等，但并不影响执法行为系由行政机关单方做出的性质。

（三）执法具有行政强制性

执法也是具有强制力的，这种强制力不同于司法的强制力，它是一种行政强制力。行政强制力与司法强制力相比较，不一定具有终极性质的强制效力。一般说来，行政强制力都是相对人在法律规定的期限内未请求司法裁决的情形下产生的。行政强制力一旦依法产生，也同样具有法律效力，只要未经过必要的法定程序变更，均须执行。执法的行政强制性是执法得以有效进行的保证，是执法权威性的重要根据与重要体现。

（四）执法具有较大的自由裁量性质

由于行政管理范围的广泛和行政管理权限的庞大，都使执法不能不具有较大的、由执法官员所自由决定的裁量幅度。执法者可以在法律、法规规定的范围内，根据相对人的行为或与之相关的特定事实情形，自主地决定执法手段与方式。执法虽然具有较大的自由裁量性，但并不是说，执法者可以不顾法律的规定而为所欲为、任意执法。执法的自由裁量性质对执法人员的素质提出了更高的要求。

（五）执法过程需坚持法治原则

执法是行政机关的法律行为，在执法活动中必须坚持依法行政的法治原则。法治原则的一个极其重要的内容就是权力，尤其是行政权力必须受法律的约束。行政活动，包括执法都必须依法进行。依法行政是行政的原则，是法治原则的体现和要求。执法理应将依法行政作为自己奉行法治原则的重要方面。

（六）执法必须强调效率

效率原则是行政的重要原则。行政工作是一个国家最多的管理工作，效率是行政工作得以及时推进的保证。大量的行政工作根本不允许我们的执法工作没有效率。行政工作涉及公民的合法权益、社会公共利益、国家利益等各个方面，而且执法一般都不具有终局裁决的效力。在其后还有必要的行政救济与司法救济作为保障。如果执法不能及时、迅速，执法处理的事项将耗费更多的时间才可能得出最终的结论，不利于国家及时行政，也不利于社会快速发展。

二、案例介绍：上海居民擅自砍伐小区香樟树案

2021年1月20日，上海市松江区新桥镇城管中队接到举报称明华路3××弄5××号有人砍伐树木。执法队员到达现场后发现该处有一棵仅剩2米高的树木主干，经测量，该树木胸围122厘米，胸径38.8厘米。

当事人李先生认为其行为系修剪树木，而非砍伐。《上海市居住区绿化调整技术规范》对不同的树种，修剪的技术、方法、尺度等有具体的要求，对修剪的季节、时间等也有严格规定，未按照规定操作的，认定为过度修剪；过度修剪导致一个生长周期内未能恢复树木冠形的，认定为砍伐。以香樟树为例，一般修剪是指在保持树木冠形的基础上，定期对过密的枝条进行有选择地修剪，重点去掉枯枝、病虫枝等。仅在特殊情况下，修剪的尺度才可酌情放大，即采取"回缩修剪"，比如，严重影响居民通风采光等情况。"回缩修剪"后，保留2级至3级以上的骨架，并逐步培养形成新的树冠。如果修剪尺度超出"回缩修剪"的范畴，仅保留2米左右高的主干，致树木失去了原有的形态和功能，属因过度修剪导致树木在一个生长周期内未能恢复冠形的情况，可认定为砍伐。城管部门执法人员根据上海修剪树木行为的技术标准，结合案件事实，确认李先生的行为明显不符合修剪香樟树的技术标准，认定本案中的行为属于砍伐树木。

迁移、修剪、砍伐树木须遵守法定程序。《上海市绿化条例》规定，禁止擅自迁移树木；严重影响居民采光、通风和居住安全或树木对人身安全或者其他设施构成威胁等情况，养护单位或者业主应当向市或者区、县绿化管理部门提出迁移申请。按照《上海市绿化条例》的规定，养护单位应当根据树木生长情况，按照国家和本市有关树木修剪技术规范，定期对树木进行修剪；居住区内的树木生长影响居民采光、通风和居住安全，居民提出修剪请求的，养护单位应当按照有关规定及时组织修剪。不论何人出资购买树种、不论何人实施种植行为、不论是否种植于私人庭院内，对该树木的修剪、迁移、砍伐都要遵照《上海市绿化条例》等相关法律法规的规定来执行。对迁移、修剪、砍伐树木有合理需求的居民，不得擅自处置，应先与业委会或物业沟通，由他们通过合法程序提出申请。被砍伐的香樟树系李先生自家所有，然而早在多年前就移栽到了院外的业主共有绿地。《民法典》规定建筑区划内的绿

地，属于业主共有，但属于城镇公共绿地或者明示属于个人的除外。树木必须附着于绿地才可生长，李先生对这棵香樟树的所有权因移栽其至共有绿地而受到限制，目前这棵香樟树和公共区域内的其他绿化树木一样，归全体业主共有，任何人不得擅自处置。如果有修剪、砍伐的需要，李先生应当征求全体业主的同意，并向相关部门进行申报。

新桥镇人民政府依法追究李先生擅自砍伐树木的责任。《上海市绿化条例》规定，因严重影响居民采光、通风和居住安全，且树木无迁移价值等原因，确需砍伐树木的，养护单位应当向市或者区绿化管理部门提出申请，擅自砍伐树木的，由市或者区绿化管理部门处绿化补偿标准5倍~10倍的罚款。依据《上海市物价局、市财政局关于调整本市部分绿化行政事业性收费标准的通知》规定的绿化补偿标准，决定本案罚款数额。根据该文件，一棵常绿乔木（香樟、女贞、广玉兰、雪松等），按胸径大小，季节内和非季节的补偿价格从280元、336元（胸径6厘米以下）到26 040元、36 910元（胸径41厘米~45厘米）不等。松江区绿化市容局对树木种类进行了认定，认定该树木为香樟树，补偿价格为28 840元（胸径36厘米~40厘米、非季节）。

根据《上海市绿化条例》第43条第2款规定，违反本条例第29条第1款规定，擅自砍伐树木的，由市或者区绿化管理部门处绿化补偿标准5倍~10倍的罚款。执法部门集体论证，考虑李先生认错认罚的态度较好，依据砍伐树木10棵以下，处绿化补偿标准5倍~10倍的罚款要求，对李先生适用最低档处罚，即绿化补偿标准5倍的罚款，计144 200元。执法人员依法送达《听证告知书》后，李先生提出听证需求。3月10日，新桥镇举行行政处罚听证会。经过听证，新桥镇人民政府依法作出相关行政处罚决定。[1]

三、案例分析

（一）执法符合法的适用的基本要求

法的适用的基本要求包括正确、合法、及时。正确、合法、及时作为法的适用的基本要求，是一个整体，是法的适用中必须予以同时强调的。[2]

---

[1] "上海一居民自己种的树请人修剪为何被罚14.42万元 监管执法部门和法律专家解疑惑"，载 http://sh. people. com. cn/n2/2021/0818/c176737-34872632. html，最后访问日期：2021年8月18日。

[2] 参见葛洪义主编：《法理学》，中国政法大学出版社2017年版，第323页。

正确，是法的适用的首要要求。所谓正确，要求：①对被作为法律适用前提的法律事实的认识正确。任何法的适用活动的首要环节都是要对有关的事实予以查明。要查明事实，证据的收集、查证、质证、认定、使用都必不可少。每一个环节都不能发生错误，否则就无法保证法律事实的正确。②适用法律正确。法律的内容十分广泛复杂，涉及社会生活的方方面面，不同的法律调整不同的社会领域，因此正确找到恰当的法律规范来适用，是法的适用机关的重要工作，也是确保法的适用正确的重要方面。在本案中，执法队员通过现场勘查，准确地记录了树木的现存状态，以此为事实依据，判断李先生对树木采取的行动在法律上处于何种情态，属于何种法律事实。[1]《上海市居住区绿化调整技术规范》是上海市绿化和市容管理局制定的，在上海全市范围内适用的地方政府规章，其中明确规定了包括常规修剪、回缩修剪、砍伐等有关居住区绿化维护和调整的诸多方面，详细规定了修剪、迁移、砍伐的条件、要求和方法。本案以《上海市居住区绿化调整技术规范》规定的过度修剪和砍伐的认定条件作为判断李先生行为性质的依据，适用法律正确。

合法，是法的适用"正确"的延伸，也是法的适用的本质要求和质的规定性。法的适用必须是合法的。这里的合法是指：①法的适用的主体符合法律的规定，法的适用的活动符合法律的要求。②法的适用符合于实体法，法的适用也符合于程序法。在法的适用问题上，最经常出现的一个错误便是：忽视了法的适用的主体的合法性问题。尤其是在行政执法中超越职权执法的认识上，有的人认为只要被处罚者是该被处罚的，至于是谁予以的处罚并不重要。这种认识是极其错误的。超越职权的处罚，实际上是执法主体的错误，这种错误是不能被容许的。如果听任这种情形发生，公民和法人的权利就无法得到有效的法律保障，国家权力的法定分配就会遭到破坏，其他正当主体的执法活动也可能因此受到干扰。在法的适用问题上，经常出现的另一个错误是忽视程序法。[2]在本案中，执法队员属上海市松江区新桥镇城管中队，城管中队受新桥镇人民政府委托，以其名义进行执法活动，法的适用的主体是新桥镇人民政府，符合行政法对行政主体资格的要求，是合法的适用法律的主体。本案适用《上海市绿化条例》，修剪、迁移、砍伐等工作仅应当由养

---

〔1〕 参见葛洪义主编：《法理学》，中国政法大学出版社 2017 年版，第 323~324 页。

〔2〕 参见葛洪义主编：《法理学》，中国政法大学出版社 2017 年版，第 324 页。

护单位按照有关规定及时组织修剪，公民个人无权实施。该条例同时规定，因严重影响居民采光、通风和居住安全，且树木无迁移价值等原因，确需砍伐树木的，砍伐工作应当由养护单位向市或者区绿化管理部门提出申请，李先生个人无权修剪、移植、砍伐树木。本案适用法律同时符合实体法和程序法。

及时，是指法的适用在确保正确、合法的前提下，提高法的适用的效率，使既有的法律迅速地发挥应有的效用，更不可随意超越法定的时间期限。为了保证法的适用的效率，法律为法的适用活动规定了许多具体的时限。法的适用活动应当严格遵守法律关于法的适用的时限规定。在确保当事人合法权益的同时，加速法的适用的进程。及时的意义表现为：①迅速发挥法律效用的需要。因为若法的适用不能及时进行，法的作用发挥的时间就会受到影响。②制裁违法犯罪、保护当事人合法权益的需要。因为法的适用的过程愈漫长，违法犯罪者愈难受到及时的制裁，受害者的权益也愈难得到及时的保障。③社会发展的需要。社会总是在不断发展，而且是在不断加速发展的。法的适用过程过长必将对社会发展的速度产生不利的影响。及时是法的适用的重要要求。[1]在本案中，执法人员在接到报案后，第一时间前往现场收集证据，并及时立案，举行听证程序，作出行政处罚决定，体现了及时适用法律。

（二）执法具备行政行为的法律特征

执法主体决定了执法活动是由国家行政机关实施国家和社会管理的手段，属于一种行政活动。行政主体代表国家实施的，体现国家行政意志，并受行政法规制的，能够直接或间接产生法律效果的国家管理活动是行政行为。我国行政法学中所称的行政行为，特指行政主体基于行政职权，为实施国家行政目标而作出的，以作为或者不作为形式表现，能直接或间接引起法律效果并受行政法规制的法律行为。[2]

执法活动具备行政行为的几大法律特征。第一，执法具有行政性。首先，其行政性体现在主体上，执法活动由国家行政机关进行，而国家权力机关、人民法院、人民检察院和军事指挥机关不得实施执法行为。其次，在职权上，执法是基于行政职权所实施的管理行为，是行政权的体现。最后，在目标上，

〔1〕 参见葛洪义主编：《法理学》，中国政法大学出版社 2017 年版，第 324 页。
〔2〕 参见胡建淼：《行政法学》，法律出版社 2015 年版，第 124 页。

执法的目标是为了实现行政目标，行政机关依法实施对国家和社会事务的管理，实现国家秩序和社会秩序的有序化。在本案中新桥镇人民政府城市管理部门是具有行政处罚权限的执法机关。第二，执法具有单方性。执法是依职权的单方行为，是行政机关依法代表国家基于职权单方面即可决定的行政行为，以单方行为为原则。第三，执法具有法律效果性。行政机关执法行为能够引起法律效果，对有关当事人的权利与义务产生影响。执法行为一旦成立，不仅对相对人的权利与义务实现了确认、处分的效果，同时也约束了行政机关本身的行为，不得擅自撤回或改变已作出的行为。第四，执法具有可诉性。执法活动受行政法的规制，具有法律部门属性，因而也是可诉的行为。行政相对人对执法活动不服，都有权依法提起行政诉讼，除非法律有排除性规定。[1]

在本案中，执法人员的行为代表新桥镇人民政府，是新桥镇人民政府履行行政职权的活动，以保护公民享受良好绿化环境的权利，维护市政规划、建设方面的行政法律秩序，维护良好的绿化和市容，其执法活动直接引起相应的法律效果。新桥镇人民政府对管辖行政区内种植和养护的花草树木等绿化赋有规划、建设、保护和管理的职权和义务，经合法授权，具有维护本行政区内市容、执行上级行政机关作出的城镇规划的职权，对李先生砍伐树木，破坏绿化的行为，可单方面作出行政决定，在李先生和镇政府之间形成行政法律关系。李先生因此负有行政法律规定的缴纳罚款的义务，同时，在《行政处罚决定书》作出后，新桥镇人民政府也不得擅自撤回该决定。如若李先生不服，可据此提起行政诉讼。本案体现了执法活动具有行政行为的行政性、单方性、法律效果性和可诉性。

（三）执法需体现行政合法性原则

行政法的基本原则，系指贯穿在一国行政法中，指导和统帅具体行政法律规范，并由它们所体现的基本精神，是要求所有行政主体在国家行政管理中必须遵循的基本行为准则。执法在适用具体行政法律条文时，必须体现行政法基本原则。行政法基本原则不同于具体的行政法律规范。前者在效力层次上比后者高，行政法律规范的制定必须与行政法基本原则一致，其内容必须体现行政法基本原则的精神。行政法基本原则离不开具体行政法律条文。

---

〔1〕 参见胡建淼：《行政法学》，法律出版社 2015 年版，第 125 页。

没有后者，前者就失去了表现形式而无法被反映出来。然而，行政法基本原则并非全由法律条文直接表达，大多原则存在于条文"背后"而待被挖掘、创设、提炼，到成熟时才由法律直接表达。[1]

行政法基本原则，就行政法制领域而言，具有以下作用：第一，行政法基本原则有助于行政法制的统一、协调和稳定。我国行政管理的广泛性、多样性和复杂性，决定了行政法律规范的广泛性、多样性和复杂性。而这些广泛、多样和复杂的行政法律规范体现的基本精神是同一的。第二，行政法基本原则有助于在使用法律时准确地理解条文和适用条文。行政法基本原则贯穿在所有的行政管理法规中，深刻把握行政法的基本原则，有助于认识行政法的实质，有助于在执法和司法中准确地理解条文和适用条文。第三，行政法基本原则是对行政条文的补充。具体条文不得与基本原则相抵触，否则就得修改。在两者不矛盾的条件下，行政机关在处理行政事务时，有具体条文的，应适用具体条文，无具体条文的，也可直接适用行政法的基本原则。第四，行政法基本原则直接规范行政主体依法行政。行政法基本原则直接地、普遍地调整和规范行政主体的行政行为，具有直接的法律约束力。行政机关的执法活动和行政法基本原则相抵触者无效，有关责任者还须承担相应的法律责任。行政法基本原则是行政主体依法行政的可靠保障。[2]

行政合法性原则的基本内容之一是行政职权来源合法。行政职权是一切行政行为的基础，任何行政主体都是合法拥有行政职权的主体，执法亦是行政职权运行的一种形态。坚持行政职权来源合法，旨在解决行政行为的主体资格。行政职权来源合法包括：第一，职权由法律设定。行政机关的行政职权必须由法律直接规定。按照《宪法》第89条和第107条规定，从中央到地方的各级行政机关是各级权力机关的执行机关，是全面实施行政管理的机关，它们依据法律规定的权限实施管理。第二，职权由法律授予。非行政机关要实施行政职权，必须得到法律的授权。第三，职权的委托以法律许可为前提。行政机关要将自己拥有的行政职权委托其他组织或个人行使时，必须以法律许可为前提。[3]

〔1〕 参见胡建淼：《行政法学》，法律出版社2015年版，第42页。
〔2〕 参见胡建淼：《行政法学》，法律出版社2015年版，第55页。
〔3〕 参见胡建淼：《行政法学》，法律出版社2015年版，第50页。

《行政处罚法》规定行政处罚的主体有三类：拥有行政处罚权的行政机关；法律、法规所授权的组织；行政机关所委托的组织。本案的新桥镇人民政府，属于第二类拥有行政处罚权的行政机关。国务院《城市绿化条例》第26条规定："违反本条例规定，有下列行为之一的，由城市人民政府城市绿化行政主管部门或者其授权的单位责令停止侵害，可以并处罚款；……：（一）损坏城市树木花草的；（二）擅自砍伐城市树木的；（三）砍伐、擅自迁移古树名木或者因养护不善致使古树名木受到损伤或者死亡的；（四）损坏城市绿化设施的。"《上海市城市管理行政执法条例》第11条规定："市和区城管执法部门以及乡、镇人民政府实施城市管理行政执法的范围包括：……（三）依据绿化管理方面法律、法规和规章的规定，对除绿化建设外的违反绿化管理的违法行为实施行政处罚。……"新桥镇人民政府在本案中，经上海市人大常委会制定的地方性法规的授权，享有行政处罚权，能够以自己的名义进行行政处罚。

行政合法性原则的基本内容之二是行政行为受法律约束。第一，行政行为的内容形式和程序必须符合法律要求。①行政行为受法律约束表现为行政行为的内容，要符合法律的目的与要求。行政主体不得作出与法律相悖的行政规定或行政决定，否则构成内容违法。②行政行为还必须符合法定的形式。法律规定必须采用书面形式的行政行为，就不得以口头形式作出，否则构成行政违法。③行政行为的作出，还必须符合法定程序，否则构成程序违法。第二，行政行为一经作出，不仅对行政相对人，而且对行政主体本身也有约束力，非有法定事由，不经法定程序不得变更或撤回行政行为。依法被变更或撤回，行政相对人非有过错的，国家应对相对人做合理补偿，保证行政相对人的信赖利益。[1]在本案中，执法机关确定树木种类为香樟树，结合相应补偿标准，计算法定罚款数额，根据其胸径长度和季节性（胸径36厘米~40厘米、非季节），确定单株树木的补偿价格为28 840元。根据《上海市绿化条例》有关擅自砍伐树木的情形所处的处罚，即绿化补偿标准5倍~10倍的罚款，作出了符合法定罚款数额的行政处罚，内容合法。本案拟定罚款数额高达14.4万元，对情节复杂或者重大违法行为给予行政处罚，本案负责人进行了集体讨论，符合法定讨论程序。在作出行政处罚决定时，向李先生送达

[1] 参见胡建淼：《行政法学》，法律出版社2015年版，第50页。

了《听证告知书》，在听证结束后，依法作出行政处罚决定书，亦符合行政处罚的一般程序和听证程序。

我国行政法上的行政合法性原则的确立，首先有其宪法基础。现行《宪法》在第一章总纲中明文规定，国家维护社会主义法制的统一和尊严。一切法律、行政法规和地方性法规都不得同宪法相抵触。一切国家机关和武装力量、各政党和各社会团体、各企业事业组织都必须遵守宪法和法律。一切违反宪法和法律的行为，必须予以追究。任何组织或者个人都不得有超越宪法和法律的特权。这是我国法治精神的中心内容和高度概括，也是行政法上确立合法性原则的宪法基础。此外，我国宪法对人民代表大会制度的确立、对国家行政机关地位和职权的规定，均为行政合法性原则的确立奠定了制度基础。这一切不仅使我国行政合法性原则的确立显得更为重要和可能，而且使它成为必然。[1]

行政法上的行政合法性原则的确立，不仅有其宪法根据，而且以民主制度为基础。我国是高度民主的社会主义国家。"中华人民共和国的一切权力属于人民"，这是我国民主制度的实质。人民行使国家权力的机关是全国人民代表大会和地方各级人民代表大会。人民代表大会制度是我国民主制度的根本制度。各级人民代表大会依法产生各级人民政府。各级人民政府，即行政机关，代表人民并必须符合人民的意志实施国家行政管理活动。国家行政机关在国家行政管理活动中能否坚持和贯彻行政合法性原则，直接关系到人民政府能否对人民负责，其行为能否符合人民的意志。换句话说，各级行政机关能否在国家行政管理中坚持行政合法性原则，直接关系能否坚持人民当家作主的原则。[2]

我国行政法上的行政合法性原则的确立，是社会主义法治原则的要求。全国各族人民、一切国家机关和武装力量、各政党和各社会团体、各企业事业组织，都必须遵守宪法和法律。在国家管理的各个领域中，行政管理是涉及面最广、任务最重的一个领域，行政管理的法治化程度将最直接、最主要地反映我国社会主义法治的健全程度。我国行政法上的行政合法性原则，是中国特色社会主义法治原则的基本内容在行政法领域的转化和体现。确立行

---

〔1〕　参见胡建淼：《行政法学》，法律出版社 2015 年版，第 46 页。
〔2〕　参见胡建淼：《行政法学》，法律出版社 2015 年版，第 46 页。

政合法性原则也是健全和完善社会主义法治的直接要求。[1]

(四)执法体现行政合理性原则

行政合理性原则是与行政合法性原则相并列，同时对其进行补充的行政法基本原则，由以下三项下位原则组成。第一，比例原则。其主要内容包括：①最小损害原则。行政主体作出行政行为有多种决定可以选择时，应当选择牺牲行政相对人利益最小且最接近实施行政法目的的行为；②罪罚相当原则。如果相对人违反行政管理而应当被处罚时，行政主体所决定的处罚应当与被处罚人的违法行为相当。第二，平等原则。我国行政平等原则的含义包括：①行政主体在适用行政法规范时，应当平等地对待公民、法人和其他组织，不得歧视特定的行政相对人；②针对同样的法律适用条件和同样的案情，应当作出同样的决定；③在无法律标准的条件下，针对同样案情，以前的处理标准应当约束以后的处理决定。第三，正当原则。行政主体在作出行政行为时，应当符合一般的道德标准和生活价值观，应当符合人们公认的"情理"标准。[2]

在本案中，执法机关以《上海市绿化条例》第43条第1款为处罚依据，在符合行政合法性的同时，体现了行政合理性的要求。该条款对擅自砍伐树木的行为处以的罚款数额，规定为绿化补偿标准5倍~10倍的罚款。在5倍~10倍的罚款限度内，执法机关可自由裁量决定对李先生的处罚数额。结合李先生认错态度良好等因素，执法机关选择了最低档的5倍罚款，体现了对行政相对人利益牺牲的最小化，同时也起到了恢复绿化利益的补偿效果。在根据毁损树种的径长、特性确定补偿数额时，考虑了罪罚相当的原则。

(五)遵循行政处罚的基本原则和行政处罚决定的原则

行政处罚的基本原则包括以下几个方面。第一，行政处罚法定原则。实施行政处罚的主体及其职权、行政处罚的种类、行政处罚的依据、行政处罚的程序必须是法定的。[3]第二，行政处罚公正、公开原则。设定和实施行政处罚必须以事实为依据，与违法行为的事实、性质、情节以及社会危害程度相当。对违法行为给予行政处罚的规定必须公布；未经公布的，不得作为行

---

[1] 参见胡建森：《行政法学》，法律出版社2015年版，第46页。

[2] 参见胡建森：《行政法学》，法律出版社2015年版，第55页。

[3] 参见胡建森：《行政法学》，法律出版社2015年版，第228页。

政处罚的依据。其中公正原则包含两层意思：①事实行政处罚必须以事实为依据，坚持实事求是；②实施行政处罚应当"过罚相当"，即决定行政处罚必须与违法行为的事实、性质、情节以及社会危害程度相当。其中公开原则是指行政处罚的依据及处罚中的有关内容必须公开。[1]行政公开化的内容应当是全方位的，不仅行政权力的整个运行过程要公开，而且行政权力行使主体自身的有关情况也要公开。必须采用相应的方式公开。根据公开对象的不同，一般采取不同的方式。对社会公众公开的方式主要有：会议旁听、媒体报道、刊载、查阅、"政府上网工程"等。对特定相对人公开的方式主要有：阅览卷宗、表明身份、告知或送达、说明理由等。[2]第三，行政处罚与教育相结合原则。行政处罚是行政机关管理国家和社会的一种手段，而不是目的。发生违反行政管理秩序的行为后，行政机关应当先行教育，教育公民、法人或其他组织自觉守法，而不能动辄处罚。对于行政相对人有违反行政管理秩序的行为能教育而不处罚的，应当坚持教育而不是处罚。对于应当处罚的，也应同时给予教育。[3]第四，相对人救济权利保障原则。被处罚人对行政主体实施的行政处罚，拥有获得法律救济的权利，包括陈述权、申辩权、申请行政复议权、提起行政诉讼权和获得行政赔偿权等。[4]

　　行政处罚决定的原则包含以下几个方面。第一，查明事实原则。根据《行政处罚法》第40条规定："公民、法人或者其他组织违反行政管理秩序的行为，依法应当给予行政处罚的，行政机关必须查明事实；违法事实不清、证据不足的，不得给予行政处罚。"这一原则表明，任何行政处罚决定的作出，都必须以查明事实为前提；事实未查明的，不得给予行政处罚。[5]第二，保障被告知情权原则。根据《行政处罚法》第44条规定："行政机关在作出行政处罚决定之前，应当告知当事人拟作出的行政处罚内容及事实、理由、依据，并告知当事人依法享有的陈述、申辩、要求听证等权利。"行政相对人有权被告知行政处罚方面的内容，这是行政相对人被告知权利。[6]公平听证

---

〔1〕　参见胡建淼：《行政法学》，法律出版社2015年版，第229页。

〔2〕　周佑勇："行政法基本原则的反思与重构"，载《中国法学》2003年第4期。

〔3〕　参见胡建淼：《行政法学》，法律出版社2015年版，第229页。

〔4〕　参见胡建淼：《行政法学》，法律出版社2015年版，第229页。

〔5〕　参见胡建淼：《行政法学》，法律出版社2015年版，第239页。

〔6〕　参见胡建淼：《行政法学》，法律出版社2015年版，第239~240页。

是行政参与的核心。所谓听证，即"听取意见"，意味着行政主体负有听取当事人意见的义务。行政主体在作出对当事人的不利决定时必须听取当事人的意见，不能片面认定事实，剥夺对方辩护的权利。[1]第三，保障陈述、申辩权原则。根据《行政处罚法》第45条："当事人有权进行陈述和申辩。行政机关必须充分听取当事人的意见，对当事人提出的事实、理由和证据，应当进行复核；当事人提出的事实、理由或者证据成立的，行政机关应当采纳。行政机关不得因当事人陈述、申辩而给予更重的处罚。"[2]

新桥镇人民政府、松江区绿化市容局的行为凸显了行政处罚公正、公开原则。第一，作为行政处罚依据的法律、法规和规章均向公众公布；第二，在实施行政处罚的过程中，主体及具体工作人员公开身份；第三，行政主体在作出处罚决定之前，向被特定的处罚人李先生公开了决定的事实、理由及依据，并告知其依法享有的权利；第四，行政处罚听证向社会公众公开。在本案的执法活动同时体现了行政处罚决定的原则，充分查明事实，对砍伐行为作出正确的认定。通过告知、听证和会议旁听、媒体报道等手段，确保李先生有效参与行政程序，充分保障了行政相对人的告知权、陈述权和申辩权。在处罚限度内从轻处罚，实现了处罚与教育相结合的效果。

第三节　司法原理

一、理论导读

作为法律运行的一项重要环节，司法在促进纠纷解决、实现公平正义等方面发挥着不可替代的作用。随着当前的社会转型，司法日益呈现出多样化和复杂化的特征。在这一背景下，透过纷繁复杂的司法实践把握司法的基本原理，对于我国的法治建设具有重要意义。司法是法理学中的一个重要问题，从法律运行的一般原理视角出发分析司法原理，主要包括以下三个方面的内容。

（一）司法、司法权及其本质

"司法"的含义包括广义和狭义两个方面。广义上的司法包括公安机关的

---

〔1〕 周佑勇："行政法基本原则的反思与重构"，载《中国法学》2003年第4期。

〔2〕 参见胡建淼：《行政法学》，法律出版社2015年版，第240页。

侦查活动、检察机关的检察活动和法院的审判活动等，狭义上的司法则专指法院适用法律进行裁判的活动。从近代以来的司法实践看，世界各国均在一定程度上将"司法"与"审判"作同义使用，司法活动也在更多场合被等同于法院的审判活动，因而在学理上对司法的理解也更多呈现一种狭义上的认知。[1]与此同时，对司法的理解同样离不开国家。司法是国家的重要职能，司法权是国家一项重要的权力。从权力属性上看，司法权是同立法权、行政权相对应的，立法权的本质为"决策"，行政权的本质为"执行"与"管理"，而司法权的本质则为"判断"。对此，习近平总书记曾指出："司法活动具有特殊的性质和规律，司法权是对案件事实和法律的判断权和裁决权。"[2]应当说，将司法权的性质界定为判断权和裁决权，突出了司法权对于真假、是非、曲直等问题的认知与判断，[3]彰显了司法权相较于立法权与行政权的独特属性。

（二）司法的主要特征和功能

在将司法权界定为判断权的基础上，司法主要呈现出三组特征：第一，专属性与专业性。司法活动专属于司法机关（法院），其他任何机关和组织都不享有该权力；司法活动的专业性极强，其是由具备专业知识的司法人员（法官）从事的专业性活动。第二，被动性与消极性。与行政所具有的主动性不同，司法具有被动性，即"不告不理"；在庭审阶段，这种被动性又表现为一种"消极性"，即由当事人举证并推进庭审进程，法官居中裁判。第三，程序性与终结性。司法活动具备严格的程序要求，需按照法定的方式、步骤、时限、时序来开展；同时，作为保障社会正义的"最后一道防线"，司法程序具有终结性，裁判结论的形成必须使争端得到最终解决。[4]基于此，司法在实践中呈现出较为清晰的法理功能和社会功能：法理功能是指司法所具有的本体功能，包括明辨是非、释法补漏、定分止争、权益保障、控权审规等；社会功能是指司法所能产生的社会效果意义上的功能，包括缓解社会矛盾、

---

〔1〕　张文显主编：《法理学》，高等教育出版社、北京大学出版社 2018 年版，第 250 页。本节关于司法原理的介绍与分析，主要从狭义的角度来理解司法。

〔2〕　习近平："在中央政治工作会议上的讲话"（2014 年 1 月 7 日），载中共中央文献研究室编：《习近平关于全面依法治国论述摘编》，中央文献出版社 2015 年版，第 102 页。

〔3〕　孙笑侠："司法权的本质是判断权——司法权与行政权的十大区别"，载《法学》1998 年第 8 期。

〔4〕　陈瑞华："论程序正义价值的独立性"，载《法商研究》1998 年第 2 期。

促进社会经济、引领社会风气等。[1]

（三） 司法规律与司法的原则

司法规律是指司法权运行以及司法活动的客观规律，是司法机关（法院）在司法活动中需要秉持的基本准则。党的十八大以来，习近平总书记曾在多个场合提及司法规律问题，提出完善司法制度、深化司法体制改革，要遵循司法活动的客观规律，体现"权责统一、权力制约、公开公正、尊重程序"的要求。[2]应当说，这些构成了司法规律的核心内容。从司法原理出发，司法规律可分为司法的根本规律和基本规律两方面：司法的根本规律指司法权运行的独立性；司法的基本规律则是在根本规律的基础上包括"权责统一、权力制约、公开公正、尊重程序、裁判终局、法官中立、律师自由"七个方面的内容。[3]在上述司法规律的基础上，司法活动的实践开展还必须遵循一系列原则。可以认为，司法规律和司法的原则构成了同一个问题的两个方面。根据目前学界的主流观点，司法的原则主要体现为司法权依法独立行使原则、司法平等原则、司法责任原则、司法公正原则以及政策指导原则五个方面的内容。[4]

二、案例介绍：许霆盗窃金融机构案

本案是 2006 年在我国发生的一起著名刑事案件，该案在全国产生了巨大影响。虽然自该案发生至今已过去很长时间，但该案反映出的司法原理仍具有讨论的意义。2006 年 4 月 21 日晚，许霆持自己不具备透支功能、余额为176.97 元的银行卡到广州市某银行自动柜员机前准备取款 100 元。当许霆在自动柜员机上无意输入取款 1000 元指令后，柜员机即出钞 1000 元，而许霆的银行卡中仍有 170 余元。许霆意识到银行自动柜员机发生故障，能够超出账户余款取款且不如实扣款。许霆随即在三个时间段内在该自动柜员机通过170 次主动指令取款 174 000 元，而其账户实际被扣账 174 元。同月 24 日下

---

[1]　关于司法功能的具体内容可参见孙笑侠、吴彦："论司法的法理功能与社会功能"，载《中国法律评论》2016 年第 4 期。

[2]　"以提高司法公信力为根本尺度 坚定不移深化司法体制改革"，载《人民日报》2015 年 3 月26 日。

[3]　张文显：《司法的实践理性》，法律出版社 2016 年版，第 95~99 页。

[4]　张文显主编：《法理学》，高等教育出版社、北京大学出版社 2018 年版，第 252~254 页。

午，许霆携款逃匿。2007 年 5 月 22 日，公安人员在陕西省宝鸡市将许霆抓获归案。经调查发现，2006 年 4 月 21 日下午，运营商广州某公司对涉案的自动柜员机进行系统升级。4 月 24 日上午，广州市商业银行对全行离行式自动柜员机进行例行检查时，发现涉案自动柜员机出现异常，即通知运营商一起到现场开机查验。经核查，涉案自动柜员机升级后出现异常，1000 元以下（不含 1000 元）取款交易正常；1000 元以上的取款交易，每取 1000 元按 1 元形成交易报文向银行主机报送，即持卡人输入取款 1000 元的指令，自动柜员机出钞 1000 元，但持卡人账户实际扣款 1 元。

广东省广州市人民检察院于 2007 年 10 月 15 日以许霆犯盗窃罪向广州市中级人民法院提起公诉，许霆的辩护人认为许霆之行为构成侵占罪而非盗窃罪。法院认为，许霆以非法占有为目的采用秘密手段盗窃金融机构，数额特别巨大，其行为构成盗窃罪，判处许霆无期徒刑，剥夺政治权利终身，并处没收个人全部财产。宣判后，许霆以其是善意取款，不构成犯罪；取款机有故障，并且银行有过失；与同案人相比处罚太重，量刑不公等为由，提出上诉。上诉期间，许霆案很快成为舆论焦点，引起了新闻媒体的广泛关注。广东省高级人民法院受理该案后认为，原审判决认定许霆犯盗窃罪事实不清，证据不足，裁定撤销原判决，发回广州市中级人民法院重新审判。随后，广州市中级人民法院另行组成合议庭，对该案进行重新审理。在法院对案件事实和证据进行重新认定后主张：许霆以非法占有为目的，采用秘密手段窃取银行经营资金的行为已构成盗窃罪；许霆盗窃金融机构，数额特别巨大，但鉴于其是在发现银行自动柜员机异常后产生犯意，案发具有偶然性，犯罪的主观恶性不大。因此，根据案件具体的犯罪事实、犯罪情节以及对于社会的危害程度，可对许霆在法定刑以下判处刑罚，并最终认定许霆犯盗窃罪，判处有期徒刑 5 年，并处罚金 2 万元。

许霆不服，继续提出上诉。许霆的辩护人在二审中指出：第一，原判依然存在事实不清，证据不足的情形；第二，许霆的取款行为完全公开，不具备“秘密性”；第三，许霆虽是恶意取款，但系柜员机故障造成；第四，案件是电子支付差错，属于民事纠纷。广东省高级人民法院结合全案事实和证据，在听取控辩双方的意见之后，作出驳回上诉，维持原判的裁定，并进行了说理。法院认为：许霆构成盗窃罪，且属于盗窃金融机构，数额特别巨大，许霆没有法定减轻处罚情节，如仅适用刑法分则关于盗窃罪的规定，应判处无期徒刑以上刑罚。但是，许霆的犯罪对象、犯罪手段、犯罪条件等具有特殊性：第一，许霆取款的柜员机出现了故障，已非正常的"金融机构"。第二，许霆的行为虽然构成盗窃罪，但其采取的犯罪手段在形式上合乎柜员机取款的要求，与采取破坏柜员机或进入金融机构营业场所内盗窃等手段相比，社会危害性较小。第三，许霆的犯罪极具偶然性，是在柜员机出现故障这样极为罕见和特殊的情形下诱发的犯罪，对许霆科以适度刑罚就能够达到刑罚的预防目的，没有必要对其判处无期徒刑以上刑罚。另外，法院认为，对该案量刑既要考虑到许霆的行为具有严重的社会危害性，又应充分体现法律效果与社会效果的统一。所以该案量刑既要考虑法定情节，又要考虑酌定情节及个案特殊情况，唯有如此，才能最大限度发挥条文法的优越性，弥补条文法的滞后性，充分体现法律效果与社会效果的统一。

2008 年 8 月 20 日，最高人民法院对该案进行了最终核准，核准了广东省高级人民法院作出的维持第一审以盗窃罪在法定刑以下判处被告人许霆有期徒刑 5 年，并处罚金人民币 2 万元的刑事裁定。[1]

三、案例分析

透过许霆盗窃金融机构案的司法实践，可以发现司法运作的内在逻辑，进而提炼出司法的一般规律和道理。回到案件本身，许霆案的司法裁判展现出关于司法原理的四个命题，即司法的程序设计及正义实现、民意介入司法的功能与限度、法官的自由裁量权及其控制、司法裁判说理的要求与意义。

（一）司法的程序设计及正义实现

许霆案的司法裁判充分体现了法律程序的价值。在理论上，丹宁勋爵将法律的正当程序视为"保持日常司法工作的纯洁性而认可的各种方法"，具备促使审判和调查公正地进行等功能，对于案件的处理具有重要意义。[2]在许霆案中，该案经历了广州市中级人民法院一审、广东省高级人民法院二审裁

---

[1]　"案例介绍"相关内容参见许霆案的一系列裁判文书，包括广州市中级人民法院刑事案[2007]穗中法刑二初字第 196 号、广东省高级人民法院刑事案［2008］粤高法刑一终字第 5 号、广州市中级人民法院刑事案［2008］穗中法刑二重字第 2 号、广东省高级人民法院刑事案［2008］粤高法刑一终字第 170 号、最高人民法院刑事案［2008］刑核字第 18 号。

[2]　［英］丹宁勋爵：《法律的正当程序》，李克强、杨百揆、刘庸安译，法律出版社 2011 年版，前言部分第 3~4 页。

定发回重审、广州市中级人民法院重新审理、广东省高级人民法院终审裁定、最高人民法院核准这一相对复杂的历程。然而，这一裁判历程能够将我国司法的程序设计及意义予以清晰展现。从宏观上看，不同级别法院的审理是司法审级制的表现。我国目前采用的是"两审终审制"，这一审级制度的理论基础在于，既要最大限度地保障司法公正，实现对被告人权利的救济；又要保证基本的诉讼效率，防止案件（纠纷）久拖不决。可以说，许霆案中不同级别法院的审理反映了司法追求公正并兼顾效率的理念。从微观上看，在每一次审理中又包含具体的司法程序设计。例如，刑事案件的司法裁判同样遵循"不告不理"原则，一审程序的启动需要由作为公诉机关的人民检察院向法院提起公诉；二审程序的启动则是由作为被告人的许霆提出上诉；在庭审之前，法院可召集公诉人、当事人、辩护人等就回避、出庭人员名单、非法证据排除等环节了解情况、听取意见；在庭审阶段，则又包含着法庭调查、法庭辩论、被告人最后陈述等环节；应当说，这些程序是有效保证法院居中裁判、控辩双方平等对抗的重要制度设计。

司法的程序设计是实现正义的重要保证。在许霆案中，技术化的司法程序保证了"控—辩—审"三角结构的有效运转，而这一"三角结构"又为个案解决及正义实现提供了基础。一方面，司法的程序设计具有促进许霆案实体公正实现的重要价值。当该案的一审法院以盗窃罪判处许霆无期徒刑之后，该案处理的公正性受到广泛质疑，其中关涉实体公正的"定罪"和"量刑"问题备受关注。就定罪而言，许霆的行为到底属于民事纠纷还是刑事犯罪；若其行为构成犯罪，到底是构成盗窃罪还是侵占罪均存在争论。然而，本案的量刑更成为引发社会广泛关注的核心问题。应当注意到，即便许霆的行为构成盗窃罪且数额特别巨大，但本案存在一些特殊事实，即许霆提出的"取款机有故障，并且银行有过失"，判处无期徒刑是否量刑过重？在一审判决的定罪和量刑完成后，二审程序给予了许霆以权利救济的机会。通过上诉，许霆案得到重新审理，在重新审理过程中，量刑这一实体问题被重新考虑，许霆被改判为有期徒刑5年。可以说，司法程序为许霆案提供了改判机会，为案件无限接近实体正义提供了可能。另一方面，司法的程序设计本身在许霆案中也具有极为明显的价值。从程序自身的意义看，公正的程序设计有助于保障当事人的人格尊严，使得诉讼参与各方被平等对待，并以此建立起司法的公信力。[1]在本案中，当许霆被公安机关立案侦查并由检察机关提起公诉之后，作为个体的公民是难以同强大的公权力机关对抗的。但基于司法程序的存在，其能有效限制公权力的恣意，并展现出"作茧自缚"的效应。[2]正是司法程序为控辩双方提供了理性交涉的平台，许霆才具备了同公权力机关平等对抗的资本。因此，程序正义也被称为"看得见的正义"。由此观之，许霆案中的司法程序设计是司法原理的重要内容，其不仅展现了司法的性质与特征，而且更为司法公正这一基本原则的实现提供了重要基础。

（二）民意介入司法的功能与限度

许霆案的裁判过程还反映出司法与民意关系的理论命题。在 2007 年一审判决作出后，许霆案很快引起社会舆论的普遍关注。社会舆论的基本态度是，法院对许霆的行为量刑过重，一定程度上造就了司法的不公正。例如，一些媒体对许霆的境遇表达了无限共情，认为许霆案是既得利益集团与弱势群体的一次利益"PK"，宣称"许霆案与每个人息息相关，其背后凸显公众的被剥夺感"。[3]还有一些媒体以"窃钩者诛，窃国者为诸侯"这样的标题比喻法律规定与司法裁判的不合理，其认为广州中院副院长肖某受贿 18 万元被判 3 年有期徒刑，许霆侵占 17.5 万元被判无期徒刑，这样的处理存在天壤之别。[4]除一般公众和媒体外，还有一些具有专业法律知识背景的法学专家也主张法院裁判过于严格。[5]这些"民意的呼声"形成了一股强大的力量介入司法裁判，这也成为该案最终被改判的一个重要因素。由此，法院对许霆案的处理将司法与民意的关系问题凸显出来，司法要不要回应民意，司法应该如何回应民意等成为理解许霆案及司法原理的一个重要问题。

提起司法与民意之间的关系，其核心反映的是司法的专业性、司法权运

[1] 陈瑞华：《刑事诉讼的前沿问题》，中国人民大学出版社 2013 年版，第 186~191 页。

[2] 季卫东：《法律程序的意义——对中国法制建设的另一种思考》，中国法制出版社 2004 年版，第 22~34 页。

[3] "媒体评论：体会'许霆案'背后的公众被剥夺感"，载 https://www.chinanews.com/sh/news/2007/12-25/1114277.shtml，最后访问日期：2023 年 6 月 26 日。

[4] "许霆取款案：窃钩者诛，窃国者为诸侯"，载 http://news.sohu.com/20071229/n254381028.shtml，最后访问日期：2023 年 6 月 26 日。

[5] "五法学专家羊城论许霆案 许霆案代理律师会上提疑问，多数专家认为该案动用刑法过于严苛"，载《南方都市报》2007 年 12 月 24 日。

行的独立性与社会公众朴素情感之间的协调问题。应当注意到，我国在司法实践中长期遵循着一项准则，即司法应当讲求法律效果与社会效果的统一，法院裁判不仅应当注重法律适用的逻辑严谨性，而且还要考虑具体的社会情况与社会效果。从这一准则出发，司法的专业性并不意味着排斥民意；司法权运行的独立性也绝不意味着司法不受任何约束。恰恰相反，司法要服从党的领导，要接受权力机关以及广大社会公众的监督，这就为司法与民意的互动提供了一定空间。民意介入司法具有三个方面的功能：首先，民意介入司法有助于提升裁判结果的合理性。在许霆案中，法院严格适用刑法规范给公众带来的直观感受是"不公正"，无期徒刑的量刑结果也无法满足广大社会公众对法律的合理期待。因此在司法中引入民意，将有助于缓和"合法律"与"合情理"之间的紧张关系。其次，民意介入司法能够加强对司法权的社会监督。司法权是国家权力的组成部分，为防止司法腐败的发生，司法权需要接受社会的监督。为此，最高人民法院曾于 2009 年 12 月印发《关于司法公开的六项规定》和《关于人民法院接受新闻媒体舆论监督的若干规定》，申明了司法公开与接受社会监督的重要性和基本规则。在许霆案中，民意的表达构成了司法之社会监督的一部分，无论是一般公众、法律专家还是新闻媒体发表的意见，最终均形成一个"舆论场"，有效保证了司法运行的"阳光"和"公开"。最后，民意介入司法是实现司法民主化的重要途径。在许霆案中，民意对司法的介入体现了司法过程中的公共参与，司法对民意的考虑更体现了司法的民主化过程，也在一定程度上反映了社会公众对参与政治及社会管理态度的转变。[1]

　　虽然民意介入司法展现了较强的功能，但无可否认，民意绝不应无限介入司法，而应划定明确的界限，司法在面对民意时应保持必要的克制。原因在于，民意将很有可能无法从道德情感上接受法律的逻辑进而形成对司法的干扰，从而影响司法权运行的专业性和独立性。[2]因此，司法不是不需要回应民意，而是应当在恪守司法规律的基础上回应民意，司法规律也因此成为民意介入司法的必要界限。也就是说，法院应在坚持依法裁判的基础上适当吸

---

〔1〕 顾培东："公众判意的法理解析——对许霆案的延伸思考"，载《中国法学》2008 年第 4 期。
〔2〕 孙笑侠："司法的政治力学——民众、媒体、为政者、当事人与司法官的关系分析"，载《中国法学》2011 年第 2 期。

纳民意，在保持司法权独立运行的基础上合理回应民意，而不是被民意所裹挟。具体到许霆案，当法官面对大量怀疑量刑是否公正的民意时，应当理性分析和思考，并坚持依法裁判的基本底线；同时还要考虑裁判作出后可能产生的社会效果，吸收民意中的积极成分而摒弃其中的非理性成分，从而提升司法与民意关系的正效应。[1]

（三）法官的自由裁量权及其控制

法院对许霆案的处理还触及了司法原理中的另一重要问题，即法官自由裁量权的行使及其控制。德沃金就此问题指出："自由裁量权这个概念只有在相关的情况下才是准确的，这就是某个人在通常情况下根据特定权威设定的标准而作出决定的时候。"[2]也就是说，自由裁量权的行使并不是绝对自由的，而是根据特定权威（法律）所设定的标准来行使的。法官自由裁量权的行使在本质上是一个法律适用问题，即如何根据既定的案件事实来适用法律，如何在适用法律的过程中根据特定事实进行裁量的问题。因此，许霆案中关于法官自由裁量权行使的考察需要结合两方面因素进行分析，一是法官作出裁判所适用的法律是什么，二是该案中哪些事实或者特殊情况致使法官行使了自由裁量权。

关于第一个问题，通过许霆案的裁判文书可知，广州市中级人民法院在初次审理该案时所适用的核心法条为《刑法》（2006年修正）第264条第1项。《刑法》第264条对盗窃罪的量刑问题进行了规定，即该条文规定了盗窃罪的四档刑期及适用条件。其中，盗窃罪的最高刑期为无期徒刑或者死刑，《刑法》第264条第1项规定了适用无期徒刑和死刑的一个条件，这也构成了法官在初次审理本案时对许霆行为定性和量刑的依据，即"盗窃金融机构，数额特别巨大"，法官据此判处许霆无期徒刑。但需要注意的是，当案件被发回广州市中级人民法院重新审理后，法院在没有改变对许霆行为定性的情况下，对该案在法定刑以下予以量刑，即将无期徒刑改判为5年有期徒刑。就改判的原因而言，虽有民意因素的推动，但民意只是导致该案量刑被调整的一个"诱因"，其必须要有法律层面的依据为支撑。从广州市中级人民法院重

---

〔1〕 胡铭："司法公信力的理性解释与建构"，载《中国社会科学》2015年第4期。

〔2〕 ［美］罗纳德·德沃金：《认真对待权利》，信春鹰、吴玉章译，中国大百科全书出版社1998年版，第51页。

新审理的裁判文书来看，《刑法》（2006 年修正）第 63 条第 2 款成为法官改判的重要依据，即"犯罪分子虽然不具有本法规定的减轻处罚情节，但是根据案件的特殊情况，经最高人民法院核准，也可以在法定刑以下判处刑罚"。从该条文出发可知，许霆案并不存在法定减轻处罚的情节，而是案件本身存在一些"特殊情况"（酌定情节）。由此便引发了对第二个问题的思考，即许霆案中的哪些特殊情况是法官通过裁量在法定刑以下判处刑法的依据？通过裁判文书可知，法官主要考虑了三个特殊情况：第一，许霆是在发现银行自动柜员机出现异常后产生的犯意，这与有预谋的犯罪不同；第二，许霆采用持卡窃取金融机构经营资金的手段与采取破坏手段盗窃金融机构的犯罪也有所不同；第三，许霆犯罪的主观恶性不大。鉴于此，法官在适用法律时根据本案的酌定情节进行了裁量，并将本案的量刑调低了两档。但问题在于，本案中法官自由裁量权的行使在一定程度上存在"随意性"，也就是说，法官为何调低两档幅度予以量刑？在属于法官裁量的领域，是否意味着法官具有较大且绝对的自主性？对此，国内有学者对本案法官自由裁量权的行使提出了批评。具言之，虽然酌定情节在刑法中没有被明确规定，但这不代表法官有较大裁量空间；法官在根据酌定减轻情节选择量刑种类和幅度时，需与法定减轻情节的适用保持一致，不应无原则降格适用刑罚。[1]由此，需要对法官自由裁量权的行使进行必要的控制。

就如何实现对法官自由裁量权的控制而言，许霆案的裁判给予了我们一定的启示。在许霆案中，法官将量刑幅度调低两档决定的作出不仅需要经过最高人民法院的复核，而且还应在庭审阶段充分听取控辩双方的陈述和申辩，在经由控辩双方的充分讨论后再作出裁量的最终决定。在法官裁量过程中，必须立足于现有的法律规定，这是法官在行使自由裁量权时所需遵循的根本立场。具体到刑法案件，当遇到可自由裁量的酌定情节时，法官决不能突破罪刑法定的基本原则，而应在坚持罪责刑相适应的基础上行使裁量权。具体而言，法官自由裁量权的行使需要重视以下几项规则，即合法规则、符合目的规则、正当考虑规则、平等对待规则、尊重先例规则、比例规则、利害权衡规则、价值衡量规则、避免专横规则或可能性规则。[2]2021 年 6 月，最高

---

[1]　陈瑞华："脱缰的野马　从许霆案看法院的自由裁量权"，载《中外法学》2009 年第 1 期。
[2]　江必新："论司法自由裁量权"，载《法律适用》2006 年第 11 期。

人民法院、最高人民检察院印发《关于常见犯罪的量刑指导意见（试行）》，明确了量刑的指导原则，明晰了量刑的基本方法，针对不同犯罪细化了量刑幅度的适用。可以说，这为法官的自由裁量权设立了基准，能够有效保障法官自由裁量权的行使。

（四）司法裁判说理的要求与意义

通过法院对许霆案的裁判过程可知，民意的介入为案件的改判提供了一定的助推力，法官通过自由裁量权的运用使得该案最终的改判得以实现。但需要注意的是，司法过程并不是纯粹的"判断"过程，案件的裁判结果需要由法官在裁判文书中作出充分、严谨地论证与说理予以支持。[1]关于许霆案的裁判亦是如此，其裁判结果需要由法官充分的说理予以支撑。在实践中，为加强裁判文书说理工作的开展，最高人民法院于2018年6月印发了《关于加强和规范裁判文书释法说理的指导意见》，对法官在裁判文书中如何说理提出了要求，即要阐明事理、释明法理、讲明情理、讲究文理；同时还明确了裁判文书说理的基本原则，包括立场正确、内容合法、程序正当、层次分明、符合社会主义核心价值观的精神和要求等。虽然这份文件印发于许霆案发生的十余年后，但由此出发对许霆案予以反思，对于当前提高法官的裁判说理水平具有现实意义。以此为基本标准，能够发现许霆案的裁判文书在说理方面存在诸多不足，这些不足也是导致该裁判结果在当时产生广泛争论的原因之一。

由最高人民法院在文件中对法官裁判说理提出的基本要求可知，阐明事理与释明法理是对法官裁判说理的基础性要求。在实践中，法院对案件裁判应当"以事实为依据，以法律为准绳"，因而"阐明事理"是对事实认定方面的要求，"释明法理"则是对法律适用方面的要求。在完成事理与法理的阐释与说明之后，裁判文书还应着力在"情理"与"文理"方面实现提升，即裁判文书既应体现"法理情"相协调，又要达到语言规范、表达准确、逻辑清晰的目标。在许霆案的几份裁判文书中，广州市中级人民法院对该案初次审理时所作出的一审判决在说理方面存在较大问题。就此份裁判文书的说理

---

[1] 雷磊："从'看得见的正义'到'说得出的正义'——基于最高人民法院《关于加强和规范裁判文书释法说理的指导意见》的解读与反思"，载《法学》2019年第1期。

部分来看,[1]法官并未进行充分说理,甚至存在"不说理"的情况。具体而言,且不论"情理"与"文理"的要求,法官在"事理"与"法理"的阐释与说明方面就存在明显不足。从事理的角度看,此份裁判文书只是罗列了法院予以认定的证据及事实情况,并未有效结合质证、法庭调查核实证据等情况,对裁判认定的事实或事实争点进行充分阐释。[2]正是基于此,原二审裁判以《刑事诉讼法》(1996 年修正)第 189 条第 3 项规定,即原判决事实不清楚或者证据不足,裁定撤销原判发回原审人民法院重新审判。从法理的角度看,原一审裁判文书直接指出"其(许霆)行为符合盗窃罪的法定构成要件,当以盗窃罪追究其刑事责任";针对辩护人提出的许霆的行为只构成侵占罪而非盗窃罪的主张,法官只用一句"辩护人提出的辩护意见,与本案的事实和法律规定不相符,本院不予采纳"简单带过,并未释明将许霆行为定性为盗窃罪的法理。在此案重新审理的过程中,尽管这两级法院的法官在裁判说理的四项要求方面均有较大程度的提升,但仍未能对辩护人的意见予以有效回应,未充分论证"当柜员机出现异常致使许霆多取款"的行为就当然构成盗窃罪;也未就改判为 5 年有期徒刑的量刑给出充足理由。[3]

由此观之,倘若法官能够在裁判中将关于许霆定罪与量刑的事理、法理、情理予以充分阐明,并在此基础上保证裁判文书文理方面的高质量,将会在很大程度上避免案件在事实认定及法律适用方面的歧义,从而缓和司法与民意之间的碰撞与冲突。可见,强化裁判文书说理具有十分重要的意义:一方面可以在实践层面提高裁判的可接受性,实现法律效果和社会效果的有机统一;另一方面又可以在价值层面增强裁判行为的公正度与透明度,规范审判权的运行,从而提升司法的公信力和司法的权威性。[4]可以说,裁判文书说理是一种能够看得见的"书写的正义",裁判文书说理制度的建立及有效实施能够为司法裁判的公正作出提供重要保证。透过许霆案的裁判文书,不仅可以发现法官当年在裁判文书释法说理方面的不足与缺憾,法院对该案进行裁

---

〔1〕 参见广州市中级人民法院刑事案 [2007] 穗中法刑二初字第 196 号。

〔2〕 参见最高人民法院《关于加强和规范裁判文书释法说理的指导意见》第 6 条。

〔3〕 参见广州市中级人民法院刑事案 [2008] 穗中法刑二重字第 2 号、广东省高级人民法院刑事案 [2008] 粤高法刑一终字第 170 号;关于定罪与量刑说理问题的分析,参见陈瑞华:"脱缰的野马 从许霆案看法院的自由裁量权",载《中外法学》2009 年第 1 期。

〔4〕 参见最高人民法院《关于加强和规范裁判文书释法说理的指导意见》第 1 条。

判的整个过程时刻也提醒着我们，裁判文书说理是司法原理的基本要求，其对于公正的实现具有重要意义。

第四节　法律监督

一、理论导读

2012 年 12 月，习近平在首都各界纪念现行宪法公布施行 30 周年大会上指出："要健全权力运行制约和监督体系，有权必有责，用权受监督，失职要问责，违法要追究，保证人民赋予的权力始终用来为人民谋利益。"[1]法律监督是我国法治建设中的重要环节，严密的法律监督体系与完备的法律规范体系、高效的法治实施体系、有力的法治保障体系以及完善的党内法规体系共同构成了中国特色社会主义法治体系。随着国家治理体系和治理能力现代化的推进，"严密的法律监督体系"进一步被塑造为"党和国家的监督体系"，监察机关发挥着沟通党内监督和法律监督重要作用，法律监督体系得到了进一步完善。

我国的"法律监督"概念可以追溯至苏联时期所使用的"检察监督"概念，即在移植苏联法的过程中结合我国具体情况将"检察监督"一词改造为"法律监督"，但本质上依旧表明检察机关针对的是国家机关和国家工作人员，督促其遵守法律，纠正违法行为，[2]不同于西方三权分立强调的"以权力限制权力"的法律监督。法律监督可以从广义和狭义两个角度来理解，广义的法律监督指所有的国家机关、社会组织和个人对各种法律活动的合法性进行的监督；狭义的法律监督指特定的国家机关依照法定的权限和程序对立法、司法和行政行为的合法性进行的监督。[3]广义的法律监督体系包括党内监督、人大监督、民主监督、行政监督、司法监督、审计监督、社会监督、舆论监督等八大监督类型。作为专门的法律术语，法律监督是狭义的，本书将主要从法律运行中的检察监督和监察监督两个方面进行介绍。

---

〔1〕 习近平："在首都各界纪念现行宪法公布施行 30 周年大会上的讲话"，载《人民日报》2012年 12 月 5 日。

〔2〕 王海军："'法律监督'概念内涵的中国流变"，载《法学家》2022 年第 1 期。

〔3〕 秦前红："两种'法律监督'的概念分野与行政检察监督之归位"，载《东方法学》2018年第 1 期。

广义的法律监督图

（一）检察监督

我国宪法规定，中华人民共和国人民检察院是国家的法律监督机关，人民检察院通过行使检察权，对各级国家机关以及国家机关工作人员、公民是否遵守宪法和法律实行监督，保障国家法律统一正确实施。作为宪法概念的法律监督机关，人民检察院的法律监督主要体现为以下几个方面：第一，对刑事诉讼活动的法律监督；第二，对民事诉讼活动与行政诉讼活动法律监督的完善；第三，行政检察监督；第四，由检察机关提起公益诉讼制度。[1] 2018 年《检察院组织法》的修订，标志着以刑事、民事、行政、公益诉讼"四大检察"为核心的法律监督新格局正式形成。

法律监督在信息文明时代面临着新的机遇和挑战。传统的法律监督具有"被动性、碎片化、浅层次"的特点，这三者既是现阶段法律监督质效不高的集中体现，更是长期阻碍检察机关破解监督职能虚化、弱化等难题的短板，[2] 随着检察机关信息化、智能化建设的推进，大数据、区块链技术等数字赋能给检察机关进行法律监督带来了新的机遇。大数据法律监督的路径是从个案中总结规律、特征，后根据规律、特征在海量数据中筛查出类案，在批量类案中发现立法、执法、司法、机制等方面存在的漏洞，[3] 帮助检察机关高效能动履职，实现由"人找案"到"案找人"的转变，提高法律监督的精确性、客观性、有效性。数字赋能法律监督提效的同时，也存在着个人数据泄露、数据共享难以实现、算法偏见等诸多发展隐忧，这些都是值得进一步关注的问题。

（二）监察监督

如何有效对公职人员进行监督，深入开展反腐败工作，是法律监督必然

---

〔1〕 朱全宝："法律监督机关的宪法内涵"，载《中国法学》2022 年第 1 期。

〔2〕 贾宇："论数字检察"，载《中国法学》2023 年第 1 期。

〔3〕 翁跃强等："大数据赋能法律监督的价值与应用"，载《人民检察》2022 年第 11 期。

要面对的问题。我国宪法规定，监察委员会是国家的监察机关，行使监察权，对所有行使公权力的公职人员进行监察，调查职务违法和职务犯罪，开展廉政建设和反腐败工作，维护宪法和法律的尊严。

开弓没有回头箭，反腐没有休止符。党的十八大以来针对日益严重的腐败问题，设立具有国家"第四权"性质的独立监察机关、启动政治体制的重大改革，是中国特色国家治理体系与治理能力现代化的重要举措与制度创新。一方面，监察机关由各级人民代表大会产生，接受人民代表大会的监督，其设立遵循了我国基本的政治制度；另一方面监察体制改革使得原人民代表大会下设的"一府两院"变革成为"一府一委两院"，破解了原有体制下人大对"一府两院"难以发挥约束力的难题，以专门国家机关独立行使监察权的方式，有效破解了人大监督范围抽象、模式单一导致的效果不彰问题，提高了法律监督的实效。

二、案例介绍：沈德咏受贿案

2023 年 5 月 11 日，浙江省宁波市中级人民法院一审公开开庭审理了全国政协第十三届原常委、社会和法制委员会原主任沈德咏受贿一案。

宁波市中级人民检察院指控：1995 年至 2022 年 3 月，被告人沈德咏利用担任江西省高级人民法院党组成员、副院长，最高人民法院党组成员、副院长，中央纪委常委，最高人民法院党组副书记、副院长，全国政协常委、社会和法制委员会主任等职务上的便利以及职权或者地位形成的便利条件，为有关单位和个人在案件处理、工程承揽、职务晋升等事项上提供帮助，直接或通过其配偶、女儿收受上述个人和单位给予的财物，共计折合人民币 6456 万余元。检察机关提请以受贿罪追究沈德咏的刑事责任。庭审中，检察机关出示了相关证据，被告人沈德咏及其辩护人进行了质证，控辩双方在法庭的主持下充分发表了意见，沈德咏进行了最后陈述，并当庭表示认罪、悔罪。

公开简历显示，沈德咏 1954 年 3 月生，1977 年 12 月参加工作，1972 年 5 月加入中国共产党，毕业于中国政法大学研究生院刑事诉讼法学专业，研究生学历，法学硕士学位，一级大法官。曾任江西省高级人民法院刑事审判第一庭庭长、副院长，最高人民法院副院长、党组副书记。在最高人民法院任职期间，他曾公开强调"要始终坚持依法独立公正审判，坚守司法公正的底线，通过公正高效的司法审判，让人民群众对司法裁判有更多信任感，对权利保障有更多获得感，对法治建设有更多参与感"；也曾代表最高人民法院就 2017 年的"于欢故意伤害案"中所争议的"如何正确理解和适用正当防卫制度"发表见解。

2022 年 9 月 7 日，中央纪委国家监委对沈德咏严重违纪违法问题进行了立案审查调查。中央纪委国家监委在通报中指出：沈德咏丧失理想信念，背弃职责使命，罔顾党中央三令五申，大肆干预插手司法活动，从公平正义的守护者沦为法律秩序的践踏者，严重破坏司法公信力，公器私用，纵容默许亲属、秘书利用其职务影响充当司法掮客，把党和人民赋予的权力当作谋取私利的工具；丧失纪法底线，执法犯法、靠案吃案，大搞司法腐败、权钱交易，利用职务便利为他人在案件处理、工程承揽等方面谋利，并非法收受巨额财物。沈德咏严重违反党的政治纪律和政治规矩、组织纪律、廉洁纪律和生活纪律，构成严重职务违法并涉嫌受贿犯罪，且在党的十八大后不收敛、不收手，性质严重，影响恶劣，应予严肃处理。

2022 年 9 月 28 日，最高人民检察院依法以涉嫌受贿罪对沈德咏作出逮捕决定。讽刺的是，沈德咏曾于 2018 年 6 月 22 日卸任最高人民法院副院长时，通过最高人民法院内部系统，给他过去和现在分管过的每一位普通干警发了一封告别信。信上称："在北京东交民巷 27 号这所大院，前后 20 年，我始终如一、问心无愧，真实地做了一回自己，真实地感受到了那种累并快乐着的感觉，真实地触摸到了工作与事业的关联、理想与现实的距离、庙堂与江湖的异同。……我在这个岗位上已经坚守了 18 年，尤其是在常务副院长的位置上坚守了创纪录的 10 年零 2 个月，这是一个难度不小、风险不低的岗位，我自认为基本上做到了立足岗位、守好本分、尽力而为，没有贪渎擅权，没有媚上欺下，没有揽功诿过。'事非经过不知难'，过往的 18 年，有多少的艰难时刻、多少的难言之隐、多少的进退维谷，如今我终于可以放下了、释然了、解脱了。……习近平总书记在十九大报告的开篇和结尾有两句很经典的话：'不忘初心、牢记使命''大道之行也，天下为公'。我们既然选择了学习法律并从事司法工作，尤其是在最高法院工作，我们就必须义无反顾地肩负起这个职业赋予我们的责任和使命。作为一名法律人，无论你走得多高、走得多远，也无论你最终走向哪里，在内心深处都应该坚守一些底线，比如道义的底线、法律的底线、良知的底线，不轻易为外界的诱惑和压力所动摇。作为一位司法工作者，尤其是作为一位法官，特别是作为最高法院的法官，我们既要尊崇有形的法律，尽忠职守，不越雷池，更要本诸良善之心，正道直行，善待自己，善待他人，以自己的一言一行，让法治的公平正义之光，照亮社会的每一个角落。"知易行难，底线难守，如今这封"言辞恳切"的离职告别书读起来令人格外唏嘘。

三、案例分析

《中共中央关于加强新时代检察机关法律监督工作的意见》指出，要加强检察机关与监察机关的办案衔接和配合制约。健全衔接顺畅、权威高效的工作机制，推动刑事司法与监察调查的办案程序、证据标准衔接。落实检察机关与监察机关办理职务犯罪案件互相配合、互相制约的原则，完善监察机关商请检察机关派员提前介入办理职务犯罪案件工作机制，以及检察机关退回补充调查和自行补充侦查机制。加强检察机关立案侦查司法工作人员相关职务犯罪与监察机关管辖案件的衔接协调、线索移送和办案协作，不断增强依法反腐合力。沈德咏受贿案是由特定国家法律机关按照法定程序和法定权限进行的法律监督，是检察机关和监察机关合力对国家机关工作人员行使国家权力进行有效监督的例证。

（一）检察机关与监察机关互相配合、互相制约

随着监察体制改革以及《监察法》的实施，相关职务犯罪的侦查职能由检察机关转移至监察机关，检察机关则根据《刑事诉讼法》的规定保留对诉讼活动中发现的司法工作人员利用职权实施的非法拘禁、刑讯逼供、非法搜查等侵犯公民权利、损害司法公正的犯罪的侦查权。根据《监察法实施条例》，监察机关享有对贪污贿赂犯罪、滥用职权犯罪等六大类88项职务犯罪的管辖权，实现国家监察全覆盖。检察机关和监察机关在办理案件的过程中，按照相关法律规定，不仅在程序和实体上互相配合，同时也在非法证据排除、起诉决定作出等方面互相制约，共同实现惩罚犯罪和保障人权、程序公正与实体公正的动态平衡。

1. 互相配合

首先，检察机关和监察机关在程序上的互相配合体现在监察机关"调查程序"和检察机关"刑事诉讼程序"，以及衔接二者、起到承前启后枢纽作用的"审查起诉"阶段。在监察机关的调查阶段，检察机关可以提前介入重大、疑难、复杂的职务犯罪案件，通过审核案件材料的方式对证据标准、事实认

定、案件定性、法律适用和需要补证的情况提出书面意见，对是否需要采取强制措施进行初步审查；同样，监察机关在调查司法机关工作人员涉嫌贪污犯罪等职务犯罪案件中，发现检察机关侦查权限内的犯罪，应当交由检察机关依照职权立案，在必要时可以由监察机关一并调查，并及时通报同级检察机关。在沈德咏受贿案中，首先就由中央纪委国家监委在 2022 年 3 月 21 日宣布对沈德咏涉嫌严重违纪违法的情况进行监察调查，并在 9 月 7 日，宣布对沈德咏的调查结果，并在根据《监察法》由国家监委给予其开除公职处分之外，将其涉嫌犯罪问题移送检察机关依法审查起诉。根据《刑事诉讼法》《监察法》等规定，在审查起诉阶段，检察机关认为犯罪事实已经查清，证据确实、充分，依法应当追究刑事责任的，应当作出起诉决定；认为需要补充核实的，应当退回监察机关补充调查，监察机关应当在一个月内补充调查完毕，检察机关必要时可以自行补充侦查，同时补充调查以两次为限。此外，由于职务犯罪牵涉利益面广，个别案件需要指定异地管辖以保证办案质量的，监察机关应在案件移送前的合理时间内书面告知检察机关，由检察机关商请人民法院解决指定管辖事宜。沈德咏受贿案的管辖权就由最高人民法院指定，由浙江省宁波市人民检察院审查起诉，并向宁波市中级人民法院提起公诉。监察机关和检察机关的互相配合，能够形成工作合力，切实有效查明腐败案件的犯罪事实，实现打击犯罪与保障人权的双重目标。2022 年国家监察委员会和最高人民检察院首次联合发布的 5 起行贿犯罪的典型案例，均提到了"监检配合""监检衔接""监检协作"等关键词。

其次，检察机关和监察机关在实体上的互相配合体现在事实认定和法律适用上。在监察机关调查程序和刑事司法程序之间的衔接过程中，线索移送、强制措施、证据适用以及人权保障等方面的问题备受关注。证据适用标准问题是其中的核心问题，《监察法》是监察机关在调查阶段行使监察权的法律依据，根据《监察法》第 33 条的规定，监察机关调查取得的证据材料转为刑事诉讼中的定案依据时，仍然需要经过证据能力与证明力的双重检验。[1] 为此，监察机关和检察机关应当互相配合，不仅要推动调查程序和刑事诉讼程序的高效衔接，也应在证据采信、事实认定等实体方面互相协调，提高监察调查的成效，确保审查起诉质量，防止程序倒流，满足提高追诉效率和效果的需要。

〔1〕 姚莉："《监察法》第33条之法教义学解释——以法法衔接为中心"，载《法学》2021年第1期。

2. 互相制约

监察机关在调查阶段处于较为强势的地位。因此，过于强调监察机关的调查结果，可能会使得后续的审查起诉阶段和审判阶段沦为"走过场"的形式表演，需要对监察机关进行制约。检察机关对监察机关"制约"，首先表现在检察机关作为宪法规定的法律监督机关，诉讼监督是其行使法律监督权的重要组成部分，监察机关对于涉嫌职务犯罪的调查活动因具有刑事侦查的本质属性，属于刑事诉讼的一个环节，故也在检察机关诉讼监督的范围之内。其次，检察机关对监察机关的"制约"也表现在刑事司法程序上的制约，即监察机关将案件移送检察机关后，检察机关主要通过不起诉决定或者退回补充调查进行制约应当注意的是不包含诉讼制约。最后，在决定采取强制措施和非法证据排除方面，检察机关也能对监察机关进行制约。对于监察机关移送的案件，检察机关在对被调查人采取强制措施时，应当根据《刑事诉讼法》进行审查，尤其是针对已经采取被留置措施的被调查人，应当审查逮捕的必要性。如果犯罪嫌疑人涉嫌的罪行较轻，或者患有严重疾病、生活不能自理，是怀孕或者正在哺乳自己婴儿的妇女，不逮捕不致发生社会危险性的，可以采取取保候审或者监视居住措施。在非法证据排除方面，检察机关应当依据法定职权，对监察机关所搜集的证据进行审查，适用非法证据排除规则。

（二）在法治轨道上制约和监督权力

纵观人类政治文明史，权力是一把双刃剑，在法治的轨道上行使可以造福人民，在法律之外行使则必然祸害国家和人民。[1]对权力的制约与监督是古今中外思想家所面临的亘古难题，不同的人类文明对这一问题有不同的回答。西方的政治哲学以权力的分离与制衡作为研究重点，孟德斯鸠提出的立法权、行政权和司法权互相制衡的监督理论成了集大成者，在欧美国家进行了数百年的政治实践。中国特色社会主义法律监督体系立足于中国的历史与现实，有独特的理论发展道路，表现出了法律监督的人民性、权力监督的外置性以及德行兼治等特点。

1. 西方的法律监督模式

西方的法律监督模式源自古希腊，发展于古罗马时期。亚里士多德认为，

---

〔1〕 中共中央文献研究室编：《习近平关于协调推进"四个全面"战略布局论述摘编》，中央文献出版社 2015 年版，第 117 页。

一切政体由议事机能、行政机能和审判机能三个要素组成，它们相互作用和平衡，共同维系着一个政体的正常运行，由此奠定了西方最早的法律监督和分权制衡的理论框架。近代洛克最早提出法律监督理论，孟德斯鸠在他的基础上明确提出了国家权力分为立法权、行政权和司法权三个部分，三者互相独立，又互相制约，以权力约束权力，防止权力的腐败和滥用。[1]西方法律监督主要有以下特征：第一，法律监督与权力限制紧密相连。限权是法律监督的前提和条件，法律监督是限权的必然结果。第二，法律监督与民主体制息息相关，法律监督依赖民主体制发挥作用，同时法律监督对维护国家民主体制有重要的整合功能，二者互相促进。

2. 中国特色社会主义的法律监督体系

世界上没有放之四海而皆准的法治模式和权力监督模式。中国特色社会主义法律监督体系根植于中国优秀传统文化，充分汲取古代监察思想的历史养分，发展于中国法治现代化的进程，吸收了马克思主义法律监督思想以及西方权力制衡理论的精华，并在实践中不断发展完善，符合中国的制度设计和具体国情，呈现出了人民性、权力监督的外置性以及德行兼治的特点。

（1）中国特色社会主义法律监督体系具有人民性的本质。我国《宪法》规定，中华人民共和国一切权力属于人民，人民行使国家权力的机关是全国人民代表大会和地方各级人民代表大会，《宪法》的这一规定，直接表明我国权力的本质是人民性。人民通过民主选举组成各级人民代表大会，产生国家行政机关、监察机关、审判机关、检察机关，要求各国家机关及其工作人员的权力行使都对人大负责，受人大监督，这意味着不仅权力的本质是人民性，而且权力运行的整个过程都要立足人民立场，体现人民的意志，维护人民的利益。人民通过各级人民代表大会行使国家权力的方式是间接的而非直接的，由此也就可能导致人民与其代表、人民与国家机关工作人员并非天然地整合在一起，甚至可能出现代表辜负人民的委托、国家工作人员侵犯人民权益的情形。[2]因此，为了真正体现权力的人民性，就需要在法治轨道上推进权力的运行，对权力进行监督，保障权力真正为人民服务。权力本质的人民性要

---

〔1〕 ［法］孟德斯鸠：《论法的精神》（上），张雁深译，商务印书馆1961年版，第154页。

〔2〕 郑智航："中国特色社会主义法律监督理论的主旨与内核"，载《法制与社会发展》2014年第6期。

求对任何侵犯人民利益的权力运行进行制裁，沈德咏作为国家一级大法官，把党和人民赋予的权力当作谋取私利的工具，公器私用，纵容默许亲属、秘书利用其职务影响充当司法掮客，突破底线，违背人民立场，理应受到法律的制裁。

（2）中国特色社会主义法律监督体系具有合作性特点。西方国家三权分立背景下的法律监督，司法权能够独立于立法权和行政权行使其职能，并通过法律的解释、审查和司法程序制约和平衡立法权和行政权的行为，确保其遵守法律和保护公民的权益，具有分权性特点。而我国《宪法》规定，中华人民共和国的国家机构实行民主集中制的原则，检察机关和监督机关分别代表人民集中行使法律监督和监察监督的职能，又接受人民代表大会的统一领导。在这个基础上，检察机关和监察机关按照宪法和法律赋予的职能，互相协作、互相配合，合力推进法律监督实效。在此基础上若检察提前介入监察，在线索移送、证据标准、事实认定等方面建立权威高效、衔接顺畅的工作机制，法律监督效能进一步提升。但是，根据宪法和相关法律规定，检察机关只有在进入审查起诉阶段才能依据《刑事诉讼法》行使职权，作为国家权力机关的检察机关行使职权应当于法有据，公权力机关当且应当恪守"法无授权不可为"的基本法理。那么，如何界定检察机关在该问题上的权力性质就成了值得进一步探讨的理论问题。

对于这个问题，学界有监督说、制约说、协助说等观点。监督说认为，检察机关是宪法规定的法律监督机关，监察机关对职务犯罪活动的调查活动是为了后续启动诉讼程序做准备，且由于监察机关在调查过程中处于强势地位，缺乏有效的外部监督可能会侵害被调查人的基本权利，因此应当发挥检察机关的法律监督职能，提前介入监察调查环节，有效规避监督失衡和侵权风险。[1]制约说认为，检察机关通过提前介入可以对监察权的行使发挥制约作用。检察机关在调查阶段对证据标准、事实认定、案件定性及法律适用提出书面意见，对是否采取强制措施进行审查，一方面履行提前介入职责，另一方面通过意见反馈强化对调查机关调查活动的制约。[2]协助说认为，《监察

---

〔1〕 周新："论检察机关提前介入职务犯罪案件调查活动"，载《法学》2021 年第 9 期。

〔2〕 封利强："检察机关提前介入监察调查之检讨——兼论完善监检衔接机制的另一种思路"，载《浙江社会科学》2020 年第 9 期。

法》《国家监察委员会与最高人民检察院办理职务犯罪案件工作衔接办法》及相关法律法规规定，监察机关在必要时可以书面申请检察机关提前介入，依法予以协助，这是检察提前介入监察的正当性理由。协助说强调监察检察互相配合、互相制约的原则，认为根据各种独立职权，检察机关不再发挥办案的主导作用，而应当在尊重监察独立性的基础上予以适度配合和协助，更好地服务于审判的要求。[1]

（3）中国特色社会主义法律监督体系强调官员的德法兼修。法治的核心命题就在于如何实现对公权力的有效监督。在中国特色社会主义法律监督体系建设中，我们主动借鉴西方法治的基本逻辑和实践经验，传承中国优秀传统法治文化，并结合当代中国的基本国情，逐步走上了一条"内儒外法"的中国特色社会主义法治道路。这条道路不仅强调法律条文在法治治理中具有的重要作用，也强调官员的德行在法治治理中的作用。对于行使公权力的国家机关工作人员而言，不仅应当强调法律的规范作用，而且应当强调道德的约束作用。德治和法治正如车之两轮、鸟之两翼，共同推进国家治理体系和治理能力现代化。在法治轨道推进法律监督，也要注重发挥道德浸润人心的作用，让公权力的行使者形成从"不敢腐"到"不想腐"的自觉意识，把外在的法律规范监督内化为内心的道德束缚。

---

[1]　张栋："检察提前介入监察的定位与完善"，载《法学评论》2023年第3期。

第一节　法律解释

一、理论导读

（一）法律解释的含义

法律解释可以分为正式解释和非正式解释。正式的法律解释包括立法解释、司法解释和行政解释，非正式的法律解释包括学理解释和公民、当事人等按照自己的理解对法律规范进行的解释。[1]从解释主体上看，法律解释包括立法解释、司法解释和行政解释，甚至任何组织和个人都可以对法律进行解释。也有学者将法律解释划分为"事前解释"和"事后解释"、"具体解释"和"抽象解释"等。在大多数国家，法律解释通常是指法官在适用法律过程中的解释。就法律解释的方法和权限而言，狭义上法官对法律的解释仅指法官在不逾越法律文本含义范围的情况下对法律文本所作的解释；广义上，除了狭义的法律解释外，还包括法官在逾越"法律文本含义"范围的情况下所作的法律续造以及法外造法（法官造法、"法律创造"）。[2]"制定法解释居于法律方法的核心。"[3]本节所称的"法律解释"采用广义上的法律解释概念，是指法官在具体个案裁判过程中对法律的内容和含义进行的说明，包括狭义的法律解释及漏洞填补（法官对法的续造、法官造法）。

---

〔1〕　朱景文主编：《法理学》，中国人民大学出版社 2015 年版，第 314 页。

〔2〕　徐凤：《法律解释权模式研究》，法律出版社 2020 年版，第 3~5 页。

〔3〕　[瑞典]亚历山大·佩岑尼克：《法律科学：作为法律知识和法律渊源的法律学说》，桂晓伟译，武汉大学出版社 2009 年版，第 29 页。

（二）法律解释的必要性

古谚云"徒法不能以自行"。法律的生命在于实施。法律要实施，就需要解释，正所谓"法无解释，不得适用"。故法律解释在法律实施中占有极为重要的地位。没有法律解释，就无法正确且适当地适用和实施法律。

在近代法典化思潮盛行的时代，人们普遍认为法律无需解释，也不能被解释。受理性主义和自然法思想的影响，人们认为立法者可凭借理性能力制定出完美无缺的法典供法官机械地适用。孟德斯鸠曾经毫不讳言地指出"法官应该是宣读法律条文的喉舌"。但是，随着法典的颁布及其实施，人们逐渐认识到迷信"完美法典"，拒斥法律解释，是不切实际的。立法者制定法律时所使用的立法语言应当尽可能清晰明确，但由于立法者理性的有限性、语言本身的局限性以及立法规范对象的繁杂易变性，立法者不可避免地要使用不确定的法律概念，甚至制定法时常会出现表述模糊、模棱两可和相互矛盾的情形。制定法从未完全清晰，也绝非简单地被适用，法官在具体个案中的法律适用过程中需要通过法律解释消除歧义、明确法律概念的内涵和外延，甚至不可避免地要进行价值衡量。"制定法文本的精确意义之所以一再产生疑问，首要的原因是：制定法通常使用的日常用语与数理逻辑和科学性语言不同，它没有使用精确界定了外延的概念，而是使用多少带有弹性的措辞，这种措辞的可能意义在一定的波段幅度（Bandbreite）内是游移不定的，要随情况、所指的事件、言说的关联脉络、术语在句中的位置以及强调重点等等的不同而变化。甚至是相当确定的概念仍然经常包含一些本身缺乏清晰界定的特征。"[1]

法律是具有普遍性、一般性的规范，要在法律规范与具体的、特定的案件事实之间建立链接关系，就必然涉及法律的解释。正如拉伦茨所指出的，"制定法适用是一种对向的程序，在这一过程中必须结合可能适用的法条，从'未经加工的案件事实'中形成以陈述形式呈现的终局案件事实，同时必须反过来在对案件事实的考量下，尽可能地将应被适用的规范的内容精确化"。恩吉施十分形象地将其称之为"（在规范的构成要件与案件事实间）'目光来回流转'"。[2]

（三）法律解释方法概述

有法律即需法律解释，有法律解释即有关于法律解释方法的思考。法律

---

〔1〕　［德］卡尔·拉伦茨：《法学方法论》，黄家镇译，商务印书馆 2020 年版，第 393 页。
〔2〕　［德］卡尔·拉伦茨：《法学方法论》，黄家镇译，商务印书馆 2020 年版，第 393 页、第 268 页。

解释方法就是法律适用者寻找法律规范含义的具体方法或者路径。法律解释方法为法律解释操作提供了合理可行的路径、应该遵循的准则，为具体法律解释论点的构建提供了一般形态和支持理由。[1]魏德士指出，法律解释长期以来最核心的问题在于对法律适用者自由裁量权的讨论，解释的自由有时应当受到限制，有时则应当得到扩大。[2]吴念抒认为魏德士通过生动的文笔与丰富的例子论证了纳粹法律秩序的建立与执行主要是通过法律解释而非立法而实现的。纳粹时期的法学家与法官们，运用各种不被允许的解释技巧，在不变动制定法条文的前提下，成功让法律为纳粹的政治理念与世界观服务。魏德士称纳粹时期的解释技巧与解释实践为"无限制的解释"。[3]比克斯曾经也发出警告"不恰当地强调法律解释会歪曲人们对法律的理解"。[4]在"奥伯格费尔诉霍奇斯案"中，首席大法官罗伯茨在其异议意见中援引柯蒂斯大法官做出的一份比判决主文影响更为深远的异议意见中的解释："当解释法律的固有规则被抛弃，当个人的理论观点能够控制宪法的含义，我们将不再拥有宪法；我们将被那些有权依据个人意志解释宪法的人所统治。"[5]因此，为了"保证法律解释免于武断与恣意，保证法律解释结果以及法律决定的可预测性、确定性，增加法律决定的理性"，[6]法官或者法律适用者在具体个案裁判时应当遵循一定的规则或者方法，以规范和约束其自由裁量权。法律解释方法也称为"法律解释规准"，因为法律解释方法在实质上是指示或指导法官或法律适用者如何解释法的渊源的指针、标准或准则。[7]

萨维尼在总结当时德国法律方法讨论的状况的基础上提出了法律解释的四个"基本要素"（它们已经在罗马法和中世纪的意大利法中成为正当的解释标准）：语法要素、逻辑要素、历史要素和体系化要素。语法要素，即对立法者所使用的"语言法则"进行解释；逻辑要素，即"思维的划分，也就是思

〔1〕 张志铭：《法律解释学》，中国人民大学出版社 2015 年版，第 58 页。

〔2〕 ［德］魏德士：《法理学》，丁晓春、吴越译，法律出版社 2003 年版，第 304 页。

〔3〕 "魏德士的教授资格论文《无限制的解释》推出 2022 年第 9 版"，载 https://mp.weixin.qq.com/s/lnNf9aAqlYWImadyCRU7Pg，最后访问日期：2022 年 8 月 29 日。

〔4〕 ［美］布赖恩·比克斯：《法律、语言与法律的确定性》，邱昭继译，法律出版社 2007 年版，第 2 页。

〔5〕 申晨编译：《惊世判决》，北京大学出版社 2018 年版，第 78 页。

〔6〕 舒国滢、王夏昊、雷磊：《法学方法论》，中国政法大学出版社 2018 年版，第 349 页。

〔7〕 舒国滢、王夏昊、雷磊：《法学方法论》，中国政法大学出版社 2018 年版，第 337 页。

维的各个部分相互依赖的逻辑关系"；历史要素，即"法律与其颁布时的现实状态的相关性"；体系化要素，即"一切法律制度和法律规则构成的庞大的统一体的内在关系"，也就是后来学者所谓的"法律制度的统一体"。[1]萨维尼提出的法律解释应当考虑的基本要素，直到现在仍是各种法律解释方法应当遵循的"准则"。直到 19 世纪末，法律方法的革命使法律的精神与目的成了法律解释的重要考量因素，目的解释成为一种重要的法律解释方法。由此，形成了以文义解释、体系解释、历史解释、目的解释、比较法解释、合宪性解释和社会学解释等为主体的法律解释方法体系。这些不同的法律解释方法并非孤立地、随意地被使用，而是如弗里德里希·米勒所主张的，不应将"传统的解释规则"看成各自为战的孤立"方法"，相反，它们在具体化的过程中"不仅相互补充、支撑，实际上它们甚至从一开始就水乳交融在一起"。[2]

二、案例介绍：美国联邦最高法院"奥伯格费尔诉霍奇斯案"[3]（Obergefell v. Hodges）

本案是关于在美国部分州禁止同性婚姻的法律是否违反宪法争议的决定性案件，本案最终裁定各州禁止同性婚姻的法律违反宪法，应予废除。这一结果意味着同性婚姻在全美 50 个州全部合法，美国也因此成为全球第 21 个在全境承认同性婚姻合法的国家。

当地时间 2015 年 6 月 26 日上午，美国联邦最高法院以 5∶4 的票数比例，就"奥伯格费尔诉霍奇斯案"作出在美国全境确认同性婚姻合法化的决定性裁判。该判决认定同性婚姻的权利受到宪法保障，且各州必须承认在其他州缔结的同性婚姻。该判决终结了长期以来美国司法界对同性婚姻合法性的争论，成为美国同性平权运动发展的一个重要里程碑。该案判决书由大法官安东尼·肯尼迪主笔，并获得金斯伯格、布雷耶、索托马约尔和卡根这四位大法官的支持，其余四位大法官罗伯茨、斯卡利亚、托马斯和阿利托发表了异议意见。

本案来自密歇根州、肯塔基州、俄亥俄州和田纳西州［第 14-556、14-

---

〔1〕 ［德］魏德士：《法理学》，丁晓春、吴越译，法律出版社 2003 年版，第 304~305 页。
〔2〕 ［德］卡尔·拉伦茨：《法学方法论》，黄家镇译，商务印书馆 2020 年版，第 413 页。
〔3〕 本节关于"奥伯格费尔诉霍奇斯案"的案例介绍及分析中涉及该案判决书主文及异议意见的内容均引自申晨编译：《惊世判决》，北京大学出版社 2018 年版。

562、14-571、14-574 号：14-556 上诉人詹姆斯·奥伯格费尔等诉理查德·霍奇斯（俄亥俄州卫生部部长）等；14-562 上诉人瓦莱里娅．谭可等诉比尔·哈斯拉姆（田纳西州州长）等；14-571 上诉人艾普罗·德波尔等诉里奇·斯奈德（密歇根州州长）等；14-574 上诉人格里高利·伯克等诉斯蒂文·贝希尔（肯塔基州州长）］，在这些州，婚姻被定义为一男一女的结合。本案的上诉人是 14 对同性情侣以及两位同性伴侣离世的男士，本案的被上诉人是执行本案所涉法律的州政府官员。上诉人诉称，被上诉人拒绝赋予其结婚的权利，拒绝承认其在外州缔结的合法婚姻的效力的行为违反了《美国宪法第十四修正案》。

上诉人在其各自州的地方法院提起诉讼，地方法院均支持了上诉人的请求。被上诉人向第六巡回上诉法院提起上诉，第六巡回上诉法院在将上述案件合并审理后，推翻了原审判决。上诉法院认为，依据宪法，各州并没有为同性婚姻办理登记或承认外州缔结的同性婚姻的义务。

据此，上诉人要求美国联邦最高法院提审。最高法院复审案件后，将该案的争议归结为两点：第一，密歇根州和肯塔基州案件的争议点在于，根据《美国宪法第十四修正案》，各州是否应当为同性婚姻办理登记；第二，俄亥俄州、田纳西州和肯塔基州案件的争议点在于，根据《美国宪法第十四修正案》，各州是否应当承认在外州缔结的合法同性婚姻的效力。

三、案例分析

（一）文义解释

文义解释，又称为文法解释、文理解释和字面解释，是按照法律规范的语词和文法进行的解释，即按照法律规范的字面含义和通常使用方式进行的解释。该解释方法仅从字面含义上理解法律规定，而并不作其他的外在参照。这种解释方法旨在探求法律用语最明显、最自然和最常用的含义，而不是法律规范的立法意图，也不考虑按照这种含义适用法律是否能够得出公平合理的结论。当然，这是对文义解释的极端的和孤立的理解。[1]任何文本的解释首先是对其字面含义的解释……法律是适用于所有人的，进而涉及所有人，故而不能放弃最低限度的可理解性。因此，制定法的语言不能像其他一些学

---

〔1〕 孔祥俊：《法律解释与适用方法》，中国法制出版社 2017 年版，第 260 页。

科部类的语言那样远离一般的语言用法。[1]

文义既是法律解释的起点，亦是法律解释的终点。同时，文义还是狭义的法律解释的界限。[2]由此可知，文义解释在众多法律解释方法中居于基础地位，也是法律解释过程中应当首先考虑的法律解释方法。当然，文义解释并非唯一的法律解释方法，在具体个案的法律适用过程中，有时单纯从字面含义出发并不能确定拟适用于具体个案的法律规范的确切含义，还需要借助其他法律解释方法（如体系解释方法、目的解释方法等）共同确定规范含义。但同时须注重坚持"文义明确性原则"，即如果文义明确，则其他解释方法一概不予考虑。[3]也就是说，当法官通过多种法律解释方法得出的结论发生冲突时，通过文义解释方法获得的解释结论应当具有决定性的、优先选择的地位。

本案中首席大法官罗伯茨在其异议意见中指出，"一男一女的结合"是"婚姻"概念的核心文义，不得破坏。如果你问一个大街上的路人，婚姻的定义是什么？没有人会说出"婚姻是一男一女的结合"后再刻意强调"但妻子要服从'已婚妇女法'"。多数意见也许正确地指出了"婚姻制度的发展史是一个兼具变与不变的过程"，但是婚姻的核心意义却从来没有发生过改变。在此处，罗伯茨大法官特别强调"婚姻"概念的核心文义，即其最明显、最自然和最常用的含义。

首席大法官罗伯茨以"洛文诉弗吉尼亚州案"为例指出，废除婚姻的种族限制并没有改变婚姻的定义，正如废除学校中的种族隔离没有改变学校的定义一样。多数意见法官也承认，这些案件所讨论的"婚姻"都是"在异性婚姻的语境下"。同时，罗伯茨大法官还援引"格里斯沃尔德案""劳伦斯诉得克萨斯案"中关于"隐私权"核心文义的分析，在格里斯沃尔德案中，法院裁定禁止避孕的刑事法律无效。法官强调，该禁令具有天然的攻击性，使已婚夫妇面临"警察可以随时搜查其私密卧榻"的威胁。在法官看来，这一法律违反了隐私权的本质："个人独处的权利"。法院在"劳伦斯诉得克萨斯案"中同样援引了隐私权，以废除得克萨斯州对鸡奸追究刑事责任的法令。劳伦斯案的判决依据是，规定鸡奸罪的法律与禁止避孕的法律一样，是允许

〔1〕［德］卡尔·拉伦茨：《法学方法论》，黄家镇译，商务印书馆2020年版，第404页。
〔2〕孔祥俊：《法律解释与适用方法》，中国法制出版社2017年版，第260~262页。
〔3〕［德］托马斯·M.J.默勒斯：《法学方法论》，杜志浩译，北京大学出版社2022年版，第203页。

"政府非法地在最隐私的地点——住宅中……介入最隐私的私人行为——性行为",因而是对隐私权的侵害。罗伯茨大法官认为:"虽然隐私权判例的确起到了保障同性伴侣的性权利的作用,但并没有为重新定义婚姻提供依据,也不足以宣判本案中的相关法律无效。"

最终,罗伯茨大法官指出:本案判决将带来一个迫切需要被回答的问题:婚姻是"两个人"的结合,这一定义是否应当被维持?虽然多数意见在判决书中随意使用"二人"这一语素,但其完全无法解释,为什么"二人"这一婚姻定义的核心要素应当被保留,而"男女"这一要素就不能。事实上,从历史和传统上看,从异性婚姻到同性婚姻的跨越,要远比从二人婚姻到多人婚姻的跨越来得大,因为一夫多妻制在世界上许多文化中都长期存在。既然多数意见法官愿意肯定前者,他们又有什么理由不愿意肯定后者呢?首席大法官罗伯茨的异议意见精彩地呈现了文义解释方法的使用,他通过对"婚姻"概念最自然、最明确、最常用的核心文义的阐释,对多数意见的裁判思路和结论提出了清晰、精准的质疑。

法律用语的通常含义,是指法律文本所使用的语词的含义应是普通人通常理解、普遍接受的含义。由此,法律用语最通常、最明显的含义还可以通过全民公投、民意收集等方式获取,正如托马斯大法官在其异议意见中所称的"婚姻的定义问题在各州受到热烈讨论,立法机关多次就该问题征求民意,35个州将这一问题交由人民自己决定,其中32个州的民众选择维持婚姻的传统定义"。在此处,托马斯大法官通过各州关于"婚姻"概念的理解征集民意的情况总结了美国大多数民众关于"婚姻"的普遍理解,进而论证了"婚姻"概念的核心文义、通常含义。

作为一种在法律实践中发展起来的法律解释方法,文义解释方法也不可避免地存在着自身无法克服的弱点和局限。正如霍姆斯大法官指出的"在实践中,一定的词语或一定的词语搭配其实并不只有唯一的含义。即便翻查词典,一个词通常也有数种含义。你得考察那个词所在的句子,以便判定特殊情况下所取的是其中哪种含义,而你很有可能发现,比起词典中给定义项,那个词在句中有着更加精微的渐变义。不过,至少在迈出这一步的时候,你不是纠结于书写者的行文癖好,而只是考虑一般的语言习惯"。[1]有鉴于

---

〔1〕[美]霍姆斯:《法学论文集》,姚远译,商务印书馆2021年版,第182~183页。

此，对制定法文本法律用语做出最自然、最明确、最常用含义的理解对于法律适用具有重要的作用，但是其他的解释因素（如法律的体系融贯性、立法者的意图、法律规范的目的等）在法律适用的过程中也具有十分重要的地位。

（二）体系解释

体系解释就是按照法律条文在法律章节条款项之间的关联位置，或者关联条款的法益或内在联系，查明其含义的解释方法。其目的是维护法律的体系价值，实现法律调整的真正意图。[1]体系解释方法的法理基础在于"整个法律秩序是大量有效的具体规范与所有法律部门的总和，形成一个统一体、一个体系。基于这样的思想，法律秩序统一体系的观点认为法律秩序应该是由协调的并且规范的价值标准所组成的有序的规范结构。内部存在矛盾的法律秩序将损害公民对统一的法律标准的要求，并因此损害法律平等的要求"。[2]也就是说，体系解释是以"法律体系的融贯性""法律体系的无矛盾性"的假定为基础的。

体系解释"乃基于这样的基本认识，即具体的法规范不能孤立解释，而必须置于法律的整个上下关联当中去理解"。夸张而言，每个语词的解释都包含着对整个法秩序的解释。体系解释依据条文在体系中的位置及上下关联来揭示争议概念的含义。为此，就应当避免出现价值冲突及相互矛盾的解释。其出发点在于，法典化思想下的法律或整个法秩序应当被视为一个统一体。[3]正如施塔姆勒（Statmmler）所指出的："一旦有人适用一部法典的一个条文，他就是在适用整个法典。"[4]

法律规范体系的融贯性和内在无矛盾性只是一种理想，是一种应然意义上的存在，而非实然意义上的存在。法官或者法律适用者的任务在于，通过体系解释方法使得在具体个案中对法律的解释符合整个法律规范体系的融贯性要求。同时，通过体系解释方法使得因立法者疏忽、经济社会发展等因素导致的法律规范体系中现实存在的矛盾条款，实现评价、解释和适用的统一。富勒在讨论"法律中的矛盾"时指出，为了避免法律中不经意的矛盾，立法

---

〔1〕　孔祥俊：《法律解释与适用方法》，中国法制出版社 2017 年版，第 291 页。

〔2〕　［德］魏德士：《法理学》，丁晓春、吴越译，法律出版社 2003 年版，第 319~320 页。

〔3〕　［德］托马斯·M. J. 默勒斯：《法学方法论》，杜志浩译，北京大学出版社 2022 年版，第 216~217 页。

〔4〕　［德］卡尔·恩吉施：《法律思维导论》，郑永流译，法律出版社 2014 年版，第 73 页。

者需要十分小心谨慎。处理法律中的显著矛盾的公认原则之一便是看能不能找到办法来协调看起来相互矛盾的条款。此处，富勒已经明确了体系解释在法律适用中的重要地位，他进一步指出要确定两项人类行为规则之间是否协调，我们往往必须考虑一系列规则本身的语言之外的因素。在确定不一致因素时必须纳入考虑的背景当然不仅仅是，甚至不主要是技术方面的，因为它包括这一问题周遭的整个制度环境——无论是法律的、道德的、政治的、经济的还是社会的。[1]

体系解释究竟是否应当关涉逻辑因素之外的其他实质因素？国内有学者认为，体系解释利用的是逻辑中的矛盾律，狭义的体系解释又被称为逻辑解释。既然体系解释是逻辑解释，就意味着这种解释只涉及形式问题而不关注实质问题。因此，他们认为体系解释具有其局限性，它只有在特定情形下才能对特定案件的决定起到作用，即通过矛盾律能够将很多解释结果排除到只剩下一个解释结果。[2]即在对法律规范的解释结果有若干种可能，而法官或者法律适用者无法通过矛盾律排除到只剩下一种结果的时候，才需要通过其他的法律解释方法辅助。王利明教授也认为，体系解释本身具有一定的局限性，因为它不考虑法律的外在体系之外的因素，这是界分体系解释与其他解释方法的关键。如果法律解释中考虑了法律外在体系以外的因素，就转化为其他法律解释方法了。如通过考察立法者的真意来解释法律规范，就属于目的解释，而不再是体系解释了。[3]有鉴于此，我们可以认为体系解释方法中的"体系"主要是指法的外在体系，而非内在体系。然而，陈金钊教授则认为单纯的依法办事还不足以解决法律运用的恰当性问题。因而就需要在法律运用过程中再次认真处理好法律与社会、法律规范与其他社会规范之间的融贯性问题。要实现在整体性思维支配下的融贯性，必须找到法律与社会、法律规范与其他社会规范之间的逻辑一致性。[4]由此可见，陈金钊教授理解的体系解释方法中的"体系融贯性"，即富勒在《法律的道德性》一书中所指出的在整体性思维支配下的体系融贯性。

---

〔1〕 ［美］富勒：《法律的道德性》，郑戈译，商务印书馆2005年版，第77~83页。
〔2〕 舒国滢、王夏昊、雷磊：《法学方法论》，中国政法大学出版社2018年版，第355~356页。
〔3〕 王利明：《法学方法论——以民法适用为视角》，中国人民大学出版社2021年版，第367页。
〔4〕 陈金钊："体系思维的姿态及体系解释方法的运用"，载《山东大学学报（哲学社会科学版）》2018年第2期。

本案中，托马斯大法官发表且由斯卡利亚大法官附议的异议意见较为集中地呈现了体系解释方法的适用。他在论证援引正当程序条款的正当性时指出，当事人必须首先证明存在对其"生命、自由或财产"的剥夺。多数意见认为各州剥夺了上诉人的"自由"，但这里的"自由"，其实与正当程序条款中的"自由"没有任何共通之处。他认为正当程序条款中所指的"自由"，通常是指"决定自身行为、行动，自由迁徙，非经正当程序不受监禁和限制人身自由的权利"（布莱克斯通：《英国法释义》，1765 年版）。托马斯大法官进一步指出，布莱克斯通关于"自由"的这一定义是该条款的历史渊源，也与宪法的文本和结构一致。在此，托马斯大法官明确指出对"自由"概念的这种理解是与整个宪法文本、结构相一致的，是符合宪法规范的体系融贯性和无矛盾性的。托马斯大法官继续论证道，如果第五修正案是在狭义上使用"自由"概念，那么第十四修正案也理应如此。事实上，美国最高法院曾经指出，"当第十四修正案（与第五修正案）使用了同一用语时，其含义应与之相同，这是毫无疑问的"。托马斯大法官通过论证如果第五修正案是在狭义上使用"自由"概念，即将"自由"视为物质层面的自由，那么第十四修正案中关于"自由"的解释也理应与第五修正案中的理解保持一致，从而保持关于"自由"概念理解的体系性和融贯性。否则，就会出现对美国宪法中关于"自由"概念理解的矛盾，影响宪法秩序的统一性，进而损害整个法秩序的权威。

（三）历史解释

历史解释又称为法意解释或者沿革解释，它是指通过探求立法者在制定法律之时所作的价值判断和意欲实现的目的，确定立法者的意思，在此基础上得出法律规范的含义。[1]历史解释的任务在于查明立法背后隐藏的具体的调整目的与目标（"立法者的历史意图"），并将其作为"规范意义和目的"从而有益于解释。[2]所有的制定法解释某种程度上都受到其所处时代的限制，只有当普遍的价值意识发生根本性变动时，尤其是当这种变动已经落实在新法中或者是建立在广泛的共识之上时，解释者才不能回避。解释不可能对可以被认识到的历史上的立法者的调整意图以及他意识到的价

---

〔1〕　孔祥俊：《法律解释与适用方法》，中国法制出版社 2017 年版，第 313 页。

〔2〕　［德］魏德士：《法理学》，丁晓春、吴越译，法律出版社 2003 年版，第 334 页。

值决定置之不理，除非它们与现今的宪法原则或者普遍承认的法律原则相抵触。[1]

然而，在有些国家的司法实践中并不十分重视历史解释，如瑞士联邦法院在个别判决中认为历史解释方法在司法实践中并不十分紧要，因为"法律一旦生效，其阐发的即是脱离立法者意志的独立存在"。[2]在美国，曾有观点认为：（在解释时）考虑历史意图是违反宪法的。英国以前也有所谓"排除规则"（exclusionary rule），从而禁止对立法材料予以参考，因为立法者被认为在颁布法律之初即已完成了他的职责。[3]关于历史解释方法的地位，拉伦茨认为："探求历史上的立法者的意志不可能是解释的最终目标。但如果因此认为历史上的立法者的调整意图及其可认识的规范立场在解释上完全没有意义，那就走得太远了。"[4]魏德士也指出，即使对一切可使用的产生历史的观点进行了详尽的研究，也有不少规范的调整目的在整体上或者在某些方面不清晰或者有歧义。但这并非搁置对历史规范目的研究的理由。[5]默勒斯认为，法律人究察"立法者历史意图"的这一职责，同历史学家或哲学家对文献的解释工作相比，在基本特征上可谓异曲同工。因此，当今的通说认为，在进行裁判时可对立法材料进行参考。德国法的司法判例也经常如是为之，法国法同样承认历史意图是一种解释模型，美国的法学学说则将这种历史谱系的解释称为"意图主义"（intentionalism）。不同于过往的做法，如今，英国也开始在司法裁判中参考历史文献了。[6]由上可知，历史解释已经成为在全球范围内普遍承认的重要的法律解释方法，对法律规范意旨的把握离不开对法律规范的产生历史、立法过程资料等的参考。

历史解释会关注相关法律规范的先行规范，以此探明立法者的历史意图。法律适用者在法律解释的进程中，若拟适用于具体个案的法律规范与先前存

---

[1] [德]卡尔·拉伦茨：《法学方法论》，黄家镇译，商务印书馆 2020 年版，第 397 页、第 401 页。

[2] [瑞士]贝蒂娜·许莉蔓-高朴、耶尔格·施密特：《瑞士民法：基本原则与人法》，纪海龙译，中国政法大学出版社 2015 年版，第 53 页。

[3] [德]托马斯·M. J. 默勒斯：《法学方法论》，杜志浩译，北京大学出版社 2022 年版，第 236 页。

[4] [德]卡尔·拉伦茨：《法学方法论》，黄家镇译，商务印书馆 2020 年版，第 401 页。

[5] [德]魏德士：《法理学》，丁晓春、吴越译，法律出版社 2003 年版，第 335 页。

[6] [德]托马斯·M. J. 默勒斯：《法学方法论》，杜志浩译，北京大学出版社 2022 年版，第 237 页。

在的法律规范之间存在历史沿革关系，就要查明现行法与旧法规范文本的关联，通常需要揭示期间是存在连续性还是非连续性；在连续性的叙述语境中，立法者将旧的规范文本未作改动地吸收，也就因此承认了之前所主张的内容。法院在解释新的规范时，亦须保障法结构的连续性。英美法系也认为，新法不会以沉默的方式推翻一部旧法的价值安排，为此必须采取明确的规定。[1]

本案中首席大法官罗伯茨在其异议意见中很好地呈现了历史因素在法律解释中的重要地位，他指出"多数意见对正当程序的理解，将给本院未来的判决带来极其不正当的诱导：如果一项在整个人类历史上经久未变的社会制度都不能阻止司法对政策制定的干预，那还有什么可以？这无疑是对法治的巨大威胁。坚持依据历史和传统来解释基本权利，其目的即在于，使非民选的法官不能仅基于自身的信念，便废除一项经民主程序制定的法律。今天的判决不仅无视了我国的全部历史和传统，还积极地否定它，任性地将目光仅局限于当下……如果我们选择将历史蒙蔽，那将是自负而愚蠢的。'过去永远不会死，它甚至还没有过去'。"罗伯茨首席大法官掷地有声地指出，对婚姻概念的理解一定要基于历史的、传统的理解，要基于历史上的立法者制定法律时对婚姻概念的认识，而不能任由法律适用者基于自身的信念来否定或者改变对婚姻这样一项经久未变的人类社会制度的理解。

斯卡利亚大法官发表且由托马斯大法官附议的异议意见也较为集中地呈现了历史解释方法的适用。斯卡利亚指出："我们无须怀疑，自1868年第十四修正案通过以来，每个州都是将婚姻限定为一男一女的结合，也没有人质疑过该项规定的合法性……并且，由于通过该宪法修正案的人们显然也没有意图将婚姻限定于异性之间，因此我们理应允许关于同性婚姻的公共讨论继续存在……多数意见所关注的，并非人民所理解的'自由'——无论是修正案通过时的理解还是今天的理解，而是多数意见法官自己理解的、禁止将婚姻定义为男女结合的理由。"据此，斯卡利亚大法官振聋发聩地宣告，"这是法官在赤裸裸地行使立法权——事实上，是超级立法权"。魏德士也曾发出过类似的隐忧，"在法律方法实践中对历史解释的低估与压制就是对法律适用者

---

〔1〕 〔德〕托马斯·M.J.默勒斯：《法学方法论》，杜志浩译，北京大学出版社2022年版，第239页。

的自由裁量空间的扩大".[1]

托马斯大法官发表且由斯卡利亚大法官附议的异议意见集中体现了法律规范的历史沿革在法律解释中的重要地位,他在批判"勉强多数意见"将正当程序条款实体化时,梳理了自《大宪章》以来正当程序条款的历史沿革。最初的《大宪章》第39条规定:"除非依本国法律,经合法裁决,否则自由人不受逮捕、监禁、强占、驱逐、流放及任何侵害,也不受起诉和控告。"尽管1215年版的《大宪章》仅生效了几周但在1225年的修订版中,该条仍然存在,其表述为:"除非依本国法律,经合法裁决,否则自由人不受逮捕和监禁,不得被强占财产、剥夺自由,不受驱逐、流放及任何侵害,我们不得对其进行审查或定罪。"在17世纪《大宪章》被重新解读后,布莱克斯通将"个人自由的权利"定义为"决定自身行为、行动,自由迁徙,非经正当程序不受监禁和限制人身自由的权利"。开国先贤们极其重视布莱克斯通的权利框架,因此在早期各州的宪法中,相关条款完全借鉴了《大宪章》的表述,只是将其内容调整为专指"生命、自由和财产"。从建国到《宪法第十四修正案》通过的这一段时间里,各州对"自由"的解读,几乎都是统一为一种物质层面的自由。托马斯大法官通过考察正当程序条款的发展历史,得出结论我们很难认为该条款中的"自由"的含义超出了物质层面自由的范畴。据此,他对多数意见将正当程序条款实体化的裁判思路进行了极富创见的批判。

(四)目的解释

目的解释,是指通过探求制定法律文本的目的以及特定法律条文的目的,来阐释法律含义的方法。[2]目的解释方法在于探究法内在的理性,即探究一部法律的精神与目的。立法者意欲通过该规则实现什么目标,保护何种利益?[3]虽然目的解释作为一种重要的法律解释方法,直到19世纪末才得到普遍重视,但关于目的解释的论述、思想乃至于实践却早已有之。荀子曾经指出,"不知法之义而正法之数,虽博每临事必乱"。罗马法谚云,"理解法律并非等于拘泥于文义,而是要恪守它的精神与目的"。耶林曾纲领性地宣称:"目的是一切法律的创造者。""没有法条不将其产生归功于目的,即实用的

---

〔1〕 [德]魏德士:《法理学》,丁晓春、吴越译,法律出版社2003年版,第335页。

〔2〕 王利明:《法学方法论——以民法适用为视角》,中国人民大学出版社2021年版,第395页。

〔3〕 [德]托马斯·M.J.默勒斯:《法学方法论》,杜志浩译,北京大学出版社2022年版,第253页。

动机。" 只有当解释者认识到该目的时，他才能完全地理解它的 "力量和权力"。[1]耶林将法律目的比喻为在茫茫大海上指引航船方向的 "导引之星"，因而应当将目的解释作为法律解释中的重要方法。耶林之后的目的法学、自由法学等，也逐渐弱化历史解释的地位，转而强调目的解释的重要意义。[2]在现代法律解释学和法律适用的实践中，目的解释已经成为最为重要的法律解释方法之一。在法律规范可能的文义范围内，如何准确地把握拟适用于具体个案的规则的规范意旨，比如应当偏向于限缩解释还是扩张解释，这都依赖于对法律规范目的的把握和运用。

围绕 "法律解释的目标" ——是按照 "产生时" 还是按照 "适用时" 的情况解释法律——法学方法论领域展开了一场旷日持久的论战，形成了 "主观目的论" 和 "客观目的论" 两种主要的解释理论。主观目的论认为，法律规范之解释应以探究历史上制定法律的立法者的主观意志为解释目标，旨在重构历史上的立法者意图赋予法律规范的意义和目的，这就是前面讨论的历史解释方法；而客观目的论则认为，探求历史上的立法者的意志不可能是解释的最终目标，制定法一旦颁布，就会发展出自身特有的实效性，其将超越立法者当初的意图，因此只能从法律规范自身出发来理解制定法，这便是此处讨论的目的解释方法。因为制定法涉入的是立法者制定法律当时不能全部预见的丰富多彩且变动不居的生活关系，它在适用时必须对一些立法者根本没有考虑到的问题作出回答。随着时光流逝，它仿佛逐渐发展出自己的生命，并因此远离它的创造者最初的想法，具有了与时俱进的能力。[3]对于两种解释理论的关系，默勒斯指出，若承认规范不过是为了实现目的的手段，那就必须依循该目的来探究规范的意义。具体而言，不仅要关注历史上立法者的主观意图，也须关注法律当前的意图。唯有目的性的论证方法，才能够使法律与时代融合在一起。[4]克莱默进一步指出，不能孤立地探究法律目的，而应当在法律的整体关系和整个法秩序中查明单个规定的目

---

〔1〕 ［奥］恩斯特·A.克莱默：《法律方法论》，周万里译，法律出版社 2019 年版，第 119 页。

〔2〕 王利明：《法学方法论——以民法适用为视角》，中国人民大学出版社 2021 年版，第 396 页。

〔3〕 ［德］卡尔·拉伦茨：《法学方法论》，黄家镇译，商务印书馆 2020 年版，第 397~403 页。

〔4〕 ［德］托马斯·M.J.默勒斯：《法学方法论》，杜志浩译，北京大学出版社 2022 年版，第 257 页。

的。[1]

在法律适用进程中面临的现实问题是，如何获知法律规范自身之目的？拉伦茨指出，欲发现法律规范自身之客观目的，一方面法律适用者应探析法律规范调整的规范领域的"事物的本质"，立法者在制定规则时应当合理地考虑这种"事物的本质"；另一方面应关注一些法伦理性原则，其隐藏于规则体之后，但只有借着这些原则，规则体与法理念间的意义关联才能被了解、被言说。[2]立法者可能在法律条文中明确规定法律规范之目的，如大多数法律文本第一条都会规定立法目的与依据，这为法律适用者探明规范目的提供了明确的指引。然而，由于立法者通过该种形式规定的规范目的往往极为抽象，在解释拟适用于具体个案的法律规范时，往往会存在晦暗不明、模棱两可的情形。由于法律规范自身目的往往涉及对政治、道德、经济、社会等诸多实质因素的考量，将判断法律规范自身目的之权力赋予法律适用者，会给予法律适用者过多的自由裁量权，可能面临较大的风险。

本案中由肯尼迪大法官执笔的最高法院意见中体现了目的解释方法的适用。在判决书主文中，肯尼迪大法官写道："起草和通过权利法案以及第十四修正案的人们，未曾预想到自由发展的所有维度，所以它们赋予后来人一项特权，以使我们能够基于对自由的新理解，来保障所有人的正当权利。当新的社会认知揭示了某项既有的法律限制与宪法的核心精神存在冲突时，我们应当保护的是自由。"他在讨论同性婚姻和异性婚姻时指出："将婚姻限定在异性范围，可能长期以来被视为是自然和正当的，但这一规则在实现婚姻权这一基本权利的核心价值时所表现的矛盾，已经昭然若揭。"在此，肯尼迪大法官指出制宪者在起草和通过宪法时并未预见今天所面临的新问题，且这种新的变迁已经"昭然若揭"，故法律适用者应当对宪法作出与时俱进的解释，以回应新时代提出的新要求。

然而，斯卡利亚大法官在其发表的异议意见中对多数意见做出了毫不隐讳的批评："本案的判决意见表明，最高法院的权力，已经扩张到可以创造一种宪法和宪法修正案不曾规定的'自由'——这简直让人无法想象。"斯卡

---

〔1〕 ［奥］恩斯特·A.克莱默：《法律方法论》，周万里译，法律出版社2019年版，第122页。

〔2〕 ［德］卡尔·拉伦茨：《法学方法论》，黄家镇译，商务印书馆2020年版，第397页、第419~421页。

利亚对客观目的解释所蕴含的与时俱进的、创造性的解释进路进行猛烈抨击，她认为这是由一个未经选举的九人委员会对宪法及其性能的篡改，是对人民最宝贵自由的剥夺，她坚持认为在法律解释中应当注重历史解释和立法原意。在由阿利托大法官发表，且由斯卡利亚、托马斯大法官附议的异议意见中，阿利托大法官开宗明义："宪法并没有对同性婚姻权做出规定，但本院判决认为，第十四修正案的正当程序条款中的'自由'概念，包含了这种权利。"他指出多数意见对婚姻意义的理解完全聚焦于婚姻能够给人带来幸福这一点上，但传统上对婚姻意义的理解与此并不相同。几千年来婚姻总是不可避免地与一个特定的目的——繁衍后代——相关联，而这一目的只能由异性婚姻完成。虽然对很多人来说，21 世纪婚姻的属性已经发生了改变，但在那些不承认同性婚姻的州，对婚姻的传统式理解并未被抛弃。这些人担忧如果官方都放弃了婚姻的传统定义，那么婚姻制度将进一步走向衰亡。如果要由最高法院来断言一个州可以推翻这种理解，这无疑大大超出了最高法院的职权范围。阿利托大法官在异议意见结尾处振聋发聩地指出："今天的判决表明，几十年来我们抑制最高法院滥用权力的尝试失败了，我们由此学到的教训是，再怎么宣扬宪法解释的正途，或强调司法克制的美德，都敌不过受到诱惑、为实现所谓的高尚，而不择手段的心。我确信赞同多数意见的法官，是真诚地在宪法中找到了自己理解的那种自由，但这种真诚并不会让人心安理得，而只会引起忧虑，因为它表明，美国法律文化所认同的关于宪法解释的理念，正在受到强烈乃至不可挽回的破坏。"

斯卡利亚大法官和阿利托大法官的异议意见如同多数意见一样，均是基于对"婚姻本质""婚姻制度目的"的讨论，却得出了截然相反的结论。其根源在于对其中涉及婚姻的本质究竟是什么，婚姻制度是否已经发生了本质性的变革等问题存在认识上的分歧。有鉴于此，目的解释的进路旨在探究法律规范的客观目的或精神，能够为法律适用提供与时俱进的动力，使法律解释具有极大的灵活性，避免机械司法的笨拙，使得法律规范更具适应性，进而维护法律规范的稳定性。但是，从本案中多数意见与异议意见的争论可知，由于对法律目的、事物的本质等的理解和认识涉及政治、道德、经济、社会等实质考量因素，在当前这个价值多元的时代，对上述问题的讨论往往很难达成一致，故对法律目的之理解和认识往往会因法律适用者个人的政治立场、道德判断和个人经历等因素而出现分歧，从而影响法律适用的安定性、可预期性和裁判的统一性。正如魏德士所担忧的，"客观的"解释方法其实不是用它的标准为法律解释服务，而是为法律适用者所希望的对法律的背离或者修正服务。[1]

第二节　法律推理

一、理论导读

法律推理是法律人一种职业的、独特的思维方式，也是其运用法律理由论辩、推导和论证判决的手段。法律推理的研究不仅包含法律规范、案件事实与裁判结论之间的逻辑关系问题，还涉及司法中的价值评价难题。同时，随着社会法治水平的进步，实践层面也更是强调法律推理的规范性和正当性。因此，对法律推理的研究具有重要的理论意义和实践价值。当前关于法律推理的研究主要从以下三个方面展开：

（一）法律推理的本体论

推理是从已知判断推导出未知判断的思维活动，法律推理是该思维方法在法律领域的应用，法律推理包含三个构成要素：前提、推导过程以及结论，对此拉兹区分了"关于法律的推理"（reasoning about law）和"依据法律的推理"（reasoning according to law），前者围绕着"前提"，讨论如何发现、确定推理前提（即法律渊源问题）；后者则聚焦于"结论"，论证如何推导结论（即法律适用问题）。[2]此外，法律推理在不同法系之间也存在差别：英美法系的法律推理主要是作为一种法律适用方法，而大陆法系的法律推理则是一种关于法律规范的元理论，讨论如何从一个法律规范推导出另一个法律规范。[3]总体来看，法律推理就是在法律争辩中运用法律理由的过程，[4]这里讨论的主要是司法领域的法律推理，它是建立在法律规范和案件事实的相关性基础

〔1〕［德］魏德士：《法理学》，丁晓春、吴越译，法律出版社2003年版，第341页。

〔2〕Joseph Raz,"On the Autonomy of Legal Reasoning", *Ratio Juris*, Vol.6：1, pp.2~3（1993）. 转引自孙海波："社会一般道德的法源地位及其功能"，载《国家检察官学院学报》2023年第1期。

〔3〕陈锐：《法律推理论》，山东人民出版社2006年版，第2页。

〔4〕［美］史蒂文·J.伯顿：《法律和法律推理导论》，张志铭、解兴权译，中国政法大学出版社1998年版，第1页。

上的推理形式，与一般推理相比，其不仅仅是单纯的形式逻辑推导，更多的是作为实践理性得以应用的一个分支，[1]它的功能并不在于探寻新的认知，而是在现有法律[2]的约束之下为裁判结论提供正当理由的论辩性推理，目的是确保判决结果的正当、合理以实现司法公正。

（二）法律推理的认识论

一般来说，一个理性的法律推理包含逻辑[3]、价值判断以及直觉（法感）三种因素，其中逻辑作为阐明、评估"有效"推理的工具，其主要关切法律推理的论证形式问题，而逻辑所无法处理的推理内容问题则由价值判断进行衡量。一方面推理前提（法律规范、原始事实）本身就包含某种价值因素，另一方面个案所最终适用的裁判规范、案件事实是价值评价后的结果，价值判断是联结法条与事实的纽带，尤其是在疑难案件中，需要法官在二者之间来回流转。[4]通俗地讲，逻辑是法律推理的"形"，价值判断则是法律推理的"魂"，二者在法律推理中的作用同等重要。此外，法律推理的内部要素也影响其外部分类，一般根据法律推理需要解决的法律问题是否存在权威性依据，可将法律推理划分为形式推理和实质推理两类：所谓"形式推理"是指，如果需要解决的法律问题存在权威性的依据，比如既存有效的法律规则或判例，那么，一旦事实得以认定，就可以依照形式逻辑的推理规则进行推论，得出相应的法律结论，一般适用于简单案件。而在疑难案件中，需要解决的法律问题可能缺乏相应的权威性依据，或者依据形式推理可能会产生明显的不公正。这时，为了案件的公正处理，进行法律推理可能就需要依据其他的法源（如法律原则等），按照公正或实质正义的要求来解决相关的法律问题，这类推理主要考虑的是推理所涉及的法律问题的性质和内容等实质性的成分。除常规分类之外，英美法系下的判例（案例）推理以及我国案例指导制度中的"参照"也同样值得重视。伴随着人工智能的发展，学界也开始探寻法律人工智能的可能推理模式（模型）。[5]

---

〔1〕 ［英］尼尔·麦考密克：《法律推理与法律理论》，姜峰译，法律出版社 2018 年版，前言部分第 1 页。

〔2〕 这里的"法"是一种宽泛意义上的法，包括法律的正式渊源和非正式渊源。

〔3〕 本书所提及的"逻辑"是指形式逻辑，不包括非形式逻辑。

〔4〕 张继成："从案件事实之'是'到当事人之'应当'——法律推理机制及其正当理由的逻辑研究"，载《法学研究》2003 年第 1 期。

〔5〕 熊明辉："法律人工智能的推理建模路径"，载《求是学刊》2020 年第 6 期。

（三）法律推理的方法论

法律推理基本上可分为形式推理和实质推理，形式法律推理主要包括演绎推理、归纳推理和类比推理。其中演绎推理是指从一般的法律规定到个别特殊行为的推理，大陆法系国家司法活动中的形式推理主要是演绎推理，也称作三段论推理，其逻辑表达式为：[1]

大前提：T→R（对 T 的每个事例均适用法律后果 R）

小前提：S→T（S 为 T 的一个事例）

结论：S→R（对于 S 应适用法律后果 R）

于此结构下，演绎推理以规则为起点，主要讨论三个问题：一是大前提中法律规范的发现、选择及解释问题；二是对小前提中案件事实的陈述、评价问题，因为在演绎推理中被涵摄的不是事实本身，而是关于案件事实的陈述；三是涵摄的适用，即检验事实是否满足法律规范的事实构成，但如果法律规范是某种类型或是需要填补的意义范围，该推理过程就属于一种评价性的归类而非涵摄。[2][3]此外，演绎推理的适用其实暗含着一个假定：所有的法律问题都可以从现行的法律规则推演出结论，[4]可疑难案件的产生已经揭示了法律推理前提的相对不确定性，故为了克服演绎推理的缺陷，有必要引介归纳推理与类比推理作为补充。[5]归纳推理和类比推理作为普通法系的主要司法活动，体现着"遵循先例"原则。归纳推理是指从特殊到一般的推理，在法官处理案件时，如果没有合适的法律规则和原则适用，而从一系列的早期判例中可以总结出可适用的规则和原则，以适用于当下的案件事实。类比推理从"表面"上看是一种从特殊到特殊的推理，对法无明文规定的案件，

---

〔1〕 在司法裁判范畴下，演绎推理的大前提是法律规范、小前提是已经认定的案件事实、结论也就是裁判结论。

〔2〕 ［德］卡尔·拉伦茨：《法学方法论》，黄家镇译，商务印书馆 2020 年版，第 347~349 页。

〔3〕 如果觉得陈述啰嗦，可以简化为：演绎推理以规则为起点，主要讨论如何选定大小前提并在二者之间确立一种适当的关系

〔4〕 解兴权：《通向正义之路——法律推理的方法论研究》，中国政法大学出版社 2000 年版，第111 页。

〔5〕 相对不确定性的几种表现：①法律语言本身的模糊性；②法律规定之间存在冲突或竞合；③法律漏洞；④由于社会发展适用原有的规范可能会导致"合法"与"合理"的冲突，法官不得不另外寻找或确立规范调整案件。

可以援引与其性质最相类似的案件所适用的现有法律规定进行处理的推理活动，其逻辑表达式[1]为：

前提 1：T→R（对 T 的每个事例均适用法律后果 R）
前提 2：S=T[2]（S 与 T 相"类似"）[3]
结论：S→R（对于 S 应适用法律后果 R）

于此结构下，类比推理的核心环节是论证（确定）某制定法下的事实构成 S 与待决事实 T 在对法律评价具有决定性的方面相"类似"，而非逻辑范畴的形式"等同"，[4]事实上，S 与 T 同时存在相同点和不同点，彼时需要法官在制定法下综合裁量并判断相同点和不同点的重要程度，最后基于"同等情况同等对待"的公正要求（形式正义），待决案件（事实）应做相同评价，故法律中的类推并不仅仅是一种形式逻辑推导，更是一种价值评价，所以也有人认为类比推理已经是实质推理了。

二、案例介绍：刘某丽诉广东省英德市人民政府行政复议案

本案是关于建筑工程领域中"包工头"的工伤确认及工伤保险责任的认定问题，[5]案件的争议焦点在于参照《工伤保险条例》第 15 条、《广东省工伤保险条例》第 1 条、最高人民法院《关于审理工伤保险行政案件若干问题

---

[1]　相较于"演绎推理"而言，除了逻辑表达式之外，也有学者总结了类比推理的步骤：如孙斯坦总结了类比推理的五个步骤：①"源"案例有些特征：X，Y 和 Z；②"目标"案例有特征 X，Y 和 A，或者 X，Y，Z 和 A；③A 在法律中是以某种方式处理的；④在思考 AB 以及之间相关关系的过程中建立或发现了一些能够解释为什么那样处理 A 的原则；⑤因为 B 与 A 具有共同之处，B 也应当得到同样的处理。这为同一原则所涵盖。参见［美］凯斯·R. 孙斯坦：《法律推理与政治冲突》，金朝武、胡爱平、高建勋译，法律出版社 2004 年版，第 77 页；伯顿梳理了类比推理的三个步骤：①识别一个适当的基点；②识别事实上的相同点和不同点；③决定在某种情形下两种情况在事实上的相同点更重要还是不同点更重要。参见［美］史蒂文·J. 伯顿：《法律和法律推理导论》，张志铭、解兴权译，中国政法大学出版社 1998 年版，第 33~39 页。

[2]　"="在这里不代表二者在形式上等同，仅指二者相类似即同时存在相同点和不同点。

[3]　同时需要说明的是，该逻辑表达式中前提 1、前提 2 并不存在适用位阶/顺序，二者的适用是同时进行的。

[4]　［德］卡尔·拉伦茨：《法学方法论》，黄家镇译，商务印书馆 2020 年版，第 479~480 页。

[5]　现有法律制度中并未具体明确"包工头"的法律地位，包工头一般是指建设工程施工合同中的承包人或者实际施工人。

的规定》第 3 条第 1 款有关规定，工伤保险的适用对象为"该组织或自然人招用的劳动者"，且认定工伤应当以用人单位与劳动者建立或存在劳动关系为前提，本案梁某并未与建安公司签订任何合同或协议，其作为该建筑工程的实际施工人显然不属于享受工伤保险待遇的"职工"范畴。基本案情如下：

朱某雄先与建安公司就某建筑工程签订施工合同，后该工程以建安公司为施工单位办理了工程报建手续，但案涉工程实际由梁某组织工人施工，建安公司职工陆某峰参与现场管理。后梁某在等待市住建部门检查期间于工地旁的出租屋内死亡，死亡原因为猝死。经查，该出租屋系梁某承租，用于工地开会和发放工资。梁某死后，其妻子刘某丽向当地人社局申请工伤认定，该人社局认定梁某是在工作时间和工作岗位，突然疾病在 48 小时之内经抢救无效死亡，符合《工伤保险条例》第 15 条第 1 款第 1 项规定的情形，视同因工死亡。建安公司不服，遂申请行政复议。

最高人民法院于 2021 年 4 月 27 日作出判决：认定梁某死亡属于工伤，应由建安公司承担工伤保险责任。裁判理由如下：

第一，建安公司作为具备用工主体资格的承包单位，既然享有承包单位的权利，也应当履行承包单位的义务，在工伤保险责任承担方面，建安公司与梁某虽未直接签订合同，但其允许梁某利用其资质并挂靠施工，参照工伤保险相关规定的（立法）精神，可由建安公司作为承担工伤保险责任的单位。

第二，严格按照文义，梁某作为不具有用工主体资格的"包工头"，并非该承包单位招用的职工，其因工死亡不应由建安公司承担工伤保险责任，但最高人民法院认为将因工伤亡的"包工头"纳入工伤保险范围，一方面符合《工伤保险条例》及相关规范性文件"应保尽保"的立法目的，另一方面契合了建设工程领域工伤保险的发展方向，扩展了建筑企业工伤保险参保覆盖面。

第三，建设工程领域具备用工主体资格的承包单位承担其违法转包、分包项目上因工伤亡职工的工伤保险责任，并不以存在法律上劳动关系或事实上劳动关系为前提条件。根据人力资源和社会保障部《关于执行〈工伤保险案例〉若干问题的意见》第 7 条、最高人民法院《关于审理工伤保险行政案件若干问题的规定》第 3 条规定，为保障建筑行业中不具备用工主体资格的组织或自然人聘用的职工因工伤亡后的工伤保险待遇，加强对劳动者的倾斜保护和对违法转包、分包单位的惩戒，现行工伤保险制度确立了因工伤亡职工与承包单位之间推定形成拟制劳动关系的规则，即直接将违法转包、分包的承包单位视为用工主体，并由其承担工伤保险责任。

第四，"包工头"违法承揽工程的法律责任，与其参加社会保险的权利之间并不冲突。根据《社会保险法》第1条、第33条规定，工伤保险作为社会保险制度的一个重要组成部分，由国家通过立法强制实施，是国家对职工履行的社会责任，也是职工应该享受的基本权利。不能因为"包工头"违法承揽工程违反建筑领域法律规范，而否定其享受社会保险的权利。承包单位以自己的名义和资质承包建设项目，又由不具备资质条件的主体实际施工，从违法转包、分包或者挂靠中获取利益，由其承担相应的工伤保险责任，符合公平正义理念。

从表面上看，本案虽有现行明确的法律规范加以调整，但如果法官仅从文义出发，依据形式推理可能会产生明显的不公正，导致"合法"与"合理"相冲突。彼时，为了案件的公正裁判，法官进行法律推理可能就需要依据其他法源，按照公正或实质正义的要求具体考虑推理中所涉及的法律问题的性质和内容等实质性成分。与简单案件不同，疑难案件揭示了法律规范的抽象概括、相对静止与社会现象的复杂多样、变化发展之间的矛盾，也体现了法律确定性和正义要求之间的冲突，因此解决疑难案件需要法官权衡法律内外的各种因素并采用复杂的推理形式。

三、案例分析

法律推理是特定法律工作者在法律实践中运用法律理由，基于已知的法律和事实合乎逻辑地推导和论证法律理由的思维活动，其中法官、检察官、律师及学者都可作为主体展开法律推理，结合本案历审情况，在一审、二审环节中各法律主体主要运用演绎推理来证成结论，其中广东省英德市人力资源和社会保障局依据《工伤保险条例》第15条第1款规定，运用演绎推理认定梁某的死亡应为工伤，[1]其推理形式如下：

大前提：职工有下列情形之一的，视同工伤：（一）在工作时间和工作岗位，突发疾病死亡或者在48小时之内经抢救无效死亡的；职工有前款第

---

[1] 广东省英德市人力资源和社会保障局《关于梁某洪视同工亡认定决定书》。

（一）项情形的，按照本条例的有关规定享受工伤保险待遇。

小前提：根据相关事实证据查明，首先，梁某生前为该建筑工程的实际施工人，包工头；其次，梁某是在工地旁边的出租房内等待市住建局前来检查时死亡；最后，梁某的死亡原因是猝死。

结论：梁某的死亡应视为工伤且享受工伤保险待遇。

从法律依据来看，广东省英德市人力资源和社会保障局是根据关于工伤认定的一般法规范（《工伤保险条例》）进行推理，侧重考察案件事实能否被法律规则中"工作时间""工作岗位"及"死亡情形"的概念外延所涵摄。对此，一审法院依据《工伤保险条例》第 15 条规定，先是查明没有证据证明建安公司与梁某之间存在分包、管理与聘用的（证据）事实，后依法主张工伤保险适用的法定对象为职工，通过演绎推理判定梁某的死亡不属于工伤，[1]推理过程如下：

大前提："职工有下列情形之一的，视同工伤：……"

小前提：梁某不应认定为职工。

结论：梁某的死亡不应视为工伤且不享受工伤保险待遇。

（主要理由：不满足大前提中主体条件——"职工"）

后经原告上诉，二审法院结合本案法律关系（主体）的特殊性，有针对地选择建筑工程承包经营中的工伤认定规则，依据《广东省工伤保险条例》（2011 年修订）第 42 条第 2 款规定，用人单位实行承包经营的，工伤保险责任由职工劳动关系所在单位承担。二审法院同样查明：现有证据无法证明建安公司与梁某之间存在工程转包、分包的事实，亦不能证明梁某与建安公司之间存在劳动关系；如果沿着该路径，具体的裁判进路就又重回一审裁判理由，即梁某的情况无法被现有认定工伤的一般法律规范（《工伤保险条例》）所涵摄。对此，二审法院补充论证，即使二者存在违法的转包、分包关系，梁某的死亡也无法被视为工伤。依据 2005 年劳动和社会保障部发布的《关于确立劳动关系有关事项的通知》第 4 条规定："建筑施工、矿山企业等用人单位将工程（业务）或经营权发包给不具备用工主体资格的组织或自然人，对

---

〔1〕 广东省清远市中级人民法院行政判决书〔2018〕粤 18 行初 42 号。

该组织或自然人招用的劳动者，由具备用工主体资格的发包方承担用工主体责任。"最高人民法院《关于审理工伤保险行政案件若干问题的规定》第 3 条规定："社会保险行政部门认定下列单位为承担工伤保险责任单位的，人民法院应予支持：……（四）用工单位违反法律、法规规定将承包业务转包给不具备用工主体资格的组织或者自然人，该组织或者自然人聘用的职工从事承包业务时因工伤亡的，用工单位为承担工伤保险责任的单位。……"人力资源和社会保障部《关于执行〈工伤保险条例〉若干问题的意见》第 7 点规定："具备用工主体资格的承包单位违反法律、法规规定，将承包业务转包、分包给不具备用工主体资格的组织或者自然人，该组织或者自然人招用的劳动者从事承包业务时因工伤亡的，由该具备用工主体资格的承包单位承担用人单位依法应承担的工伤保险责任。"《广东省工伤保险条例》（2011 年修订）第 42 条第 2 款规定："用人单位实行承包经营，使用劳动者的承包方不具备用人单位资格的，由具备用人单位资格的发包方承担工伤保险责任。"先是对以上法律规则进行归纳推理形成"一般"规范，[1] 后依据所形成的个案规范结合案件事实展开演绎推理，[2] 推理过程如下：

大前提：具备用工主体资格的承包单位违反法律法规，将承包业务转包、分包给不具备用工主体资格的自然人，该自然人招用的劳动者从事承包业务时因工伤亡的，用工单位承担工伤保险责任。

小前提：梁某不属于"该自然人招用的劳动者"范畴。

结论：用工单位不承担梁某的工伤保险责任，即梁某的死亡不视为工伤。

（主要理由：不满足大前提中主体前提条件）

从一审、二审法院的裁判进路/理由来看，若认定梁某享受工伤保险待遇，关键是回答梁某是否可归属"职工"和"自然人招用的劳动者"的主体范围，前一个问题涉及法律解释，后一个问题涉及漏洞填补。又因"特别法优于一般法"的法律适用的位序要求，本案裁判无法（同时）回避以上两个问题，且第二个问题处于"优位"必须且应当回答，对一个问题的解释将作为法律依据，有助于阐述超出文义范围进行法律续造的正当性和合理性。

---

[1] 这里的"一般"是指归纳推理中"特殊——一般"的相对"一般"。

[2] 广东省高级人民法院［2019］粤行终 390 号行政判决书。

后再审申请人不服判决结果,向最高人民法院申请再审,最高人民法院首先遵从司法程序,从事实层面切入,先是运用逻辑和经验查明涉案证据事实,梳理各证据材料和案件事实之间的关系,后依据相关法律对证据事实做以评价建构裁判事实。[1]对此,最高人民法院查明建安公司工作人员陆海峰实际参与了项目的施工管理,建安公司作为具备用工主体资格的承包单位,依据《建筑法》第 26 条第 2 款规定:"……禁止建筑施工企业以任何形式允许其他单位或者个人使用本企业的资质证书、营业执照,以本企业的名义承揽工程。"第 28 条规定:"禁止承包单位将其承包的全部建筑工程转包给他人,禁止承包单位将其承包的全部建筑工程肢解以后以分包的名义分别转包给他人。"建安公司既然享有承包单位的权利,也应当履行承包单位的义务,从事实推理来看,建安公司和梁某同作为建筑工程的实际施工管理人,根据常识建安公司必然知晓梁某的身份、职权。进一步讲,建安公司知道且应当知道朱某雄(原始发包方)与梁某另行签订施工合同,彼时建安公司并未提出异议或主张解除之前的施工合同,反而允许梁某利用其资质并挂靠施工,虽然二者未直接签订转包合同,但其允许梁某利用其资质并挂靠施工,应视为二者已经形成了事实上的转包关系,该拟制行为主要基于以下理由:挂靠和转包行为在法律性质上都违反了法律禁止性规定,二者在实务中具有极高的相似性,在行为上都体现在签收被挂靠单位/转包人对实际施工人员具有一定管理性。结合案情来看,原始发包人朱某雄在工程时间线上先于梁某签订施工合同,彼时,梁某并未介入该工程,而后才以个人名义(非建安公司名义)与朱某雄签订施工合同,至此,从合同签订时间和施工人名义来看,梁某与建安公司的关系应视为转包关系而非当事方承认的挂靠关系。[2]

在建构完案件事实后,最高人民法院依据 2005 年劳动和社会保障部发布的《关于确立劳动关系有关事项的通知》第 4 条,《人力资源和社会保障部关于执行〈工伤保险条例〉若干问题的意见》第 7 条规定以及最高人民法院

---

〔1〕 杨贝:"论案件事实的层次与建构",载《法制与社会发展》2019 年第 3 期。

〔2〕 需要注意的是:虽然当事人承认是挂靠关系,但这只是当事人关于案件的陈述而非案件事实,同时依据最高人民法院《关于行政诉讼证据若干问题的规定》第 54 条规定:"法庭应当对经过庭审质证的证据和无需质证的证据进行逐一审查和对全部证据综合审查,遵循法官职业道德,运用逻辑推理和生活经验,进行全面、客观和公正地分析判断,确定证据材料与案件事实之间的证明关系,排除不具有关联性的证据材料,准确认定案件事实。"法官有权独立认定案件事实。

《关于审理工伤保险行政案件若干问题的规定》第 3 条第 1 款第 4 项、第（五）项规定的内容及立法精神，通过对原法律规范的前件肯定及运用演绎推理认定建安公司应承担工伤保险责任，[1]推理形式如下：

大前提：具备用工主体资格的承包单位违反法律、法规规定，将承包业务转包、分包给不具备用工主体资格的组织或者自然人，该组织或者自然人招用的劳动者从事承包业务时因工伤亡的，由该具备用工主体资格的承包单位承担用人单位依法应承担的工伤保险责任。

大前提（简化）：具备用工主体资格的承包单位违反法律、法规规定，将承包业务转包、分包给不具备用工主体资格的组织或者自然人，该具备用工主体资格的承包单位依法应承担工伤保险责任。

小前提：建安公司与梁某之间应视为转包关系。

结论：建安公司应承担工伤保险责任（但没有明确承担梁某的工伤保险责任）。

该推论只论证了建安公司应承担工伤保险责任，并未明确推论出应承担梁某（"包工头"）的工伤保险责任，所以裁判进路的下一步就是讨论梁某作为包工头是否应与"该组织或自然人招用的劳动者"同等对待。对此，一审、二审法院均认为包工头无法被"该组织或自然人招用的劳动者"概念外延所涵摄，并突破了其文义范围，以未满足该规范[2]前提为理由进行反面推理来终止裁判，[3]推理形式如下：

前提 1：具备用工主体资格的承包单位违反法律、法规规定，将承包业务转包、分包给不具备用工主体资格的组织或者自然人，该组织或者自然人招用的劳动者从事承包业务时因工伤亡的，由该具备用工主体资格的承包单位承担用人单位依法应承担的工伤保险责任。

---

〔1〕 最高人民法院［2021］最高法行再 1 号行政判决书。
〔2〕 此处及后续的"该规范"均指代经归纳推理后所形成的"一般"规范：备用工主体资格的承包单位违反法律、法规规定，将承包业务转包、分包给不具备用工主体资格的组织或者自然人，该组织或者自然人招用的劳动者从事承包业务时因工伤亡的，由该具备用工主体资格的承包单位承担用人单位依法应承担的工伤保险责任。
〔3〕 反面推理又被称为"反向推理"或"反向论证"，参见［德］乌尔里希·克卢格：《法律逻辑》，雷磊译，法律出版社 2016 年版，第 186~194 页。

前提 1 的构成要件拆解：①该承包单位具备用工主体资格；②该单位违反法律、法规规定；③该组织将承包业务转包、分包给不具备用工主体资格的组织或自然人；④该组织或自然人招用的劳动者；⑤劳动者从事承包业务时因工伤亡；（联言关系）

前提 2：如果某个事实满足制定法前提 V_1，V_2……Vn，那么它就会引发法律后果 R_1，R_2……Rn。

前提 3：包工头不满足制定法前提中构成要件④"该组织或自然人招用的劳动者"

结论：该具备用工主体资格的承包单位不承担工伤保险责任。

二审法院通过反面推理想达到"肯定其一即否定其余"的法效果，[1]但需要注意的是，于此法律规范而言，该推理形式在逻辑上是无效的，因为该项规范中的法律前提对于它（们）所蕴含的法律后果而言是一种充分的前提，即是一种充分条件而非必要条件。也就是说，对于本案来讲，该项法律规则的无法涵摄只能表示"法无规定"而不能直接认定为"法（故意）不规定"，在法秩序内依然存在认可包工头享受工伤保险待遇的可能空间，只有当制定法明确排除或否认包工头享受工伤保险待遇时，才能绝对性地排除其他主体享受工伤保险待遇的可能。而后，最高人民法院结合"包工头"与"该组织或自然人招用的劳动者"的本质属性展开类比推理，推理形式如下：

前提 1：具备用工主体资格的承包单位违反法律、法规规定，将承包业务转包、分包给不具备用工主体资格的组织或者自然人，该组织或者自然人招用的劳动者从事承包业务时因工伤亡的，由该具备用工主体资格的承包单位承担用人单位依法应承担的工伤保险责任。

前提 2："包工头"与"该组织或自然人招用的劳动者"相类似。

结论：包工头从事承包业务时因工伤亡的，该承包单位承担工伤保险责任。

---

〔1〕 "肯定其一即否定其余"（Qui dicit de uno, negat de altero）为拉丁格言，参见 Meier-Hayoz, Der Richter als Gesetzgeber, Zürich 1951, S. 71, 转引自［德］乌尔里希·克卢格：《法律逻辑》，雷磊译，法律出版社 2016 年版，第 188 页。

从前提的内容来看，这一类比推理并不具有形式上的独立性，而是受到既有的特定实质性事实的限制，因而不能依靠纯粹形式逻辑来处理。包工头与该组织或自然人招用的劳动者的相似性必须基于某个（些）要素，同时它（们）也构成了充足理由来支持原法律规范，即"包工头"和"该组织或自然人招用的劳动者"在对法律评价有决定性意义的方面相类似，基于"同等情况同等对待"的正义要求，二者应被相同评价：[1]第一层次是识别二者之间的相同点和不同点，结合建筑工程的相关属性，在相同点上二者都参与了实际施工，且都与该承包单位具有一定的关系；在差异点上，包工头与承包单位的关系属于挂靠或转包关系，而普通工人与包工头及承包单位之间是一种劳动关系；此外，从个体属性来看，包工头的职责是负责组织和监督施工，而工人则负责执行施工任务，完成具体工作即可，前者较后者的责任更大、地位更高。第二层次是结合法律规范判断在工伤保险领域下二者在事实上的相同点重要还是不同点重要，[2]这一环节需要运用具体解释方法予以论证：

（1）根据人力资源和社会保障部《关于执行〈工伤保险条例〉若干问题的意见》第 7 条规定，认定工伤保险责任或用工主体责任，已经不以存在法律上劳动关系为必要条件。根据最高人民法院《关于审理工伤保险行政案件若干问题的规定》第 3 条规定，能否进行工伤认定和是否存在劳动关系，并不存在绝对的对应关系。从前述规定来看，为保障建筑行业中不具备用工主体资格的组织或自然人聘用的职工因工伤亡后的工伤保险待遇，加强对劳动者的倾斜保护和对违法转包、分包单位的惩戒，现行工伤保险制度确立了因工伤亡职工与违法转包、分包的承包单位之间推定形成拟制劳动关系的规则，即直接将违法转包、分包的承包单位视为用工主体，并由其承担工伤保险责任，故二者在法律层面最明显的差异性，即包工头的挂靠、转包关系和普通工人的劳动关系在工伤保险领域中已然被法律评价为相同性质。

（2）依据文义解释来看，根据《工伤保险条例》第 2 条规定："中华人民共和国境内的企业、事业单位、社会团体、民办非企业单位、基金会、律

〔1〕　参见［德］卡尔·拉伦茨：《法学方法论》，黄家镇译，商务印书馆 2020 年版，第 479~480 页。

〔2〕　参见［美］史蒂文·J. 伯顿：《法律和法律推理导论》，张志铭、解兴权译，中国政法大学出版社 1998 年版，第 35~38 页。

师事务所、会计师事务所等组织和有雇工的个体工商户（以下简称用人单位）应当依照本条例规定参加工伤保险，为本单位全部职工或者雇工（以下简称职工）缴纳工伤保险费。中华人民共和国境内的企业、事业单位、社会团体、民办非企业单位、基金会、律师事务所、会计师事务所等组织的职工和个体工商户的雇工，均有依照本条例的规定享受工伤保险待遇的权利。"该条所规定的工伤保险的适用主体范围（"本单位全部职工或者雇工"）并未排除个体工商户、"包工头"等特殊的用工主体。

（3）二者在法律上相类似，符合"应保尽保"的工伤保险制度立法目的，结合《工伤保险条例》相关规定来看，工伤保险制度的立法目的在于保障因工作遭受事故伤害或者患职业病的职工获得医疗救治和经济补偿，促进工伤预防和职业康复，分散用人单位的工伤风险。包工头作为劳动者，处于违法转包、分包利益链条的最末端，参与并承担着施工现场的具体管理工作，有的也直接参与具体施工，故二者就工伤保险制度和工伤保险责任的立法目的而言，并不存在本质区别，若人为限缩《工伤保险条例》的适用范围，不同等对待二者，将会形成实质上的不平等，也违背了立法本意。

（4）将二者视同类似，迎合了建筑工程领域工伤保险的制度发展方向和社会政策要求，依据国务院办公厅《关于促进建筑业持续健康发展的意见》、人力资源和社会保障部办公厅《关于进一步做好建筑业工伤保险工作的通知》等规范性文件的要求，强调要"建立健全与建筑业相适应的社会保险参保缴费方式，大力推进建筑施工单位参加工伤保险"，为包括"包工头"在内的所有劳动者按项目参加工伤保险，扩展建筑企业工伤保险参保覆盖面，符合建筑工程领域工伤保险制度发展方向，故将二者视同类似，也具有一定的现实意义。

综上所述，在最高人民法院发布的 191 号指导性案例中，一、二审法院以形式推理所做的判决忽略了案件背后的实质价值因素，导致裁判结论虽合法但并不合理。对此，最高人民法院综合运用事实推理、类比推理及演绎推理，对制定法所未明确规定，但根据制定法自身目的本应调整的事实提供了充分正当的规范理由，填补了法律漏洞。

第三节　法律论证

一、理论导读

（一）法律论证的概念

狭义的法律论证（legal argument）是指诉讼参与者（当事人、代理人、法官等）运用法条和证据来支持其法律主张的语言活动。法律论证可以分为作为过程的法律论证与作为结果的法律论证。作为过程的法律论证是指诉讼参与者为了支持自己的主张提出理由以及回应反驳的动态交互过程，也称为法律论辩（legal argumentation）。作为结果的法律论证表现为一个有序命题组，其中一个命题为结论，用以支持结论的其他命题为前提。法律论证的结论是法律命题，即陈述某个或某类事物的法律属性或某些事物之间的法律关系的命题。

法律论证与法律推理（legal reasoning）的区别在于，法律推理是思维活动，而法律论证是语言活动；法律推理的目标是认识事物的法律性质并在此基础上作出法律决策，法律论证则是为了说服听众接受自己的主张。[1]然而，由于法律推理的外在表现同样是一个由结论与声称能够支持结论的前提所构成的有序命题组，从形式逻辑的视角看，没有必要在作为结果的法律推理与作为结果的论证之间做出严格区分。

（二）法律论证的类型

根据阿列克西（Robert Alexy）的区分，法律论证可以分为内部证成与外部证成。[2]内部证成即通常所说的法律三段论，它由大前提、小前提与结论构成，其中大前提是陈述法律规则的一般命题，小前提是陈述法律事实的特称命题。外部证成则是以内部证成中的大前提或小前提为结论的命题。由于内部证成是将一般性规则适用到个别案例事实的过程，又可称法律适用论证。外部证成则可以进一步区分为法律发现论证与法律事实论证。法律发现论证确立内部证成中的大前提，法律事实论证确立内部证成中的小前提。值得注

---

〔1〕　陈坤：《基于可驳斥性逻辑的法律推理研究》，中国社会科学出版社 2021 年版，第 39~41 页。

〔2〕　［德］罗伯特·阿列克西：《法律论证理论——作为法律证立理论的理性论辩理论》，舒国滢译，中国法制出版社 2002 年版，第 274 页。

意的是，由于确立法律三段论之大前提或小前提的过程本身可能需要适用某个法律规则，所以一个法律论证可以既是法律适用论证——就其是一个将规则适用于事实的论证而言；也是法律发现论证或法律事实论证——就其是一个确立某个法律三段论之大前提或小前提的论证而言。

法律论证也可以从其他角度进行分类。例如，从法律方法的角度，法律论证可以区分为法律解释论证、法律续造论证、利益衡量论证等。

（三）法律论证的评价

法律论证的评价问题关注如何区分好的法律论证与坏的法律论证。对于作为一种语言活动的法律论证来说，完整的评价标准包含三个不同的层面，分别为分析层面、论辩层面与修辞层面。在分析层面，好的论证是那些可靠的、理性可接受的论证；在论辩层面，好的论证是那些通过理性讨论消除了意见分歧的论证；在修辞层面，好的论证是那些在结果上更有可能被目标听众所接受的标准。逻辑学主要关注分析层面的论证评价标准，或简称分析标准。

在很长一段时间内，论证评价的分析标准被确定为：前提真且形式有效。但对于法律论证来说，这一标准无法适用。一方面，在法律论证中，绝大多数作为前提的命题无法被确定为真的，而只能被确定为"似真的"（plausible）。另一方面，法律论证的形式也不是演绎有效的，而是可废止的。[1]如果将"前提真且形式有效"作为法律论证的（分析层面的）评价标准，那么所有的法律论证都不能被评价为好论证。因此，从图尔敏（Stephen Toulmin）开始，人们不断寻找新的替代性标准。[2]例如约翰逊和布莱尔（Johnson & Blair）提出的相关性、可接受性和充分性标准（RSA标准）。[3]

虽然在论证评价的标准问题上目前仍存在许多争论，但大致说来，一个好的法律论证应当满足概念清晰、前提相关、前提可信、前提充分与结构合理这五个条件。概念清晰要求法律论证不使用过于抽象、含混或晦涩的概念，不生造概念，同时不偏离对概念的常规理解；此外，概念清晰还要求在同一个论证中，内涵与外延保持同一。前提相关即前提的可信性对结论的可信性

---

[1] 陈坤："可废止法律推理与法治"，载《法制与社会发展》2019年第6期。

[2] 图尔敏主张在法律领域，以及所有的非数学领域，都应以"法理逻辑"来取代形式逻辑，提出新的论证评价。See Stephen E. Toulmin, *The Use of Argument*, Cambridge University Press, 1958, p. 88.

[3] 即RSA标准。See Johnson & Blair, *Logical Self-defense*, (2nd ed.), McGraw-Hill Ryerson, 1983, p. 34.

有贡献，这要求法律论证不诉诸与结论无关的一些话题，也不偷换或混淆论题。前提可靠一方面要求前提必须具有可靠的来源，另一方面要求对来源信息不存在误解。前提充分是指前提足以支持结论，其底线要求是不同的前提不能彼此冲突。结构合理是指法律论证应当采用实践中被普遍接受的论证型式（argument schemes）。结构合理还要求法律论证考虑明显的或已经存在的反驳，即约翰逊在作为推论性内核的 RSA 标准上所增加的论辩性外层标准。[1]

二、案例介绍：于欢故意伤害案

2016 年 4 月 14 日，由社会闲散人员组成的十多人催债队伍多次骚扰女企业家苏某霞，辱骂、殴打苏某霞。苏某霞的儿子于欢目睹其母受辱，从工厂接待室的桌子上摸到一把水果刀乱捅，致使四名催债人员被捅伤。其中，一人因未及时就医导致失血性休克死亡，另外两人重伤，一人轻伤。

2017 年 2 月 17 日，山东省聊城市中级人民法院一审以故意伤害罪判处于欢无期徒刑。四名原告和被告于欢不服一审判决，分别提出上诉，山东省高级人民法院于 2017 年 3 月 24 日立案受理。

2017 年 6 月 23 日，山东省高级人民法院认定于欢属防卫过当，构成故意伤害罪，判处于欢有期徒刑 5 年。2018 年 1 月 6 日，于欢故意伤害案入选 2017 年度人民法院十大刑事案件；2018 年 6 月 20 日，入选最高人民法院第 18 批指导案例。

该案的争议焦点为，于欢的捅刺行为应当如何评价。山东省高级人民法院的二审判决认为，于欢的捅刺行为虽然具有防卫性，但属于防卫过当。在判决书中，法院用三个段落论证了这一结论。

首先，法院论证了于欢的行为具有防卫性。

（段落 1）案发当时杜某 2 等人对于欢、苏某霞持续实施着限制人身自由的非法拘禁行为，并伴有侮辱人格和对于欢推搡、拍打等行为；民警到达现场后，于欢和苏某霞想随民警走出接待室时，杜某 2 等人阻止二人离开，并对于欢实施推拉、围堵等行为，在于欢持刀警告时仍出言挑衅并逼近，实施

---

〔1〕 Ralph H. Johnson, *Manifest Rationality: A Pragmatic Theory of Argument*, Lawrence Erlbaum, 2000, p. 206.

正当防卫所要求的不法侵害客观存在并正在进行；于欢是在人身自由受到违法侵害、人身安全面临现实威胁的情况下持刀捅刺，且捅刺的对象都是在其警告后仍向其靠近围逼的人。因此，可以认定其是为了使本人和其母亲的人身权利免受正在进行的不法侵害，而采取的制止不法侵害行为，具备正当防卫的客观和主观条件，具有防卫性质。

然后，法院论证了于欢的捅刺行为不属于特殊防卫。

（段落2）《刑法》第20条第3款规定："对正在进行行凶、杀人、抢劫、强奸、绑架以及其他严重危及人身安全的暴力犯罪，采取防卫行为，造成不法侵害人伤亡的，不属于防卫过当，不负刑事责任。"根据这一规定，特殊防卫的适用前提条件是存在严重危及本人或他人人身安全的暴力犯罪。本案中，虽然杜某2等人对于欢母子实施了非法限制人身自由、侮辱、轻微殴打等人身侵害行为，但这些不法侵害不是严重危及人身安全的暴力犯罪。其一，杜某2等人实施的非法限制人身自由、侮辱等不法侵害行为，虽然侵犯了于欢母子的人身自由、人格尊严等合法权益，但并不具有严重危及于欢母子人身安全的性质。其二，杜某2等人按肩膀、推拉等强制或者殴打行为，虽然让于欢母子的人身安全、身体健康权遭受了侵害，但这种不法侵害只是轻微的暴力侵犯，既不是针对生命权的不法侵害，又不是发生严重侵害于欢母子身体健康权的情形，因而不属于严重危及人身安全的暴力犯罪。其三，苏某霞、于某1系主动通过他人协调、担保，向吴某借贷，自愿接受吴某所提10%的月息。既不存在苏某霞、于某1被强迫向吴某高息借贷的事实，又不存在吴某强迫苏某霞、于某1借贷的事实，与司法解释以借贷为名采用暴力、胁迫手段获取他人财物以抢劫罪论处的规定明显不符。可见杜某2等人实施的多种不法侵害行为，符合可以实施一般防卫行为的前提条件，但不具备实施特殊防卫的前提条件，故于欢的捅刺行为不属于特殊防卫。

最后，论证了于欢的捅刺行为属于防卫过当。

（段落3）《刑法》第20条第2款规定："正当防卫明显超过必要限度造成重大损害的，应当负刑事责任，但是应当减轻或者免除处罚。"由此可见，防卫过当是在具备正当防卫客观和主观前提条件下，防卫反击明显超越必要限度，并造成致人重伤或死亡的过当结果。认定防卫是否"明显超过必要限度"，应当从不法侵害的性质、手段、强度、危害程度，以及防卫行为的性质、时机、手段、强度、所处环境和损害后果等方面综合分析判定。本案中，杜某2一方虽然人数较多，但其实施不法侵害的意图是给苏某霞夫妇施加压力以催讨债务，在催债过程中未携带、使用任何器械；在民警朱某等进入接待室前，杜某2一方对于欢母子实施的是非法限制人身自由、侮辱和对于欢拍打面颊、揪抓头发等行为，其目的仍是逼迫苏某霞夫妇尽快还款；在民警进入接待室时，双方没有发生激烈对峙和肢体冲突，当民警警告不能打架后，杜某2一方并无打架的言行；在民警走出接待室寻找报警人期间，于欢和讨债人员均可透过接待室玻璃清晰看见停在院内的警车警灯闪烁，应当知道民警并未离开；在于欢持刀警告不要逼过来时，杜某2等人虽有出言挑衅并向于欢围逼的行为，但并未实施强烈的攻击行为。因此，于欢面临的不法侵害并不紧迫和严重，而其却持刃长15.3厘米的单刃尖刀连续捅刺四人，致一人死亡、二人重伤、一人轻伤，且其中一人系被背后捅伤，故应当认定于欢的防卫行为明显超过必要限度造成重大损害，属于防卫过当。

该判决书论证仔细、说理充分，是我们用来讨论法律论证问题的很好样本。

三、案例分析

（一）法律论证的分析与重塑

分析法律论证的第一步是找出论证的最终结论。论证的最终结论取决于我们所选取的篇章。在上例中，如果我们只选取段落1，那么论证的最终结论是"于欢的行为具有防卫性"；如果我们选取全部3个段落，那么论证的最终结论是"于欢的行为构成防卫过当"。值得注意的是，如果我们选取的篇章是一个判决书，我们需要区分表达法律决定（legal decision）的句子和陈述法律主张（legal statement）的句子。例如，在指导案例1号中，最后一个句子"（本院）对中原公司的诉讼请求不予支持"表达的是一个决定，倒数第二句"（陶某华）不构成违约"陈述的才是一个法律主张。因此指导案例1号的最终结论为"（陶某华）不构成违约"，而非"（本院）对中原公司的诉讼请求不予支持"。当然，最后一个句子所表达的决定是建立在倒数第二句所陈述的主张的基础上的。该决定是否合理取决于该主张是否正确。

找出最终结论之后需要找出直接支持该结论的前提。例如，直接支持"于欢的行为构成防卫过当"的前提是"于欢的防卫行为明显超过必要限度造成重大损害"。值得注意的是，论证者在论证过程中经常会省略一些前提。为了更好地理解与评价论证，有时需要将省略的前提补充完整。对于法律适用论证（法律三段论）来说，这一工作相对容易进行，因为它有固定的结构，即作为一般规则的大前提与作为个别事实的小前提。因此在本例中，需要补充的大前提为"如果一个行为具有防卫性，但明显超过必要限度且造成重大损害，那么该行为构成防卫过当"。在补充大前提后，这一论证可以被重塑为：

（1）如果一个行为具有防卫性，但明显超过必要限度且造成重大损害，那么该行为构成防卫过当。

（2）于欢的行为具有防卫性。

（3）于欢的行为明显超过必要限度。

（4）于欢的行为造成重大损害。

（5）于欢的行为构成防卫过当。

在分析法律论证的过程中，我们不仅需要补充前提，而且需要调整语序、消除冗句以及其他与论证无关的修辞成分，甚至修改句子结构。因此分析法律论证的过程同时也就是重塑的过程。但需要注意的是，我们要确保重塑忠实地表达了所分析的论证。

在找出直接支持最终结论的前提（一级前提）后，还通常需要找出支持该前提的二级前提，找出支持二级前提的三级前提，以此类推。总之，分析法律论证的过程就是从一个作为最终结论的法律主张出发，层层回溯。在上例中，前提（1）至前提（4）均为一级前提。其中，前提（1）为规则性大前提，该前提直接来源于《刑法》第 20 条第 2 款的规定。从该规定到前提（1）的论证过程为法律发现论证。前提（2）至前提（4）均为事实性小前提。段落 1 表达了支持前提（2）的论证；段落 3 则包含了支持前提（3）和前提（4）的论证。

段落 1 中支持前提（2）的论证可以重塑为一个法律事实论证：

（2.1）为了制止（主观条件）不法侵害（起因条件），对正在进行（时间条件）不法侵害的行为人（对象条件）造成损害的行为，具有防卫性。

（2.2）于欢的行为是为了制止不法侵害。

（2.3）客观上存在不法侵害。

（2.4）不法侵害正在进行。

（2.5）侵害的对象是不法侵害的行为人。

（2）于欢的行为具有防卫性。

其中前提（2.1）同样来源于以《刑法》规定为前提的法律发现论证。前提（2.2）至前提（2.5）则是根据常识规则做出的事实判断。

段落 3 中支持前提（4）的法律事实论证同样可以理解为根据常识规则（一人死亡、二人重伤、一人轻伤的结果是重大损害）做出的事实判断；而支持前提（3）的法律事实论证则稍有些复杂。由于它花费了很大的篇幅来论证于欢的行为所造成的损害比不法侵害更加严重，可认为它隐含了一个规则性前提："如果行为造成的损害比不法侵害明显更加严重，则属于明显超过必要限度。"然而，该前提既非来源于法律的规定，也不是具有共识性的常识规则，而仅来源于刑法教义学的一种学说。判决理由没有对该规则的成立展开论证，存在一个明显的薄弱环节，在一定程度上削弱了支持最终结论（于欢的行为构成防卫过当）的整个论证的"可靠性"程度。

可以看出，分析与重塑论证既是理解与评价论证的基础，也是发现论证的薄弱环节、构造有效反驳的前提。

（二）作为过程的法律论证

在上面的讨论中，我们是从静态的视角来看待法律论证的。仅在静态视角下，不太好处理段落 2 中所包含的论证。我们当然可以将其理解为它属于"于欢的行为构成防卫过当"的一个条件，但这样一来，"不属于特殊防卫"就成为"构成防卫过当"的条件之一。即防卫过当的条件在行为"具有防卫性，但明显超过必要限度且造成重大损害"之外，还要加上"不属于特殊防卫"。从而存在一个下面将要讨论的法律推理与法律论证中常见的条件与例外的混淆——"属于特殊防卫"是"构成防卫过当"的一个例外，而非"不属于特殊防卫"是"构成防卫过当"的一个条件。如果在动态的视角下来看待法律论证，就会发现，段落 2 中包含的论证实际上是在反驳辩护人提出的"于欢的行为属于特殊防卫"的论证，而后一个论证又是辩护人所提出的反驳检察院提出的"于欢的行为构成防卫过当"的论证。

法律论证是一个多主体参与的动态展开的过程，法律决定建立在评价与比较相互竞争的多个论证的基础上。因此对法律主张的证立来说，不仅需要确定评价论证可靠性的标准，而且需要揭示论证之间所具有的反驳、驳倒以及复原等复杂关系，并提出比较不同论证强度的标准。

一般来说，反驳一个论证可以采取三种方式：反驳结论（冲突反驳）、反驳前提（削弱反驳）、反驳结论与前提之间的支持关系（底切反驳）。冲突反驳是对称的，即如果论证 i 冲突反驳论证 j，那么论证 j 冲突反驳论证 i。因为冲突反驳双方的结论是不相容的。削弱反驳与底切反驳则是不对称的。正因为它们是不对称的，削弱反驳与底切反驳总是成功的，不需要比较双方的强度。冲突反驳则需要通过比较冲突双方的论证强度来确定何方获胜。在论辩理论中，一般通过综合考察论证的前提强度与推断强度来判断与比较论证强度。[1]

在法律论证中，例外情形具有双重性，提出例外的论证对于原论证来说，既构成冲突反驳，又构成底切反驳。例如，上例中以"于欢的行为属于特殊防卫"为结论的论证（论证 2），首先构成对以"于欢的行为属于防卫过当"为结论的论证（论证 1）的底切反驳，因为在特殊防卫成立的那些情形中，不适用防卫的限度条件；其次构成论证 1 的冲突反驳，因为特殊防卫与防卫过当是不相容的两个概念。由于底切反驳总能成功，如果只考虑这两个论证，那么论证 1 处于被驳倒的状态。

被驳倒的论证可以被其他论证复原。上例中，段落 2 中所包含的以"于欢的行为不属于特殊防卫"为结论的论证（论证 3）即旨在通过驳倒论证 2 来复原被论证 2 驳倒的论证 1。论证 3 既冲突反驳论证 2，由于其结论与论证 2 的结论不相容；又削弱反驳论证 2，由于其反驳了论证 2 的前提。正因为论证 3 不仅冲突反驳论证 2，同时削弱反驳论证 2，不需要通过论证强度的比较即可驳倒论证 2，从而达到复原论证 1 的目的。随着论证 1 的被复原，论证 1 的结论"于欢的行为属于防卫过当"在由这些段落所构成的完整论证过程中被确立。

在动态视角下观察，能够很好地呈现法律论证的可废止性、权衡性与非单调性。可废止性体现在，人们总是基于不充分的信息得出结论，然后在遇到相反证据时撤回它，而不是试图基于充分的信息得出确凿的不可撤回的结论。这在根本上是因为，法律论证只能从论证者在有限时间内已经掌握的有限知识开始，不能期待一个前置的无限期的信息收集过程。法律论证的可废止性意味着尽管有些论证型式（例如法律三段论）看起来很像决定性的演绎

[1] 陈坤：《基于可驳斥性逻辑的法律推理研究》，中国社会科学出版社 2021 年版，第 254~260 页。

论证，甚至可能表达为经典逻辑中的某个证明（proof），但它仍然不是演绎保证的。法律论证的权衡性体现在，何种法律主张最终能够获得证立，经常需要考察支持与反对该主张的多个论证，揭示它们的互动关系，并在必要时比较它们的相对强度。权衡性的根本原因在于，法律论证经常基于不一致的信息。法律论证的非单调性表现在，基于一个前提集已经得出的结论可能随着前提集的扩展（新的前提的加入）而被撤回，并且无须撤回那些据以得出该结论的前提。这意味着，法律论证中所确立的结论是暂时性的，向未来保持开放的。

（三）法律论证的程序理论

法律论证是一种语言活动。除了逻辑有效性的要求之外，它还受到社会交往规范的约束。从这一视角出发的理论可以称为法律论证的程序理论，它认为法律主张的合理性取决于其证立过程是否遵循理性交往的程序。程序理论的代表是阿列克西的法律论辩理论。阿列克西将法律论辩视为普遍实践论辩的一种特殊情形，除了要遵循普遍实践论辩要遵循的一些规则，还要遵循一些若干特殊规则。例如，内部证成需要遵循的规则有"欲证立法律判断，必须至少引入一个普遍性的规范""法律判断必须至少从一个普遍性的规范连同其他命题逻辑地推导出来""每当对于 a 是否为 T 或者 Mi 产生疑问时，均必须提出某个规则，对该问题作出决定"等；外部证成中的法律解释论证需要遵循的规则有"任何属于解释规准的论述形式，必须达到饱和""那些表达受法律的文义或历史上的立法者意图之约束的论述，比其他论述具有优位，除非能够提出合理的理由说明其他的论述被赋予了优位""各种不同形式的论述的分量，必须根据权衡轻重的规则来加以确定""一切属于解释规准而又能够尽可能被提出的论述形式，都必须予以考量"。[1]

阿列克西的论证程序理论存在一些难题。例如，在针对法律论辩的特殊规则中，有相当多的规则看上去不是程序性的，而是实质性的。阿列克西程序理论的理论基础是言语交往理论，后者重在规范交流活动的过程，而非交流过程中所提出的主张。例如作为普遍实践论辩基本规则的非自相矛盾、真诚、可普遍化以及语言用法的共通性等。这可能是由于，阿列克西认识到，仅规范交流活动本身是无法保证结论的可证立性的。但这意味着结论的合理

---

〔1〕 ［德］罗伯特·阿列克西：《法律论证理论——作为法律证立理论的理性论辩理论》，舒国滢译，中国法制出版社 2002 年版，第 369~373 页。

性本身是多面向的，而不能将所有的标准都糅合到同一个面向中，不能将独断性的评价标准糅合到交往性的程序控制中。此外，在阿列克西提出的规则中，有相当多的规则缺乏可操作的指引性与规范性。以"各种不同形式的论述的分量，必须根据权衡轻重的规则来加以确定"为例，该规则并未告诉人们应当如何权衡，也无法用来评价权衡结果的合理性。正因此，论证程序理论既无法保证获得一个最终的结果，也很难作为评价与比较现实论辩的理论工具。但程序理论并非没有意义，其对论证过程的特别关注使我们认识到法律论证的可靠性与法律主张的合理性的另外一个重要面向，这个面向是我们在关注判决书等书面的法律论证时经常忽略的。

阿列克西程序理论的另外一个贡献是，它提出了若干法律论辩过程中常用的论证形式，例如普遍实践论辩的一般论证形式、内部证成的论证形式、法律解释的论证形式等。这一想法和道格拉斯·沃顿（Douglas N. Walton）等现代论证理论学者提出的论证形式理论不谋而合。[1]对法律论证中常见的论证形式进行整理，既是构造一个合理的描述性与规范性的法律论证理论的基础，也可与计算论辩理论结合成为法律人工智能未来发展的方向。

第四节　法律解释融贯运作

一、理论导读

迄今为止，法律解释学研究者的重要学术贡献之一就是为司法实践提供了一份"方法清单"，[2]进而保证大体每一项司法裁决都能找到有效的法律解释路径。理论上，不同的解释方法和案件事实之间本应是一种对当关系，

---

〔1〕　See Bart Garssen, "Argument Schemes", in F. H. van Eemeren (ed.), *Crucial Concepts in Argumentation Theory*, Amsterdam University Press, 2001, pp. 81~99.

〔2〕　随着法学方法论的研究重心从"本体论"转向"方法论"，无论在理论法层面还是部门法领域，有关解释方法的研究都占据着绝对优势。在理论法层面，我们基本建成了一套包括文理、逻辑、历史、体系等核心法律解释要素的解释方法体系，并按照广狭、宽严、先后等不同的标准划分了不同的序列；在部门法层面，解释方法的研究主要集中在民法和刑法领域，并且在研究中刻意回避理论上的探究，只是从技术和规则的层面来分析，将"解释方法""解释标准"和"解释技术"等进行综合考量。此外，在解释"方法清单"的认定上，也存在认为法律解释其实只有文义解释这一种方法的不同意见。如苏力、梁治平教授将所有解释方法分为平义和特殊文义，而苏晓宏教授则认为体系解释、目的解释只是法律解释方法的证立。

即每个裁判结果要么只依靠一种解释方法，要么不同解释方法的适用严格遵循着"效力位阶表"。但是，现实裁决中的案件却并非总是这么"合拍"，多种解释方法的综合运用业已成为司法的常态，在一些疑难或典型案件的裁判中尤为突出。

然而，正是裁判中的这些少数"疑难"案件，占用着大量的司法资源和精力。一方面，证据事实不清、法律规范模糊、道德法律冲突以及新发典型现象等因素确实为公正合法裁判带来现实的困难；另一方面，在发达的自媒体时代，此类案件的"特殊性"如蜘蛛网般紧密吸引着人们的眼球，任何评议都能在"民意"的旗号下快速汇聚为强大的民间力量，从而构成法官裁判时不容忽视的因素。这也无形中给习惯于"依法裁判"的司法者设定了更高的要求。而以上两点，也同时成为当前最高人民法院大力开展案例指导工作的重要原因。在此过程中，通过指导案例"应当参考"的效力，明确了类似案件裁判中的法律方法及其适用标准，进而将其抽象为规范意义上的适用规则。在中国特色社会主义法律体系已经建成、大规模立法活动将逐渐减少的背景下，认真对待和仔细研究这些蕴含在指导性案例中的适用规则，具有重大的理论和现实意义。本节正是从一个司法适用中的典型案件——"指导案例 32 号"入手，详细剖析多种解释方法的融贯运作。

二、案例介绍："张某某、金某危险驾驶案"

2012 年 2 月 3 日 20 时 20 分许，被告人张某某、金某相约驾驶摩托车出去享受大功率摩托车的刺激感，约定"陆家浜路、河南南路路口是目的地，谁先到谁就等谁"。随后，张某某驾驶无牌的本田大功率二轮摩托车（经过改装），金某驾驶套牌的雅马哈大功率二轮摩托车（经过改装），从上海市浦东新区乐园路 99 号出发，行至杨高路、巨峰路路口掉头沿杨高路由北向南行驶，经南浦大桥到陆家浜路下桥，后沿河南南路经复兴东路隧道、张杨路回到张某某住所。全程 28.5 公里，沿途经过多个公交站点、居民小区、学校和大型超市。在行驶途中，二被告人驾车在密集车流中反复并线、曲折穿插、多次闯红灯、大幅度超速行驶。当行驶至陆家浜路、河南南路路口时，张某某、金某遇执勤民警检查，遂驾车沿河南南路经复兴东路隧道、张杨路逃离。其中，在杨高南路浦建路立交（限速 60 千米/时）张某某行驶速度 115 千米/时、金某行驶速度 98 千米/时；在南浦大桥桥面（限速 60 千米/时）张某某行驶速度 108 千米/时、金某行驶速度 108 千米/时；在南浦大桥陆家浜路引桥下匝道（限速 40 千米/时）张某某行驶速度大于 59 千米/时、金某行驶速度大于 68 千米/时；在复兴东路隧道（限速 60 千米/时）张某某行驶速度 102 千米/时、金某行驶速度 99 千米/时。2012 年 2 月 5 日 21 时许，被告人张某某被抓获到案后，如实供述上述事实，并向公安机关提供了被告人金某的手机号码。金某接到公安机关电话通知后于 2 月 6 日 21 时许主动投案，并如实供述上述事实。

针对该案，上海市浦东新区人民法院于 2013 年 1 月 21 日作出〔2012〕浦刑初字第 4245 号刑事判决：被告人张某某犯危险驾驶罪，判处拘役 4 个月，缓刑 4 个月，并处罚金人民币 4000 元；被告人金某犯危险驾驶罪，判处拘役 3 个月，缓刑 3 个月，并处罚金人民币 3000 元。宣判后，二被告人均未上诉，判决已发生法律效力。

法院生效裁判认为：根据《刑法》第 133 条之一第 1 款规定，"在道路上驾驶机动车追逐竞驶，情节恶劣的"构成危险驾驶罪。《刑法》规定的"追逐竞驶"，一般指行为人出于竞技、追求刺激、斗气或者其他动机，二人或二人以上分别驾驶机动车，违反道路交通安全规定，在道路上快速追赶行驶的行为。本案中，从主观驾驶心态上看，二被告人张某某、金某到案后先后供述"心里面想找点享乐和刺激""在道路上穿插、超车、得到心理满足"；在面临红灯时，"刹车不舒服、逢车必超""前方有车就变道曲折行驶再超越"。二被告人上述供述与相关视听资料相互印证，可以反映出其追求刺激、炫耀驾驶技能的竞技心理。从客观行为上看，二被告人驾驶超标大功率的改装摩托车，为追求速度，多次随意变道、闯红灯、大幅超速等行为严重违章。从行驶路线看，二被告人共同自浦东新区乐园路 99 号出发，至陆家浜路、河南南路路口接人，约定了竞相行驶的起点和终点。综上，可以认定二被告人的行为属于危险驾驶罪中的"追逐竞驶"。

关于本案被告人的行为是否属于"情节恶劣"，应从其追逐竞驶行为的具体表现、危害程度、造成的危害后果等方面入手，综合分析其对道路交通秩序、不特定多人生命、财产安全威胁的程度是否"恶劣"。本案中，二被告人追逐竞驶行为，虽未造成人员伤亡和财产损失，但从以下情形分析，属于危险驾驶罪中的"情节恶劣"：第一，从驾驶的车辆看，二被告人驾驶的系无牌和套牌的大功率改装摩托车；第二，从行驶速度看，总体驾驶速度很快，多处路段超速达 50% 以上；第三，从驾驶方式看，反复并线、穿插前车、多次闯红灯行驶；第四，从对待执法的态度看，二被告人在民警盘查时驾车逃离；第五，从行驶路段看，途经的杨高路、张杨路、南浦大桥、复兴东路隧道等均系城市主干道，沿途还有多处学校、公交和地铁站点、居民小区、大型超市等路段，交通流量较大，行驶距离较长，在高速驾驶的刺激心态和躲避民警盘查的紧张心态下，极易引发重大恶性交通事故。上述行为，给公共交通安全造成一定危险，足以威胁他人生命、财产安全，故可以认定二被告人追逐竞驶的行为属于危险驾驶罪中的"情节恶劣"。

被告人张某某到案后如实供述所犯罪行，依法可以从轻处罚。被告人金某投案自首，依法亦可以从轻处罚。鉴于二被告人在庭审中均已认识到行为的违法性及社会危害性，保证不再实施危险驾驶行为，并多次表示认罪悔罪，且其行为尚未造成他人人身、财产损害后果，故依法作出如上判决。

三、案例分析

在最高人民法院公布的该指导性案例文本结构中，集中概括了以下两个"裁判要点"：第一，"机动车驾驶人员出于竞技、追求刺激、斗气或者其他动机，在道路上曲折穿行、快速追赶行驶的，属于《刑法》第 133 条之一规定的'追逐竞驶'"；第二，"追逐竞驶虽未造成人员伤亡或财产损失，但综合考虑超过限速、闯红灯、强行超车、抗拒交通执法等严重违反道路交通安全法的行为，足以威胁他人生命、财产安全的，属于危险驾驶罪中'情节恶劣'的情形"。而根据判决书和本人对主审法官的采访，本案裁判也正是围绕"追逐竞驶"和"情节恶劣"两个焦点问题进行详细的论证说明。从形式上看，该案"裁判要点"和"裁判理由"分别提供着大小前提，基本符合"适用法规明确、证据确实充分"的标准，没有任何"典型"之处值得讨论。然而，正是该"大、小前提"的选择和构建，成就了本案之特殊。或者在某种程度上，该指导性案例是在特定的司法语境下被"催生"的，该"特定性"主要表现在内外两个层面：

（1）在外部层面，作为重要的危害公共安全类行为，危险驾驶罪只是在 2011 年 5 月 1 日《刑法修正案（八）》正式实施后才成为一个独立的罪名，并明确列定了"追逐竞驶"和"醉酒驾驶"两项入罪标准。之后，各地标榜"醉驾第一案"的危险驾驶裁判纷至沓来，最高人民法院、最高人民检察院和公安部还联合印发了《关于办理醉酒驾驶机动车刑事案件适用法律若干问题的意见》（已失效），对醉酒驾驶的立案、起诉标准和入罪情形等因素做了具体规定；与之相似，在危险驾驶案的最终裁判中，也清一色的是醉驾情形，"追逐竞驶"这一入罪标准几乎是形同虚设。究其原因，此现状并非完全是因为相对于"醉驾"，"飙车"对法益侵害的抽象程度更高、概率更小，现实中刺耳的马达和呼啸而过的车辆，以及因恶性驾驶对交通秩序和人身及财产所造成的损害已经发展到不容忽视的地步。而且很大程度上是因为追逐竞驶情形中适用规范的模糊，即难以确定"追逐竞驶"和把握"情节恶劣"。而现实中，交警和法官也都在无意或刻意地规避着这种"费力不讨好"的行为。毕竟，在缺乏专门司法解释和类罪裁判规则的情形下，主观的推理论证过程的确没有客观的血液酒精含量检测值可靠和实在。种种原因促成了当前危险驾驶罪裁判中的这一"尴尬"处境：一方面，频发的追逐竞驶行为对交通秩序和人身财产安全造成重大影响，"风险社会"治理依赖"宽严相济"的司法政策，亟需我们重视对追逐竞驶行为的处罚，从而规范危险驾驶罪这一抽象危险犯；而另一方面，规范的模糊、标准的欠缺、缺乏专门的司法解释和适用规则等现状，又造成诸多裁判者在认定因追逐竞驶行为触犯危险驾驶罪时战战兢兢。

（2）在内部层面，区别于大多数案件中的"情节恶劣"只是作为量刑情节来讨论，在认定因追逐竞驶行为而构成危险驾驶罪时，"情节恶劣"却是作为定罪要件而存在。而且，在立法表达上，"情节恶劣"附加于"驾驶机动车追逐竞驶"之后，很容易被理解为是独立于追逐竞驶行为之外的构成要件要素，进而引发了将《刑法修正案（八）》中危险驾驶罪界定为抽象危险犯的质疑；同时，在具体案情中，张某某、金某的违法行为并未造成特定的人身和财产损害，而只是具有手段、方法和环境、时间上的恶劣性。这些恶劣情节是否符合刑法谦抑原则下危险犯成立之"显见可能性"的标准，[1]也构成了本案裁判中的疑难问题。从刑法教义学来看，"情节恶劣"存在严重的语词模糊性，但当对"显见可能性"作扩大解释时，又有违罪刑法定原则之明确性。针对这些裁判中的焦点问题，法官融贯运用文义解释、体系解释、目的解释等多种方法，并通过规则的形式对可能产生的法官恣意进行限制。这不仅满足了实践中交警和法院部门的需求，而且还通过裁判要点，明确了对

---

〔1〕 李川："论危险驾驶行为入罪的客观标准"，载《法学评论》2012 年第 4 期。

"追逐竞驶"和"情节恶劣"的理论认定，进而确立了该追逐竞驶案"第一案"[1]指导性案例的效力。

在得出该案判决的过程中，法官主要运用了文义解释、体系解释、目的解释和社会学解释等方法。而且，为了实现对该"疑难"案件的公正裁判，这些不同的解释方法并非简单的"各自为战"，而是一定规则和标准之下的动态融贯运作。它们围绕"追逐竞驶"和"情节恶劣"两个裁判要点相互支持、相互补充，并最终指向共同的裁判结果。

（一）法律解释的融贯理论

作为现代实践哲学的内容，融贯性是当前法学研究的前沿问题之一，也是法律解释和论证推理过程中的核心内容。在苏珊·哈克、哈贝马斯、拉兹、哈特，甚至德沃金、麦考密克和佩策尼克等多数西方著名法学家的研究成果中，都涉及对融贯理论的探讨。其中，解释的融贯性最为方法论研究者熟知，同时也构成德沃金法律哲学的核心范式。一般认为，该论是在追求"整体法"的理想之下，以"建构性解释"[2]作为法官解释法律的基本方法，进而使得整个法律体系呈现出原则的一致性。其中又可根据法治实现的不同环节分为立法原则和裁判原则。[3]事实上，德沃金的法律解释理论绝不止于此，更重要的是以罗尔斯"反思性均衡"的道德哲学方法论为基础、以融贯论为目标，从而实现在"疑难案件"面前，从法律内部寻找"唯一正解"的价值憧憬，并刻意避免法官进行政策性、后果论、集体社会目标的权衡轻重。只不过，由于德翁对法律体系"整体性"的强调混淆了研究者的视野，也因此招来对其融

---

　　〔1〕 此"第一案"并非从时间上和关注程度上来定位，而是从效力层面进行的界定。因为在修《刑法修正案（八）》确立"危险驾驶罪"以前，"飙车"行为既已存在，但多是按照"以危险方法危害公共安全罪"或"交通肇事罪"进行处罚；根据笔者的调研和搜索，在《刑法修正案（八）》之后，最早因"追逐竞驶情节恶劣"而判定危险驾驶罪的是 2011 年 5 月 11 日北京市彭某伟危险驾驶案；该罪名受到大众舆论及媒体的广泛关注是源于发生在北京的"鸟巢隧道飙车案"；但是，在对交警认定及法官裁判所产生的"参考"效力上，毋庸置疑是从该"指导案例 32 号"开始。

　　〔2〕 "建构性解释"是德沃金在批判了语义学理论之后，主张在法律实践中应该采取一种解释性态度，并区分了揭示因果关系的科学解释和关注目的和意图的对话性解释。此理论认为，法官的解释正如连环小说的创作一样，通过解释保证司法信念的融贯和法律的整体性。德沃金通过拔出"语义学之刺"，否定了法律命题与经验事实一一对应的关系，是对绝对主义的反叛；但同时，又坚持对法律命题的判断应在语言共同体内部进行，而且对法律的解释必须采取融贯性和整体性的立场，既拒斥绝对主义又反对相对主义。

　　〔3〕 Ronald Dworkin, *Law's Empire*, Cambridge, Belknap Press, 1986, p. 218.

贯理论中缺少论证推理内容的诸多批判；之后，通过麦考密克对规范性融贯（nomative coherence）和叙事性融贯（norrative coherence）的详细区分，[1]以及佩策尼克对"融贯体系"[2]的总结描述等，法律解释的融贯理论研究重心就明显转向裁判中的论证和推理过程。

具体到"指导案例32号"，各种解释方法之间的融贯运作也主要存在于论证层面。其中，文义解释构建了基本的裁判架构，在该案"不确定状态下"的裁判活动中，秉持刑法的谦抑立场进而规范了"追逐竞驶"的底限范围；而包括体系解释、目的解释和社会学解释等在内的论理解释方法则通过对"情节恶劣"的实体考量，从不同层面论证危险驾驶罪所保护的"法益"中蕴含的价值要素，并围绕文义解释的架构，通过彼此之间的方法协调，不断修正整个论证体系中机械司法或恣意裁判的倾向，并最终指向共同的裁判结果。正如杰普·哈格所认为的：一个广泛意义上的、或者说是整体的融贯论，是关于法律信念证立的最佳理论，必须对案件作出裁判的法官应当描述关于当前案件之法律解决途径的最佳证立信念，在这点上广泛融贯论应当仅作为一个纠错机制发挥作用。体现在该追逐竞驶"第一案"中，尽管看似是由不确定概念引发"疑难案件"，但多种解释方法的合理运用已经构成了一个融贯性的理由自洽体系，进而使得裁判结果建立在坚实的理论和事实基础之上。

（二）文义解释：确立基本的裁判架构

文义解释又称文法解释、文理解释或字面解释，在英美法系也被称为文义（字面）解释规则（literal rule）。对其涵义和特征，因研究进路的不同，学者的观点也存在差异。但一般认为，文义解释是在法的谦抑立场下，按照法律文本字面的含义进行解释；并且在所有的法律解释方法体系中，文义解释具有优先适用的地位。其价值取向是维护法律的稳定性、明确性、可预测

〔1〕 Neil MacCormick, *Rhetoric and the Rule of Law: A Theory of Legal Reasoning*, Oxford University Press, 2005, pp. 12~20.

〔2〕 佩策尼克曾经对融贯性有着这样的总结性描述：融贯体系是这样一个信念体系，①它在逻辑上是一致的；②它阐明了一种高度的或然性的一致性；③它阐明了很多在信念体系各组成部分之间的相对较强的推论性联系；④它是相对统一的，比如说，它没有分裂为相对没有联系的子系统；⑤它几乎没有包含无法解释的异常现象；⑥它提出了一种相对稳定的，到最后仍然是融贯的世界观；⑦它满足了观察的需要，这意味着它必须包含把一种高度的可靠性归因于数量合理的认识上自发信念的法律。参见［瑞典］亚历山大·佩策尼克：《法律科学：作为法律知识和法律渊源的法律学说》，桂晓伟译，武汉大学出版社2009年版，第208页。

性及整个法治实践的统一，进而排斥立法意图和法律解释主体的个性倾向。这种狭义层面的内涵界定，也是本书所认同的观点。

就"指导案例32号"而言，司法裁判者依据的法律法规主要是《刑法修正案（八）》第22条所规定："在道路上驾驶机动车追逐竞驶，情节恶劣的，或者在道路上醉酒驾驶机动车的，处拘役，并处罚金；有前款行为，同时构成其他犯罪的，依照处罚较重的规定定罪处罚。"众所周知，该规定是在《刑法》第133条交通肇事罪之后所增加的一条，并以"第一百三十三条之一"的形式而存在。此内在逻辑可以理解为，危险驾驶罪本身就是作为交通肇事罪的密切关联犯罪存在的。而且，在我国已有的司法实践中对醉驾肇事案和飙车肇事案也主要以交通肇事罪定性处理；但同时，危险驾驶罪又是"以危险方式危害公共安全罪"这一类罪名下的特殊罪名，"醉酒驾驶"和"追逐竞驶"完全可能成为与放火、爆炸等行为一样的危害公共安全的行为。因此，在"指导性案例32号"张某某、金某危险驾驶罪的认定上就存在着以下两个关键问题：第一，必须对"道路""机动车""追逐竞驶"等语词作出实质性解释，以弥补危险驾驶罪法律规范的漏洞；第二，根据上述法律规范和认定的案件事实，详细论证二被告的行为并未转化为交通肇事罪，也未被以危险方法危害公共安全罪吸收。我们可将前者称为"入罪"问题，而将后者称为"定罪"问题。二者的解决都需要在刑法谦抑立场下准确地进行文义解释。

其实，仔细分析可知，该"定罪"问题也是以"入罪"问题为基础的，核心都是如何对"不确定概念"进行解释。由于"道路""机动车"和"追逐竞驶"三个关键词都缺乏相关法律规范和司法解释，其中文义解释方法主要集中于对"追逐竞驶"行为的认定，而此核心概念的认定也决定着"该判何罪"的整体裁判思路。而"道路"和"机动车"认定，则主要通过体系解释的方法来解决，本书将在体系解释部分予以详述。与法条的沉默相对的是学者的热切，自2011年《刑法修正案（八）》确立危险驾驶罪以来，学界一直没有停止对"追逐竞驶"的讨论，笔者在梳理中也发现，理论界和实务界的争议焦点主要集中于以下两个方面：一方面，危险驾驶罪是否必须以"超速"为标准？而在高速（但未超速）行驶状况下，又如何规定限度从而区分于《道路交通安全法》中的相关规定？另一方面，"追逐竞驶"是否必须有"竞"的行为？该"竞"的行为是否又存在着"单一主体"和"多主体"的区别？例如，对当前普遍认同的张明楷教授定义的"追逐竞驶是指行为人在道路上高速、超速行驶，随意追逐、超越其他车辆，频繁、突然并线，近距离驶入其他车辆之前的危险驾驶行为"，[1]曲新久教授就提出了相应的质疑。[2]

在"指导案例32号"裁判活动中，通过"目光在事实与规范之间的游离"，法官利用文义解释的方法对上述两个争议焦点层层剖析。首先，通过上海市交通事故鉴定中心出具的鉴定书明确了追逐竞驶的超速认定标准，并通过超出的"程度"对超速行为的"入罪"进行限制，在限缩解释的过程中将"超速驾驶"与"追逐竞驶"区别开来，从而解决了上述"入罪"问题；其次，对"竞"的行为进行扩张解释，无论是单一主体还是多主体，只要有追逐或竞争的对象即可成立，并将主观心态扩充为"竞技、追求刺激、斗气或其他目的"，否则只能构成一般违法行为。对此，裁判书中"本院认为"部分也从主观心态和客观行为两部分进行详尽分析，并以指导性案例"裁判要点"的形式予以公布。通常认为，指导性案例中的裁判要点是对整个案件核心问题的集中概括，体现了案件中适用的基本规则，"各级人民法院在审判类似案件时也应当参照，并可以作为裁判文书的说理依据加以引用"。在此基础上，文义解释就为本案确立了基本的裁判架构和规范底线。

(三) 论理解释：基本裁判框架下的实质考量

在文义解释所确立的基本裁判架构中，"指导案例32号"还融贯运用着目的解释、体系解释、社会学解释等论理解释方法。与文义解释相对，论理解释并不局限于法律规范的文本表达，而是以发现立法意图和体现法律实效为目标，并通过对法律文本相关的内在、外在资料的分析，来确定法律条款的真实含义。[3]在英美法系中，论理解释亦被称为黄金规则（Golden Rule），强调不拘泥于文字表面的意思，解释的方法可以灵活运用。[4]在"指导案例32号"中，不同解释方法之间的融贯运作不仅体现在文义解释与论理解释之间，而且也存在于论理解释内部。对此具体表述如下：

---

〔1〕 张明楷：《刑法学》，法律出版社 2011 年版，第 637 页。

〔2〕 曲新久："危险驾驶罪的构成要件及其问题"，载《河北学刊》2012 年第 1 期。

〔3〕 孙光宁："法律规范的意义边缘及其解释方法——以指导性案例 6 号为例"，载《法制与社会发展》2013 年第 4 期。

〔4〕 潘维大、刘文琦编著：《英美法导读》，法律出版社 2000 年版，第 179 页。

1. 目的解释方法

从法律释义的角度来看，任何裁判都必然指向特定的立法目的。在"指导案例32号"中，通过将危险驾驶行为从交通肇事罪和危害公共安全罪中分立出来，加大对抽象危险犯的处罚力度，以探索"风险社会"中刑法法益保护前期化的问题，从而实现道路交通秩序维护的实际意图，具体表现就是对"情节恶劣"的认定。这也正是上文分析到的"催生"此案判决司法语境的"内部层面"。

不同于其他多数罪名，该案的特殊之处是，"情节恶劣"本身既可以作为客观犯罪构成该当性要件之客观行为的组成部分，也可以相对独立于行为之外，作为需另加判断的客观犯罪该当性构成要件要素。具体体现就是，"情节恶劣"本身是否即是入罪之"危险"程度的法定表述性体现，判定和证明了"情节恶劣"就已满足危险驾驶罪之证明要求？还是需要在认定"情节恶劣"之外另行判定和证明"危险"之存在与程度，"情节恶劣"只是入罪行为之必要组成部分？此问题在当前缺乏立法和司法解释的背景下，只能诉诸特定的立法目的和司法意图，从裁判过程来看，似乎更倾向于后者。在判决书对"情节恶劣"的认定上只是将此"情节"作为一般要件，并综合考虑了驾驶的路段、对待执法的态度和二人的主观心态。即判决书中所描述的"法律规定的情节恶劣，一般需要结合是否有驾驶资格……在高速驾驶的刺激心态下和躲避执法的紧张心态下，极易引发重大恶性交通事故。上述行为对不特地多数人的生命健康及财产安全造成相当程度威胁，可以认定为情节恶劣。"从此来看，目的解释方法论证并回应文义解释的结果。

2. 体系解释方法

在法律解释方法体系中，体系解释也是一种重要的论理解释方法。该解释方法的作用主要体现为，在法律规范内涵模糊或适用特定规范致使法律效果和社会效果无法统一的情况下，通过援引其他法律规范或结合整个法律体系的"语境"，实现判决的可接受性。正如拉伦茨所说："解释规范时亦需考量该规范之意义脉络、上下关系体系地位及其对该当规整的整体脉络之功能为何。"[1]在"指导案例32号"中，体系解释的主要运用场域就是对"道路"和"机动车"的界定。

---

〔1〕 ［德］卡尔·拉伦茨：《法学方法论》，陈爱娥译，商务印书馆2003年版，第316页。

具体表现为，在对"道路"的认定上，将危险驾驶罪放在危害公共安全罪的大背景下来讨论，同时参考 2011 年修订的《道路交通安全法》第 119 条的规定，即"'道路'，是指公路、城市道路和虽在单位管辖范围但允许社会机动车通行的地方，包括广场、公共停车场等用于公众通行的场所"。该法条更加关注"公共安全"这一限定范围，将保护的法益界定为不特定或多数人的生命财产安全。判决书的表述也体现了这一点，如"从行驶的路段看，途经的杨高路……均属车流和人流密集地段……上述行为对不特定多数人的生命健康及财产安全造成相当程度威胁"；在对"机动车"的认定上，主要依据《道路交通安全法》第 119 条以及公安部《机动车驾驶证申领和使用规定》中关于"机动车"的规定，同时参考公安机关对行为人驾驶车辆的鉴定结论进行综合判断。在体系解释方法的运用过程中，通过与文义解释之"追逐竞驶"和目的解释之"情节恶劣"的补充论证，使得《道路交通安全法》的相关规定也成为认定二被告人张某某、金某危险驾驶罪的重要法律依据。

3. 社会学解释方法

"社会学解释，指将社会学方法运用于法律解释，着重于社会效果预测和目的衡量，在法律条文可能文义范围内阐释法律规范意义内容的一种法律解释方法。"[1]在本案中，最大的社会效果就是危险驾驶罪的立法背景。当前，机动车业已成为人们出行的最主要工具，与之相对，相关法律规制和驾驶人员的秩序规则意识明显滞后，这就使得我们的人身和财产安全时刻处在一种不特定的危险之下。对此，行政处罚又没有取得显著的效果。在此背景下，《刑法修正案（八）》就把"醉驾"和"飙车"这两类最主要的违法违规行为分离出来，并以刑罚的强制力加以规制。从"指导案例 32 号"的裁判理由来看，法官正是采用了社会学解释的方法，从危险驾驶罪的立法目的和特定的社会现实出发，展开对"追逐竞驶"和"情节恶劣"的实体考量。

总之，如上几种不同的法律解释方法的运用，都是围绕文义解释所建构的基本裁判框架，在法律规范的模糊地带进行实体性考量和论证。并且，不同方法的运用也基本指向类似的裁判结论，进而形成一个完整的"融贯运作统一体"。也正是在此意义上，该案才具有了"应当参考"的指导性价值。

---

〔1〕 梁慧星：《民法解释学》，中国政法大学出版社 1995 年版，第 236 页。

法律与社会 第五章

第一节　法律与政治

一、理论导读

　　法律与政治之间的关系历来是法理学研究的核心问题。法律和政治看似是两种具有明显区别的社会现象，但二者都面对着共同的社会公共利益要求，担负着共同的社会秩序责任，具有事实上的和内在逻辑上的客观联系。[1]想要客观地审视法律本身，就不能无视法律与政治之间的关联。近现代法学家对法律与政治之间的关系进行了广泛的讨论，形成了三种主流的理解框架：政治决定法律、法律约束政治，以及社会系统论视角下法律与政治的耦合关系。我们对"法律与政治"的学习，也可以从认识这三种理解框架出发。

　　（一）政治决定法律

　　在任何国家，政治对法律的影响都是客观存在的。在理论界，也不乏观念支持政治对法律的决定性影响。在持"政治决定法律"观念的学说中，最著名的无疑是奥斯汀的"主权命令说"。奥斯汀认为法律仅仅是主权者的命令，是主权者所决定的关于什么是公平和正义的约束性规范。主权者本身虽然可以制定法律约束自己，但同样也可以废除该法律，因此主权者对法律处于单方面决定的关系。[2]卢梭则是从人民主权和"公意"的角度论证主权者

---

〔1〕　姚建宗："法律的政治逻辑阐释"，载《政治学研究》2010 年第 2 期。
〔2〕　关于奥斯汀的主权命令说及其批判，参见田太荣、马治国："法律是主权者的命令吗？——奥斯丁法哲学理论批判"，载《山东社会科学》2017 年第 12 期。

决定法律的合法性。卢梭认为，政府是全体人民"公意"的体现，是一个"由全体个人联合起来形成的公共人格"。[1]公民对政府的服从也等同于对自己的服从，因此人民对政府的服从具有绝对性。法律应由体现人民"公意"的政府决定，反映人民的共同意志。[2]历史唯物主义哲学家马克思则认为，法律是政治上占统治地位的阶级的意志的体现，为统治阶级服务，本身就具有极强的政治性。[3]

如今，"法律决定政治"这一表述渐不多见，但"政治是法律的基础"这一观念仍然不乏认同者。有学者认为，政治学要解决的问题是如何对社会主体的利益关系进行调整和规范化处置。而只有当政治这种首要、基础性的利益调整方式出现严重不足，无法使社会回归正常的秩序状态时，法律这种辅助性社会基础才出场发挥作用，对社会利益关系进行调整。[4]因此，政治是法律的基础，而法律是政治的补充。

（二）法律影响政治

"法律影响/控制政治"是以凯尔斯为代表的纯粹法学派的核心观点。纯粹法学派认为，任何政治行为都必须有合法性基础，法律不承认任何超出其规定的政治行为。[5]在当代，法律对政治的约束是宪法学和行政法学研究的核心问题。宪法学的研究视角较为宏观和制度性，认为法律对政治的约束主要体现为宪法通过规定国家的权力组织形态和人权保护条款，对国家权力的运行（即政治权力运行）产生了根本性的约束。[6]行政法学则从更加微观和实践的角度阐释了法律对政治的约束，认为行政权力始终需要被法律（尤其是行政法）所约束，行政法通过设定严格规则和正当程序两个原则，对行政权力进行严格控制。[7]如今，政治应该被法律所约束已经形成共识，但约束

---

〔1〕 ［法］卢梭：《社会契约论》，李平沤译，商务印书馆 2011 年版，第 20 页。

〔2〕 关于卢梭人民主权和公意理论下的法律观及其批判，参见季卫东："论法律意识形态"，载《中国社会科学》2015 年第 11 期。

〔3〕 蒋传光："马克思主义法学的基本原理及其科学意义"，载《法律科学（西北政法大学学报）》2018 年第 6 期。

〔4〕 姚建宗："法律的政治逻辑阐释"，载《政治学研究》2010 年第 2 期。

〔5〕 伍德志："欲拒还迎：政治与法律关系的社会系统论分析"，载《法律科学（西北政法大学学报）》2012 年第 2 期。

〔6〕 宪法对国家权力组织形态和人权保障的相关规定，参见林来梵：《宪法学讲义》，清华大学出版社 2018 年版，第 215~225，336~368 页。

〔7〕 孙笑侠：《法律对行政的控制》，光明日报出版社 2018 年版，第 108~114 页。

到何种范围、何种程度，仍然不是一个纯粹的法律技术性问题，而更多的是一个法治发展程度的问题。

（三）社会系统论视角下法律与政治的耦合关系

社会系统论视角下，法律与政治系统的关系则更为微妙。二者并非单向、单维度的关系，而是彼此之间有机互生的耦合关系。在德国社会学家卢曼（Niklas Luhmann）看来，当代社会是一个功能高度分化的社会，每一个功能都逐渐形成一个自主运行但并非自足的社会子系统，如政治系统，法律系统等。每一个子系统都有其特殊的沟通媒介，比如政治系统的沟通媒介是权力，经济系统的沟通媒介是货币，而法律的沟通媒介是"合法/非法"。这些不同的沟通媒介保证了每个子系统运作上的封闭性。[1]但是，由于每个社会子系统的运行并不是自足的，每个子系统都会感受外界（环境或者其他子系统）的信息，并将信息转译后吸收进系统的运作，并促进系统功能的演化，因此每个系统又保持着认知上的开放性。[2]这种运作上的封闭性和认知上的开放性导致子系统之间存在耦合关系。法律就是一个运作上具有封闭性的社会子系统，法律系统与政治系统的耦合关系促进了法律系统功能的演化。[3]反之，对政治系统而言，法律系统也促进其功能的演化。从这个角度来说，法律和政治的关系是有机互动的耦合关系。

二、案例介绍：安达信破产事件与美国企业合规制度的发展

在美国合规制度的发展史上，安达信（Arthur Anderson LLP）的破产绝对是里程碑式的事件。安达信的破产引发了美国刑事司法制度对于企业刑事责任所造成的社会后果的反思，也直接促成了针对企业刑事犯罪行为的暂缓起诉协议（DPA）/不起诉协议（NPA）处理的大幅上涨和美国合规制度的全新发展。

安达信曾经是世界领先的会计师事务所，为全球众多知名企业提供审计服务，其中包括北美地区前头号天然气和电力批发销售商安然公司（Enron

---

〔1〕 高宣扬：《鲁曼社会系统理论与现代性》，中国人民大学出版社 2016 年版，第 16 页。

〔2〕 张海涛："政治与法律的耦合结构：党内法规的社会系统论分析"，载《交大法学》2018 年第 1 期。

〔3〕 杜健荣："法律与社会的共同演化——基于卢曼的社会系统理论反思转型时期法律与社会的关系"，载《法制与社会发展》2009 年第 2 期。

Corporation）。2001 年，安然公司暴出 6 亿美元的财务造假丑闻，市值从巅峰时期的 800 亿美元跌至 2 亿美元，不得不宣告破产。在安然公司破产后，为其提供审计服务的安达信的前首席会计师、安然前董事长、前首席执行官、前首席财务官等多名高管因证券欺诈罪、骗取贷款罪、财务造假罪、证券欺诈罪、电邮欺诈罪、洗钱罪、内部违规交易罪等多项涉证券违法的犯罪而入狱。在对多位高管进行刑事判决后，美国证监会对安达信展开了监管调查程序。安达信为了逃避监管调查程序，销毁了大量的安然公司会计账册，且拒绝了检察官的辩诉交易建议。2002 年 3 月，安达信妨碍司法罪一案进入审判程序，并最终被美国得克萨斯州南区（Southern District of Texas）法院判处妨碍司法罪（obstructing an official proceeding of the Securities and Exchange Commission）。除罚款 50 万美元之外，还责令五年内不得从事会计业务。2004 年，安达信向美国联邦第五巡回法庭上诉被驳回。[1]安达信因法院这份判决遭受了巨大信誉危机，不久即宣告破产。[2]

对安达信的有罪判决是后续一系列意料之外的事情的起点。虽然安达信妨碍司法一案的有罪判决在 2005 年被美国最高法院推翻，[3]但是此前的有罪判决对安达信的企业信誉产生了极大的影响，继而引发了一系列司法系统之外的严重社会后果。对安达信的刑事指控和处罚不仅仅直接导致了安达信的破产倒闭，更间接导致 28 000 余名美国员工和 80 000 余名美国外的海外员工失业。此外，该判决导致的安达信的破产还引发了一系列对于无辜第三方和其他利益相关者的不良影响。[4]如此沉重的社会后果，是联邦地区法院在审理这个案件时始料未及的。

这一判决当时引发了大量的讨论，很多学者开始认真思考，为什么一份看起来并不严重的刑事判决却会给承担刑事责任的企业带来致命的影响。有学者认为，刑事有罪判决对企业的影响是包含两个层次的：一方面，在联邦判决指导手册（Federal Sentencing Guidelines）的规定下，法院本身对犯罪企

---

〔1〕 Unites States of America, Plaintiff-Appellee, v. Arthur Anderson, LLP, Defendant-Appellant, No. 02-21200（United States Court of Appeals, Fifth Circuit. 2004）.

〔2〕 关于安然公司破产与安达信破产始末，参见陈瑞华："安然和安达信事件"，载《中国律师》2020 年第 4 期。

〔3〕 Arthur Andersen LLP v. United States, 544 U. S. 696（2005）.

〔4〕 James Kelly, "The power of an indictment and the demise of Arthur Andersen", S. Tex. l. rev., Vol. 48, p. 509（2006）.

业的刑罚裁量具有较大的自由裁量权，可以直接判决足以让企业倒闭的惩罚（如安达信一案中"责令五年内不得从事会计业务"）。这种惩罚不一定是罚款之类的经济型惩罚，却足以让企业无法继续运行。另一方面，即使法院本身的处罚不足以让企业倒闭，但一份有罪判决也有可能从根本上摧毁企业的信誉和信任基础，从间接的角度仍有可能导致企业的倒闭。[1]从这种角度来看，无论法院对犯罪企业的刑事判决内容如何，一份有罪判决都有可能导致企业的倒闭。

安达信破产事件也使得美国司法系统开始第一次严肃审视针对法人的刑事判决有可能会引发的司法系统之外的严重影响。在安达信破产之后，美国司法系统开始仔细寻找可以用来替代针对企业的刑事处罚的法律技术，并将目光重新聚焦到产生于 2000 年前后的暂缓起诉协议（DPA）和不起诉协议（NPA）。从 2002 年到 2007 年，可以看到 DPA 和 NPA 在涉企业刑事犯罪领域的适用逐年上升。2007 年，美国司法部（US Department of Justice, DOJ）展开了一项"检察方面的结构性改革"（Structural Reform Prosecution），主要旨在预防对企业造成致命后果以及带来致命名誉影响的刑事检察。在这场改革之后，针对企业犯罪采用暂缓起诉协议和不起诉协议逐渐成为主流。[2]

安达信破产案件对美国合规制度的影响似乎使美国涉企业犯罪的刑事司法应对和美国合规制度的发展走向了另一个极端。在安达信破产事件发生十年之后的 2012 年，全球性的金融危机爆发了。根据众多直接证据和经济学测算，这场金融危机爆发的直接原因是存在难以计量的证券欺诈行为（Fraud）。然而，在 2012 年的金融危机中，却几乎没有企业或者企业高管为此承担刑事责任。美国的刑事司法制度应对 2012 年金融危机的主要方式是大量使用非刑事的企业合规计划，甚至在欺诈行为十分明显和恶劣的情形中大量适用暂缓起诉协议和不起诉协议。[3]有大量学者批判，这是美国刑事司法系统对政治

---

〔1〕 Assaf Hamdani & Alon Klement, Corporate crime and deterrence. Stanford Law Review, Vol. 61：2, pp. 271~310（2008）.

〔2〕 Brandon L. Garrett, Structural reform prosecution, Virginia Law Review, Vol. 93：4, pp. 853~958（2007）.

〔3〕 Jesse Eisinger, Why Only One Top Banker Went to Jail for the Financial Crisis, The New York Time Magazine（30 April 2014）, https://www.nytimes.com/2014/05/04/magazine/only-one-top-banker-jail-financial-crisis.html.

压力的一种妥协，因为如果要严肃追究企业的刑事责任的话，就势必会给大批企业带来不良影响。而由于大企业对整体经济、雇员、第三方、其他利益相关方的重要意义，往往都是"太大而不能倒"。[1]因此，出于整体社会利益和政治压力的考虑，美国刑事司法系统不得已做出了妥协。

三、案例分析

美国企业合规制度发展的主要助推力，与其说是法律技术的发展，不如说是对个案引发的事故的反思——安然案导致的安达信破产事件。这让我们开始反思一件事：法律的发展到底取决于法律观念和技术的进步，还是取决于法律之外其他因素的影响？法律与政治的关系到底是怎样的？通过对安达信破产事件与美国企业合规制度的发展的分析，我们可以窥见法律与政治之间微妙的耦合关系。

（一）从法律角度思考安达信妨碍司法罪一案

根据卢曼的社会系统论，政治系统和法律系统都只是社会系统的子系统；每个子系统一旦分化形成，其系统运行具有封闭性，在系统内部是通过其独特的沟通媒介进行沟通的。司法系统主要通过是合法/不合法、权利/义务、程序正义/实质正义等符码对社会现实进行识别以及内部沟通。[2]因此，如果从法律的角度思考安达信事件，应该从"合法/非法""适当/不适当"两个角度展开。

如果仅仅从法律角度思考安达信案件，那么无论是以"合法/非法"还是以"适当/不适当"作为衡量标准，美国得克萨斯州南区法院和美国联邦第五巡回法庭的判决都不存在问题。根据美国联邦第五巡回法庭在 2004 年的上诉判决书，安达信会计师事务所为了阻止美国证券交易委员会（SEC）启动的关于安达信与安然之间关系的调查程序，利用公司优势，带有腐败性质的说服了（corruptly persuade）一个以上的公司员工隐瞒、替换、毁灭和藏匿与安然财务造假有关的文件。2002 年庭审的相关文件也显示，安达信为了自保，通

〔1〕 Sharon. E. Foster, "Too big to prosecute: Collateral consequences, systemic institutions and the rule of law", *Review of Banking and Financial Law*, Vol. 34: 2, pp. 655~712 (2015).

〔2〕 郑智航："最高人民法院如何执行公共政策——以应对金融危机的司法意见为分析对象"，载《法律科学（西北政法大学学报）》2014 年第 3 期。

过毁灭大量文件来防止相关信息落入美国证券交易委员会的手中。[1]虽然2004 年安达信上诉认为该指控中多项证据没到刑事诉讼证据证明标准，没有完全证明安达信具有想要阻碍美国证券交易委员会及其启动的相关具体程序的意图（intention），但无论是美国得克萨斯州南区法院还是美国联邦第五巡回法庭都没有采信这一观点，认为根据相关事实和法律，对安达信的妨碍司法罪判决是成立的。

在司法视域中，关注的只有涉案事实和法律。安达信作为与安然公司长期合作的会计师事务所，在安然公司存在高达 6 亿美元的财务造假的情况下，仍然连年为安然公司出具合格的审计报告，其中本就已涉嫌大量的违规乃至违法行为。但这些背景事实并不是本案关注的焦点，司法只关注与审判有关的事实。在安达信妨碍司法罪一案中，美国司法系统并未考虑安达信任何与违规审计有关的事实，也并未追究任何与违规审计有关的责任，而仅仅是就证据确凿的销毁证据一事对安达信做出了刑事判决，判处 50 万美元罚款，责令五年内不得从事会计业务。这一判决虽然对安达信这种审计业务遍布全球的大型会计师事务所来说是对主营业务的沉重的打击，但如果不考虑安达信的特殊性，这一判决也仅仅是根据美国联邦刑法 ［18 U. S. C. §1512 （b）(2)］ 对一家销毁司法证据的企业处以五年禁业的合理处罚。

（二）从政治角度思考安达信破产事件

从法律角度观察安达信一案，似乎不存在问题。可是从政治学的角度来审视安达信破产事件，却需要考虑更多的问题。在政治系统的运行中，沟通媒介是权力。因此，只要是影响权力及其运行的因素，都需要被纳入到考虑范围之内。安达信破产事件发生后引发了一系列后续的社会问题，招致大量民众对该事件处理结果的批判，较为严重地影响了美国政府的公信力。民众的质疑和批判已经影响到政府权力的运行，对政治系统造成了巨大的压力。

这种压力来源于三方面的质疑声：一是司法成本的问题。大量质疑声认为，美国的司法系统花费大量的司法资源认定安达信有罪，却并没有从安达信有罪判决中获得任何收益。除了获得 50 万美金的罚款之外，没有任何人入狱，还导致了一个大企业的倒闭，对美国经济造成不良影响。从资源角度来

〔1〕　Unites States of America, Plaintiff - Appellee, v. Arthur Anderson, LLP, Defendant - Appellant, No. 02-21200 (United States Court of Appeals, Fifth Circuit. 2004).

看，司法成本和回报似乎不成正比，而且还带来了恶劣影响。二是本案造成的不良影响。如前所述安达信的破产造成了 28 000 余名美国员工和 80 000 余名美国外的海外员工失业，引发了一系列对于无辜第三方和其他利益相关者的不良影响，对美国经济也造成了巨大打击。如此沉重的社会后果，是公众难以接受的。三是该案引起的对企业刑事责任的反思。该案表明，如果一份有罪判决，既然对安达信这样的全球连锁、资历雄厚的大企业来说都是致命的，那么在处理企业犯罪的时候是否应该考虑其他处理方式。从政治角度看安达信事件，这三方面的质疑都是无法绕过的。如果无法对这些社会质疑进行有效回应，从政治角度来看安达信事件就永远不会完结。

（三）安达信破产事件后政治系统对法律系统的激扰及法律系统的演化

安达信破产事件后，美国对企业犯罪的司法应对进入快速转型期。这种转型的主要原因在于美国政治系统对安达信破产事件所进行的持续性思考。综合多方面的政治考量后，美国政府似乎希望对企业犯罪采取更为柔和的司法手段来更多保护整体的经济和社会利益。这种政治策略的选择在 2012 年金融危机时司法系统对企业犯罪的处理中表现得最为明显。在 2012 年金融危机中，美国司法系统在处理企业犯罪时处处受到掣肘。当时，虽然存在大量的企业欺诈行为和证券违规，但是在整场金融危机中，却鲜见任何企业或者企业高管被判处刑事责任。有众多学者认为这是美国刑事司法系统在企业犯罪领域逐步接受政治系统影响的体现。法院为了避免刑事责任造成的企业倒闭而选择了针对企业犯罪的恢复性司法道路，其根本目的是避免大企业倒闭给美国经济所造成的不良影响。连时任美国司法部部长兼总检察长的埃里克·霍尔德（Eric Holder）都称："我们担心对一些大型金融机构的检察起诉会影响整个经济。"[1]司法系统的这一转变大大促进了美国企业合规制度的发展。

1. 检察官个人层面：公众舆论压力

政治系统对法律系统的影响往往是从对个人的影响开始的。美国法律系统中的个人，往往也是政治系统的参与者。尤其是美国的检察官，绝大多数都是由选举产生的。[2]选举产生的检察官具有反集团、非官僚化倾向，但与

---

〔1〕 Shahien Nasiripour, Holder says some banks are 'too large', Financial Times (7 March 2013), https://www.ft.com/content/ecb0ced2-86b0-11e2-b907-00144feabdc0.

〔2〕 关于美国检察官制度，参见黎敏："联邦制政治文化下美国检察体制的历史缘起及其反官僚制特征"，载《比较法研究》2010 年第 4 期。

此同时，检察官所面临的最大压力是公众舆论的压力。公众舆论直接影响着检察官任期内的威望以及卸任后的职业发展（再次竞选、继续当律师或竞选更高级别的政治职位）。因此，美国的检察官做出是否检察起诉的决定时，除了要考虑涉案事实，还有一重很重要的政治考量：该检察决定会引发怎样的公众舆论。

在安达信破产事件之后，检察官对于是否对企业犯罪做出检察起诉决定持十分谨慎的态度。很多学者认为检察官在 2012 年金融危机的应对中几乎没有检察起诉任何企业或高管，是因为司法资源不足[1]。但这种观点更多是一种遮掩和辩解，甚至是有意地遮盖了其中的政治影响。在面对 2012 年金融危机中企业犯罪时，美国检察官们面临的直接政治影响在于，经过安达信破产案件之后，民众们对于起诉企业有可能造成的企业破产结果持非常负面的态度，认为对企业的刑事处罚所造成的负面社会影响大大超过了判处企业有罪所收获的正面效益。此外，在面对 2012 金融危机时，更多的民众认为，在一场系统性金融危机中，针对特定企业或者高管的刑事处罚是不公平的，因为在一场人人都涉及的系统性危机中，不能简单地将责任归结于任何个人。[2]在这样的公众舆论压力之下，美国的检察官没有办法仅仅就事论事地对企业犯罪进行检察起诉，而是要更多地考虑检察决定会引发的公众舆论。从这个角度来说，政治压力对法律系统的参与者造成了巨大的影响。

2. 司法系统层面：针对企业犯罪检察的"结构性改革"

政治系统对法律系统的影响在某些情况下是通过政策的方式进行的。政策影响有两种形式：一种是政府方主导的政策直接对法律系统产生直接或间接的影响。另一种是法律系统经过信息筛选之后，主动吸纳部分政治系统的信息进入到法律系统的内部运行中（即信息转译），并通过这个过程积极地执

---

[1]　很多学者和检察官都在回应金融危机中的金融犯罪时解释道，由于美国司法资源的严重不足，对大企业以及大企业高管的起诉是不切实际的。因为大企业和高管们有着最优质的法律资源，会聘请最好的律师团队来为其辩护。在这种情况下，与大企业以及高管进行纠缠，会浪费大量本可以用在其他地方的司法资源，而且还不一定能够成功对大企业以及高管进行定罪。这种情况下，选择其他应对方式是更加理性和合理的。相关观点，See Henry N. Pontell, William K. Black & Gilbert Geis, *Too big to fail, too powerful to jail? On the absence of criminal prosecutions after the 2008 financial meltdown*, Crime, Law and Social Change, Vol. 61, pp. 1~13 (2014).

[2]　See David Zaring, "Litigating the financial crisis", *Virginia Law Review*, Vol. 100 (7), p. 1442 (2014).

行公共政策。在刑事司法领域，公共政策的影响更为明显。在现代社会向风险社会转型的过程中，刑法功能逐渐朝秩序保障倾斜。在这种情况下，刑法的实施不能单纯思考对犯罪之恶的否定，而必须同时思考现实的社会政治需要。因此，公共政策成为刑事立法和司法的重要考量因素。[1]在安达信破产事件之后，我们可以很明显地看到美国司法系统对企业犯罪问题及其背后社会政治需要的思考及政策性调整。

安达信破产事件之后，对企业犯罪处理的社会讨论仍在进行，法院对企业犯罪的处理由于明显受到社会舆论和政治压力的影响而逐渐谨慎起来。主流舆论认为，检察官可以在企业刑事犯罪上采取更为灵活的处理方法，因为检察官可利用的法律手段很多，美国法律赋予检察官的自由裁量权也很大。学界也逐渐有更多人认为，如果在企业犯罪的处理中秉持恢复性司法的理念，利用暂缓起诉协议（DPA）/不起诉协议（NPA）等处理方式，能允许检察官和涉案企业以一种更加有创意和灵活的方式合作，更好地弥补企业过去犯下的错误并且使企业更好地走向良好治理。[2]在上述现实政治需求的压力之下，美国司法系统在 2003~2007 年开始第一次大量适用暂缓起诉协议（DPA）等检察工具处理企业犯罪。有学者认为，这一阶段，美国司法部事实上正式开展了一场针对企业犯罪检察的"结构性改革"（Structural reform prosecution），在这场改革中，司法系统不是更多地考虑对企业进行刑事处罚，而是考虑刑事处罚所造成的不良社会影响，并为了降低这种不良影响而对企业采取了恢复性措施而非惩罚性的措施。[3]从美国刑事司法系统对安达信破产事件的反应来看，法律系统的运行除了关注系统内部因素，往往还把系统外部的政策作为重要的考量因素。法律系统内部也会通过执行公共政策的方式对系统外部的政治压力进行回应。

3. 美国企业合规制度的发展

在安达信破产事件中，政治系统对法律系统的激扰还产生了另一意料之

---

〔1〕 劳东燕："公共政策与风险社会的刑法"，载《中国社会科学》2007 年第 3 期。

〔2〕 Christopher J. Christie & Robert M. Hanna, "A Push down the Road of Good Corporate Citizenship: The Deferred Prosecution Agreement between the US Attorney for the District of New Jersey and the Bristol-Myers Squibb Co", Am. Crim. L. Rev., Vol. 43, p. 1061 (2006).

〔3〕 Brandon L. Garrett, "Structural reform prosecution", *Virginia Law Review*, Vol. 93: 4, pp. 931~936 (2007).

外的产物——美国企业合规制度的发展。安达信破产事件后美国司法制度开展了针对企业犯罪检察的"结构性改革"，对企业犯罪更多地采用了暂缓起诉协议/不起诉协议等恢复性司法处理方式。但是，这种处理方式并不能完全替代传统的企业犯罪处理方式，因为相较于传统的刑事处罚，暂缓起诉协议/不起诉协议的处理方式是极为轻微的。并且，仅仅依靠暂缓起诉和不起诉协议，并不能完全实现企业恢复性司法的意图。恢复性司法强调以缓解社会冲突和修复社会关系的措施来替代刑罚，[1]但绝不是抹去刑罚，放任犯罪。因此，用来替代刑罚的恢复性措施的设计就显得尤为重要。美国的企业合规制度就是作为替代企业犯罪刑罚的恢复性措施而设计的。随着恢复性司法在企业犯罪领域的普遍展开，也为美国企业合规制度的发展提供了良好的契机。

在针对企业犯罪的暂缓起诉/不起诉的协议中，都会明确列出企业为获得暂缓起诉或不起诉的检查决定所做的内部合规计划。当检察官开始对一家公司的调查时，公司可以请求自行进行内部调查，并且将调查结果反馈给检察官。如果内部调查确实发现了企业的违法行为，公司将积极与检察官就暂缓起诉协议进行谈判，制定出一份双方都认可的关于企业内部改革、纠错、弥补企业造成的损失的协议。在协议制定之后，企业将在检察官以及其他监督人的监督下进行企业内部改革、纠错和弥补损失。如果企业经过改革确实达到了协议中约定的效果，检察官将根据协议做出不起诉决定。在这种双方的合作中，很容易达成多方共赢的局面：检察官节约了宝贵的调查资源，企业避免了刑事起诉与可能的刑事惩罚，而与企业有关的利益相关人也从企业的内部改革、纠错和弥补损失中弥补或避免了损失。[2]这种既能避免企业因刑事处罚而走向倒闭，又能为检察官、企业、利益相关方等多方均带来积极效果的制度设计，从政策角度来看具有突出的功利性优势，从司法角度来看也能解决很多技术层面的问题。因此，以针对企业犯罪检察的"结构性改革"为契机，美国的企业合规制度有了飞跃性的发展，甚至由此出发，推动了企业管理领域合规管理的新发展。

（四）从安达信破产事件理解法律系统与政治系统的耦合关系

安达信妨碍司法罪一案并不是一个事实上十分复杂或者理论上有很大争

---

〔1〕　王颖："企业刑事合规的理论证成及其制度边界"，载《中国检察官》2021年第23期。

〔2〕　Brandon L. Garrett, "Structural reform prosecution", *Virginia Law Review*, Vol. 93：4, pp. 893～902（2007）.

议的案件，但是由这个案件所引发的针对企业犯罪检察的"结构性改革"以及随带的美国企业合规制度的发展却生动地体现了法律系统与政治系统的耦合关系，很适合我们理解政治和法律之间的有机互动及关联。

所谓"结构耦合"，本来是一个生物学的概念，指的是细胞与系统之间，或者细胞与细胞之间存在的递归的、稳定的互动关系。在这种互动关系中，互动双方并不能相互决定，但会相互刺激，并在相互刺激的基础上共同演化。后来，卢曼创设性地将该理论借用到社会学研究中。卢曼认为，社会分化出的子系统就像一个又一个的"细胞"，是封闭运转的。但是，就像细胞需要向环境汲取营养一样，社会子系统也需要向环境汲取信息。社会子系统通过对外部环境的信息进行辨别和筛选，会选择性吸收部分信息进入子系统自身的运转。而不同子系统之间又可以互为环境。在这种情况下，不同子系统与环境、子系统之间会呈现共同演化的特征。[1]政治、法律等社会子系统之间这种相互刺激的关系，也称为结构耦合。

安达信破产事件就很好地体现了法律系统与政治系统之间的结构耦合关系。安达信妨碍司法罪一案本是法律系统内部的一个案件，立足于法律系统内部的沟通符码看来，这个案件本身是没有问题的。然而，这个案件在整个社会系统中引发了较大的不良反应（大企业破产、大量失业、对经济的不良影响等），使得法律系统接收到大量社会环境和政治子系统施加的政治压力和信息激扰（舆论压力、资源问题、政策压力等）。法律系统在对这些社会与政治压力进行辨别和筛选之后，选择性地接受了部分对法律系统有意义的信息，并利用这些信息促成了法律系统内部的功能演化。安达信破产事件后，法律系统开始发展对企业犯罪的恢复性司法理念，创新性地开始大量适用暂缓起诉协议/不起诉协议等应对企业犯罪的新的法律工具，并系统性地开始发展企业合规制度。这些功能演化的核心原因在于法律系统需要对系统外的政治压力做出回应。外在环境的激扰会影响子系统的功能演化。

通过安达信破产事件我们也要看到，尽管政治系统和法律系统存在耦合关系，但二者仍然是两个独立运行的系统。这就意味着即使在面对同一社会事件时，法律系统和政治系统所关注的焦点会有所不同，所追求的整体社会

---

[1] 参见泮伟江："宪法的社会学启蒙——论作为政治系统与法律系统结构耦合的宪法"，载《华东政法大学学报》2019年第3期。

效果有所差异，追求方式也不尽相同。就比如说，美国司法系统可以通过发展法律理念、创新法律工具、发展法律制度来应对安达信破产事件，却不能直接采用政治学的观察视角，为了防止对整体经济的不良影响而直接减轻对企业的惩罚。这是因为任何社会子系统都有自己的沟通媒介（符码），系统可以通过"转译"的方式吸收其他系统的信息进入到自身系统的运行，却不能直接使用其他系统的符码，否则就会产生"符码混乱"。[1]如果法律系统直接使用公共政策的语言、思维、处理方式，那么法律系统内部就会产生符码的混乱，导致系统功能难以独立发挥，社会分化也将失去意义。美国法律系统对安达信事件的应对方式也告诉我们，法律系统在保持认知上的开放性的同时，仍然要坚守自己系统运行上的独立性，以保障法律系统独特的功能发挥。

第二节 法律与经济

一、理论导读

在全部社会现象中，法律与经济的联系可谓最直接、最密切。[2]经济活动是人类文明世界的主要活动，经济行为是人类文明社会的基本行为，正是因为有了基本的物质生产、交换等经济活动，人类方才获得基本的物质生活基础，进而逐渐发展出法制文明；作为调整人类社会行为及其相互关系的法律，反过来必然对于经济行为和经济秩序予以调整。由此，法律与经济必然发生密切的关联和作用。

（一）法律与经济的关系

"经济"一词，中国古代汉语中早已存在，但是中国古代汉语中的"经济"，主要是"经世济民""经国济物""经纶济世""经国济世"之义，[3]也就是治理世事、安邦定国的意思，这已经上升到"治国平天下"的宏观高度和广度，与现代意义上的"经济"一词的含义相去甚远。现代意义上的"经

---

〔1〕 郑智航："最高人民法院如何执行公共政策——以应对金融危机的司法意见为分析对象"，载《法律科学（西北政法大学学报）》2014年第3期。

〔2〕 张文显主编：《法理学》，高等教育出版社、北京大学出版社2018年版，第377页。

〔3〕 何九盈、王宁、董琨主编：《辞源》，商务印书馆2019年版，第3219、3222页。

济"一词，相较于中国古代汉语的"经济"，其词义已经发生变化，"经济"一词新的内涵主要是在近代中国西学东渐的过程中，经由外语"economics"的语际转借而被赋予的。"economics"源于古希腊语，意思是"家政术"，就是管理一个家庭的技术（art of managing a household），经济学就是研究个人、家庭、社会如何管理自己稀缺资源的问题，[1]18世纪后转变为"财富学"（science of wealth）的意思。在现代西方经济学中，对"economics"（经济）这个概念有多重理解。例如主张"广义经济学"的学者加里·S. 贝克尔认为："经济学已经进入第三阶段。在第一阶段，人们认为经济学仅限于研究物质资料的生产和消费结构，仅此而已；到了第二阶段，经济理论的范围扩大到全面研究商品现象，即研究货币交换关系；今天，经济研究的领域业已囊括人类的全部行为及与之有关的全部。因此，凡是以多种用途为特征的资源稀缺情况下产生的资源分配与选择问题，均可以纳入经济学的范围，均可以用经济分析加以研究。"[2]主流的经济学者们认为，经济就是人和社会作出最终抉择，在使用或不使用货币的情况下，使用可以有其他用途的稀缺的生产性资源生产各种商品，并把商品分配给社会的各个成员或集团以供消费使用，经济分析改善资源配置型式所需付出的代价和可能得到的利益。[3]本书秉持马克思主义经济学的观点和立场，认为"经济"主要是指整个社会的物质资料的生产和再生产，由此产生的"经济活动"则是社会物质的生产、分配、交换和消费活动的总称。[4]

关于法律与经济的关系，在理论光谱的两端，存在两种截然相反的观点，一种是否认法律与经济之间的关系。虽然这种观点早已失去了理论"市场"，但是由于长期以来人们对于法律与经济之间具体的关联语焉不详，使得人们缺乏对于法律与经济之间关系的深入认识和系统理解。另一种则是承认并且积极构建法律与经济之间的关系。在这种理论阵营中，对于法律与经济之间的关系模式，则又分化出不同的理论版本。既有认为经济决定法律的单向决定论，也有法律（法治）决定经济的决定论，还有各种法律与经济二者之间

〔1〕［美］曼昆：《经济学原理》，梁小民、梁砾译，北京大学出版社2015年版，第3页。

〔2〕［美］加里·S. 贝克尔：《人类行为的经济分析》，王业宇、陈琪译，格致出版社、上海三联书店、上海人民出版社2008年版，第3页。

〔3〕［美］萨缪尔森：《经济学》（上册），高鸿业译，商务印书馆1979年版，第5页。

〔4〕张文显主编：《法理学》，高等教育出版社、北京大学出版社2018年版，第378页。

彼此影响、相互作用的各种理论。有关法律与经济的法理学理论，正是旨在探究这二者及其相互之间的关系规律。本书认为，法律与经济之间的关系主要体现在以下两个方面：

1. 经济对法律的作用

首先，法律基于经济发展的需要而产生。当人类社会的经济发展到一定阶段时，才具备了制定作为特殊社会规范的法律的条件，才产生出对于法律的需要。从大历史的视野来看，生产力的发展水平及其相应的社会生产关系的性质，从整体上、从根基上决定了以这种生产力及其生产关系为基础的法律的根本性质和总体特征。一般而言，法律是在经济上占统治地位从而在政治上也占统治地位的掌控国家政权的阶级的共同意志的体现。人类法制文明史上出现了不同类型的法律，主要就是因为其各自的经济基础的根本性质和总体特征存在差异。同一历史类型的各国法律，尽管它们也各有特点，但是由于其经济基础的根本性质和总体特征是同一的，因此它们的法律也有着共同的本质和特征；与之相反，不同历史类型的法律，尽管它们也有一些相同的法律，但由于其经济基础的根本性质和总体特征不同，因此它们的法律的根本性质和总体特征也是不同的。

其次，经济基础的发展变化必然或迟或早地反映到法律上，并且要求法律与之相适应并为之服务。反过来看，掌控国家政权的阶级也不可能完全抛开其社会的经济基础随心所欲地改变法律。因此马克思说："君主们在任何时候都不得不服从经济条件，并且从来不能向经济条件发号施令。无论是政治的立法或市民的立法，都只是表明和记载经济关系的要求而已。"[1]而作为法律实质核心内容的"权利永远不能超出社会的经济结构以及由经济结构所制约的社会文化发展"。[2]

最后，强调经济基础对法律的决定作用只是从长远上、根本上、整体上的一个规律性总体、宏观论断，并非意味着法律中的任一具体规范都由经济基础所决定、都直接关联于经济基础，否则这无法解释为何不同经济基础的社会具有前后相继的类似法律，也不能解释为何不同经济基础的国家具有彼

---

〔1〕《马克思恩格斯全集》（第 4 卷），人民出版社 1958 年版，第 121~122 页。
〔2〕《马克思恩格斯选集》（第 3 卷），人民出版社 1972 年版，第 12 页。

此相同的法律；更不是意味着法律不受经济以外其他因素的影响。[1]因此，恩格斯说："如果有人在这里加以歪曲，说经济因素是唯一的决定性的因素，那么他就是把这个命题变成毫无内容的、抽象的、荒诞无稽的空话。"[2]"政治、法、哲学、宗教、文学、艺术等等的发展是以经济发展为基础的。但是，它们又都互相作用并对经济基础发生作用。并非只有经济状况才是原因，才是积极的，而其余的一切都不过是消极的结果。"[3]

2. 法律对经济的作用

法律对经济的作用主要表现在以下四个方面：[4]第一，确认经济关系。法律确认经济关系，是指法律可以把既有的现实生产关系予以法律化、制度化，并且可以通过法律改造既有的生产关系进而创建新的生产关系。第二，规范经济行为。法律主要通过民商法、经济法、行政法和程序法等具体法律对经济活动和经济行为予以间接调整和规范，从而使经济活动在一定的法律范围内有序运行。当今经济全球化时代，经济要素在全球流通，经济运行规范的合理性、开放性和可信度构成经济运行的主要软环境，极大影响了经济要素的流动。第三，服务经济活动。法律对经济活动的调整和规范，不单只是消极地管控和限制，而且还主动积极地服务于经济活动。法律通过制度化的方式推动经济实现规模化发展，鼓励创新，提高市场效率。第四，维护经济秩序。法律对经济关系不仅作出确认、调整，而且加以维护和保障，确保其正常的发展秩序不受侵扰，由此构建良好的经济秩序。

（二）法律的经济分析与经济的法律分析

正是由于历史上和实践中，法律与经济之间存在紧密的、复杂的关系，因此，从理论和方法的角度，我们不仅需要而且可以从经济的角度对法律展开分析，也可以从法律的角度对经济进行理解。可以把这种理论和方法称为

---

〔1〕 阿尔都塞指出："马克思把任何社会的结构都设想成是由两个'层面'或'层级'所构成的，即下层建筑或经济基础和上层建筑。它们又被一种特殊的决定作用连接在一起。……上层建筑各层的作用力指数，是由基础的归根到底的决定作用所决定的，它们在马克思主义传统中通过两种形式得到思考：（1）上层建筑对基础有'相对独立性'；（2）上层建筑对基础有'反作用'。"[法] 路易·阿尔都塞：《论再生产》，吴子枫译，西北大学出版社 2019 年版，第 133~135 页。

〔2〕《马克思恩格斯选集》（第 4 卷），人民出版社 1995 年版，第 604 页。

〔3〕《马克思恩格斯选集》（第 4 卷），人民出版社 1995 年版，第 732 页。

〔4〕 张文显主编：《法理学》，高等教育出版社、北京大学出版社 2018 年版，第 380 页。

"法律经济学"的法理范式。[1]加里·S. 贝克尔认为，"经济分析师的一种统一的方法，适用于解释全部人类行为""即使是市场以外的人类行为的经济分析也算不上什么标新立异的东西"，亚当·斯密经常运用这种方法解释政治行为，边沁同样运用这种方法研究了诸多法律及其改革的问题，马克思及其追随者同样运用经济分析的方法研究市场行为、政治、婚姻和其他非市场行为。[2]而 20 世纪中叶以来，随着法律和经济交叉学科的创立和发展，法律经济学运动方兴未艾，法律的经济分析和经济的法律分析逐渐发展和兴盛，涌现了诸多运用经济学理论和方法研究法律问题的学者，理查德·波斯纳可谓其中的集大成者。[3]他们从将经济学的理论和方法用于分析反托拉斯法、公司法、破产法、证券法等经济法律，扩展到财产、合同和侵权等法律领域，进而延伸到了包括宪法、刑法、程序法等法律部门的全部法律领域。

运用经济学的理论和方法分析法律现象和问题，主要可以分为三个方面：一是解释。解释法律（包括法律规范、法律制度和司法判决等）产生背后的经济原因和经济逻辑。二是预测。预测法律对于经济的影响。"经济学提供了一种行为理论，使我们能够预测人们如何对法律做出反应。这个理论不仅仅依靠直觉，就像常识不能替代科学。"[4]三是论证或评价。运用经济学理论和方法论证或是评价法律制度的合理或不合理之处。前两个方面主要是经验的、实证的研究，后一个方面则是规范的研究。

（三）完善经济法治，建设法治经济

注重探究历史上和实践中法律与经济的关系规律，从理论和方法上强调法律的经济分析与经济的法律分析，主要实践目的是完善经济法治，建设法治经济。市场经济本质上是法治经济，法治对于经济具有重大意义。认识法律与经济之间的关系，掌握法律的经济分析方法，归根结底是为了服务于经济领域的法治建设，构建更加完善的经济法治体系，建设更高质量水平的法治经济，实现法治与经济的相互促进、相得益彰。完善经济法治、建设法治

---

〔1〕 冯玉军：《法经济学范式》，清华大学出版社 2009 年版，第 96 页。

〔2〕 [美]加里·S. 贝克尔：《人类行为的经济分析》，王业宇、陈琪译，格致出版社、上海三联书店、上海人民出版社 2008 年版，第 11~12 页。

〔3〕 [美]理查德·波斯纳：《法律的经济分析》，蒋兆康译，法律出版社 2012 年版。

〔4〕 [美]罗伯特·考特、托马斯·尤伦：《法和经济学》，史晋川等译，格致出版社、上海人民出版社 2012 年版，第 3 页。

经济的核心内涵和主要要求包括：[1]第一，坚持和完善社会主义基本经济制度。法治经济的基石是基本经济制度，建设法治经济的第一要务是以宪法和相关法律确认和巩固社会主义基本经济制度，引领经济体制改革的社会主义方向，完善和发展社会主义基本经济制度，亦即"坚持和完善公有制为主体、多种所有制经济共同发展的基本经济制度"。第二，完善社会主义市场经济法律制度，加快建设和完善现代产权制度。第三，营造公平竞争、规范有序的经济法治环境。保障各类市场主体享有公平竞争的权利，特别是确认和保障非公有制经济的平等主体地位和平等权利。

二、案例介绍：湖南省嘉禾县违法拆迁事件

2003 年 1 月，湖南省郴州市嘉禾县珠泉商贸城项目（这是一个以商业营业用房为主的房地产开发项目）由嘉禾县第十四届人大第一次会议通过，此后该项目并获郴州市政府批准，成为全市重点工作。

2003 年 8 月，湖南省郴州市嘉禾县委、县政府为了推进嘉禾县珠泉商贸城项目，以该县委办、政府办的名义，下发了"嘉办字〔2003〕136 号文件"。该文件要求，"全县广大党员干部职工尤其是党政机关和企事业单位工作人员，务必做好珠泉商贸城建设范围内被拆迁对象中自己亲属的拆迁动员工作"，并且提出了"四包两停"的措施。所谓"四包"是指，包在规定期限内完成拆迁补偿评估工作、包签订好拆迁安置补偿协议、包腾房并交付各种证件、包协助做好妥善安置工作，不无理取闹、寻衅滋事，不参与集体上访和联名告状。所谓的"两停"是指，对不能认真落实"四包"的责任者，给予"暂停原单位工作、停发工资"的处理同时还规定，对纵容、默许亲属拒不拆迁、寻衅滋事、阻挠工作的，将开除或下放到边远地区工作。该红头文件施行以后，当地多名公职人员遭降职、调离原工作岗位到边远乡镇工作等。

嘉禾县珠泉商贸城项目建设过程中的拆迁工作同样引发了当地群众的上访。2003 年 10 月，湖南省建设厅向郴州市房产管理局发公函，责成后者认真调查珠泉商贸城项目建设过程中上访群众反映的违法拆迁、侵害被拆迁人权益等事实问题，依法采取有力措施，维护拆迁当事人的合法权益。2003 年 12

---

〔1〕 张文显主编：《法理学》，高等教育出版社、北京大学出版社 2018 年版，第 381~382 页。

月，嘉禾县委、县政府召开拆迁动员大会，会场外面悬挂的横幅赫然写着："谁不顾嘉禾的面子，谁就被摘帽子；谁工作捅不开面子，谁就要换位子""谁影响嘉禾发展一阵子，我影响他一辈子"。2004年4月，嘉禾县政府对拆迁户李某明的房屋实施强制拆迁，嘉禾县人民法院出动二百多人参与强制拆迁行动。李某明等人因抵制拆迁，以"暴力抗法"和"妨碍公务"被拘留，李某明的儿子作为乡政府公安特派员因未能完成"四包"任务被免职。2004年5月，嘉禾县政府向余下的拆迁户下发强行拆迁通知。同月，多家媒体包括央媒陆续报道了嘉禾县拆迁事件，由此引发了社会民众对于嘉禾县违法拆迁事件的广泛关注。

2004年5月，根据国务院领导的批示，湖南省政府、建设部联合调查组开展深入细致的调查取证工作。在此之前，湖南省和郴州市的土地管理部门、城市建设部门和监察部门已派出联合调查组进驻嘉禾县。同时建设部官员表示，鉴于嘉禾县违法拆迁事件的严重程度以及湖南和郴州两级政府"并不明朗的态度"，建设部调查组入湘调查。2004年6月，调查组宣布基本查明主要违法违规事实并将调查结果上报国务院。调查表明，这是一起集体滥用行政权力、损害群众利益的违法违规事件。在项目实施过程中，县委、县政府滥用行政权力强制推进房屋拆迁，2003年12月份以来，先后对11名公职人员进行了降职、调离原工作岗位到边远乡镇工作等错误处理，并错误拘捕李某明等3人。嘉禾县违法拆迁事件中的问题经上访群众反映后，上级有关领导和部门曾多次责令纠正。嘉禾县委、县政府对上报告已经进行了自查自纠，实际却继续加大行政介入力度。根据《中国共产党纪律处分条例》和《国家公务员暂行条例》的有关规定，经湖南省委常委会研究决定，责成有关方面按规定程序撤销周某武中共嘉禾县委委员、常委、书记职务；撤销李某栋中共嘉禾县委委员、常委、副书记职务，并依法撤销其县人民政府县长职务；另有多名县领导被查处。对涉嫌触犯刑律人员的刑事责任，由司法机关调查后做出决定。对其他有关单位和人员的问题，将由有关部门继续调查处理。[1]在随后主持召开的国务院常务会议上，就研究控制城镇房屋拆迁规模、严格拆迁管理的有关问题，国务院总理同意湖南省对嘉禾县珠泉商贸城建设中违法违规有关责任人所作出的严肃处理。会议听取了建设部关于城市房屋

---

[1] "湖南省、建设部严肃查处嘉禾违法违规强制拆迁案件"，载《人民日报》2004年6月5日。

拆迁情况的汇报。会议指出，加强城镇房屋拆迁管理工作，关系人民群众的切身利益，关系经济发展和社会稳定，关系中央宏观调控政策的落实。各地区、各部门必须站在贯彻"三个代表"重要思想的高度，从维护人民群众的利益出发，深刻认识做好城镇房屋拆迁管理工作的重要性，采取有效措施，解决存在问题。〔1〕湖南省委召开常委扩大会议，认真学习了国务院第五十二次常务会议关于控制城镇房屋拆迁规模、严格拆迁管理的精神，并传达了国务院同意湖南省对嘉禾县珠泉商贸城建设中违法违规有关责任人所作出的严肃处理意见。〔2〕

三、案例分析

湖南嘉禾违法拆迁事件，较为典型、集中地反映了改革开放经济建设过程中，各方法律主体（包括中央政府和地方各级政府、市场主体房地产开发商、普通社会民众）之间的权利、权力、利益复杂博弈的问题，集中展现了改革开放经济建设时期，法律与经济之间的复杂关系。对此，可以分别从宏观体制、中观制度和微观行为三个不同层面对此案展开法律经济学的分析。

（一）宏观体制：基本经济形态塑造了基本法律制度

从宏观、整体的视角来看，需要将以湖南嘉禾违法拆迁事件为代表的众多城市房屋拆迁事件置于中国国家性质的大框架中，尤其是基本经济形态的大背景下进行分析和理解。对于我国的国家性质及基本经济形态，我国现行宪法予以集中、权威、精练的表述。根据马克思主义理论和中国的基本国情，我国《宪法》规定，"社会主义制度是中华人民共和国的根本制度""我国将长期处于社会主义初级阶段。国家的根本任务是，沿着中国特色社会主义道路，集中力量进行社会主义现代化建设""中华人民共和国的社会主义经济制度的基础是生产资料的社会主义公有制，即全民所有制和劳动群众集体所有制""国家在社会主义初级阶段，坚持公有制为主体、多种所有制经济共同发展的基本经济制度"。根据马克思主义理论，未来的理想社会是共产主义社会，随着生产力的提高和生产关系的发展，所有的财产都应复归社会所有，

---

〔1〕 "温家宝主持召开国务院常务会议 研究控制城镇房屋拆迁规模 严格拆迁管理有关问题"，载《人民日报》2004年6月5日。

〔2〕 "湖南省委要求吸取嘉禾事件教训 加强城镇房屋拆迁管理"，载《人民日报》2004年6月6日。

亦即社会公有。但在彻底实现"社会公有"之前，还需经过一个"国有化"的过渡阶段，"国有化"或"国家化"是从资本主义社会无计划生产向社会主义社会计划生产过渡的必然产物和必经阶段。马克思主义的一般理论与我国特殊历史实践相结合，在新中国成立之初，我国总体走向了废除私有制、实现社会主义公有制的发展道路和发展模式。改革开放新时期以来，我们与时俱进地更新了新中国成立初期对"社会主义"的理解，新时期社会主义的原则"第一是发展生产；第二是共同富裕"，由此，改革开放以来社会主义体制之下的经济形态也转变成了"以公有制为主体，多种经济成分共同发展"的新格局、新形态。[1]

正是由于我国处于社会主义初级阶段的国家性质及"公私并存"的经济形态，在我国的经济实践和法律体系中存在两种并存并行的所有制亦即产权制度，对于私有财产的征收和征用具有中国特色。根据我国社会主义初级阶段的基本国家性质及其经济形态，我国《宪法》规定，"城市的土地属于国家所有""农村和城市郊区的土地，除由法律规定属于国家所有的以外，属于集体所有""国家为了公共利益的需要，可以依照法律规定对土地实行征收或者征用并给予补偿"；同时"公民的合法的私有财产不受侵犯""国家依照法律规定保护公民的私有财产权和继承权。国家为了公共利益的需要，可以依照法律规定对公民的私有财产实行征收或者征用并给予补偿"。这种宏观的、整体的国家性质和经济形态，使得我国在改革开放新时期面临以下两方面的约束：一方面是，我国必须走改革开放之路，不断发展生产力和生产关系，不断推进现代化，不断推进经济建设，而城市化是现代化的重要内容之一；另一方面，改革开放新时期的经济建设和城市化进程，必须处于社会主义基本经济制度的框架中进行。宏观、整体体制层面的基本经济形态及其相应塑造的基本法律制度（尤其是宪法经济制度），为我们分析和理解我国城市化进程中的房屋拆迁问题提供了根本的经济基础和制度语境。

（二）中观制度：具体法律制度的法律经济学

从中观制度的视角来看，以嘉禾县为代表的此类城市房屋拆迁改造事件中涉及的核心法律制度问题，主要是土地、房屋产权的界定及其保护问题，

---

[1] 李忠夏："'社会主义公共财产'的宪法定位：'合理利用'的规范内涵"，载《中国法学》2020 年第 1 期。

以及如何规范和监督行政权力运行的法律制度问题。

1. 产权确权、交易和保护的法律制度

房屋拆迁改造项目中，涉及的核心问题之一，就是出让土地、拆迁房屋以及相关财产利益等的确权归属和交易问题，以及这些权益受到损害时如何予以法律救济和有效保护的问题。[1]

根据我国《宪法》的规定，城市的土地属于国家所有，农村和城市郊区的土地，除由法律规定属于国家所有的以外，属于集体所有。即我国公民并不享有土地的所有权，只享有土地的使用权以及依附于土地之上的房屋所有权。但是，由于土地与房屋之间权属的不配套，使得依附于土地之上的房屋所有权较为脆弱，容易受到侵犯。即使享有房屋所有权的被拆迁人与地方政府、开发商并未达成房屋拆迁的协议，但若开发商通过国有土地所有权出让或是土地二级市场转让获得土地使用权，那么他们即可依据其所取得的土地使用权进行合法有力的拆迁，甚至可以无视房屋所有权人亦即被拆迁人。这是我国城市房屋拆迁中存在的产权确权、交易和保护的制度缺陷。

1991 年国务院公布了《城市房屋拆迁管理条例》（已失效），于 2001 年 6 月对其进行了修改，并于同一年开始实施。修改后的《城市房屋拆迁管理条例》，明确了"为了加强对城市房屋拆迁的管理，维护拆迁当事人的合法权益，保障建设项目顺利进行"的立法宗旨，这使得《城市房屋拆迁管理条例》的立法目的更加明显地倾向于推动和保障城市房屋拆迁改造项目的顺利进行，而非被拆迁人的权益保护。而且，修改后的《城市房屋拆迁管理条例》使得房屋拆迁项目开发商成为拆迁方，并且可以获得地方政府及其相应行政主管部门的支持。《城市房屋拆迁管理条例》第 15 条规定："拆迁补偿安置协议订立后，被拆迁人或者房屋承租人在搬迁期限内拒绝搬迁的，拆迁人可以依法向仲裁委员会申请仲裁，也可以依法向人民法院起诉。诉讼期间，拆迁人可以依法申请人民法院先予执行。"第 17 条第 1 款规定："被拆迁人或者房屋承租人在裁决规定的搬迁期限内未搬迁的，由房屋所在地的市、县人民政府责成有关部门强制拆迁，或者由房屋拆迁管理部门依法申请人民法院强制拆迁。"这就是学界所谓的"司法强拆"，[2]也是嘉禾县违法拆迁事件中，县法

〔1〕 参见崔建远主编：《房屋拆迁法律问题研究》，北京大学出版社 2009 年版，第 10 页。
〔2〕 刘东亮："拆迁乱象的根源分析与制度重整"，载《中国法学》2012 年第 4 期，第 23~26 页。

院排除相关多名司法人员参与拆迁的法律依据所在。而且,《城市房屋拆迁管理条例》虽然专章规定了房屋拆迁的"拆迁补偿与安置"问题,但是对于相应的拆迁补偿标准、范围等具体问题的规定过于笼统模糊,导致在实践中被拆迁人的相关权益缺乏法律制度的硬性有效保护和救济。

2. 规范和监督行政权力的法律制度

在实践中,地方政府有推动和参与城市房屋拆迁改造项目工程的政治经济学激励,加之我国相关法律制度的规定,在房屋拆迁改造项目中,地方政府及其相关行政主管部门往往深入全程介入房屋拆迁的过程,需要从法律角度严格规范和有效监督行政权力。

在嘉禾县违法拆迁事件中,嘉禾县政府在开发商未进行规划项目定点的情况下,为开发商发放《建设用地规划许可证》——先办理《建设用地批准书》,再补办土地使用权挂牌出让手续;在开发商未缴纳土地出让金的情况下发放《国有土地使用证》,在缺乏拆迁计划、拆迁方案和拆迁补偿安置资金足额到位证明等要件的情况下为拆迁人发放《房屋拆迁许可证》;在没有按规定程序举行听证的情况下对 11 户被拆迁人下达强制拆迁执行书。这些都明显违反了相应的行政法律程序。

自 2001 年修改《城市房屋拆迁管理条例》以来,我国城市的房屋拆迁改造浪潮高涨,并引发了城市房屋拆迁过程中的各种社会矛盾。2003 年 9 月,国务院办公厅发布《关于认真做好城镇房屋拆迁工作维护社会稳定的紧急通知》。这一紧急通知指出:"近几年来,随着我国各地城镇建设的快速发展,城镇房屋拆迁工作量不断扩大,房屋拆迁中遇到的矛盾不断增加。由于各地有关部门做了大量艰苦细致的工作,促进拆迁合法有序进行,有力推动了城镇面貌的改善,创造了经济和社会发展的重要条件。但是今年以来,由于一些单位拆迁补偿不到位、拆迁安置不落实,工作方法不当,造成因城镇房屋拆迁引起的纠纷和集体上访有增加趋势,甚至引发恶性事件,影响正常的生产生活秩序和社会稳定。国务院领导同志对此高度重视,多次作出重要批示,要求有关地方和部门提高认识,关心群众利益,坚持依法行政,认真做好城镇房屋拆迁工作,维护社会稳定。"湖南嘉禾县违法拆迁事件发生后,2004 年6 月,国务院办公厅又针对性地发布了《关于控制城镇房屋拆迁规模严格拆迁管理的通知》(已失效),明确指出:"进一步完善法律法规,规范拆迁行为;落实管理责任,加强监督检查;严格依法行政,加大对违法违规案件的查处力度；坚决纠正城镇房屋拆迁中侵害人民群众利益的各种行为，维护城镇居民和农民的合法权益，正确引导群众支持依法进行的拆迁工作，保持社会稳定。"尤其针对性地明确要求"严格拆迁程序，确保拆迁公开、公正、公平""加强对拆迁单位和人员的管理，规范拆迁行为"，其中针对行政机关在房屋拆迁过程中的行为提出了明确要求："严格依法行政，正确履行职责。地方各级人民政府要进一步转变职能，做到政事、政企分开，凡政府有关部门所属的拆迁公司，必须与部门全部脱钩。政府部门要从过去直接组织房屋拆迁中解脱出来，严格依法行政，实行'拆管分离'，实现拆迁管理方式从注重依靠行政手段向注重依靠法律手段的根本性转变。房屋拆迁管理部门要认真执行拆迁许可审批程序，严禁将拆迁许可审批权下放。严格拆迁许可证的发放，对违反城市规划及控制性详细规划、没有拆迁计划、建设项目批准文件、建设用地规划许可证、国有土地使用权批准文件，以及拆迁补偿资金、拆迁安置方案不落实的项目，不得发放拆迁许可证。严禁未经拆迁安置补偿，收回原土地使用权而直接供应土地，并发放建设用地批准文件。……政府行政机关不得干预或强行确定拆迁补偿标准，以及直接参与和干预应由拆迁人承担的拆迁活动。要依法正确履行强制拆迁的权力。"[1]

（三）微观行为：主体行为体现了基本的法律经济学逻辑

从微观、法律主体及其具体行为的视角来看，可以立足于法律经济学视点解读在房屋拆迁事件中涉及的各方主要法律主体——包括处于国家政治行政场域体系中的各级地方政府、作为市场主体的房地产开发商和被拆迁人——的政治关系、法律关系，各方法律主体都是根据自身的利益—成本考量并采取了相应的博弈策略、作出了符合自身理性经济考量的行为。由于各方法律主体之间权利、权力和利益存在分化和差异，在既有的法律制度提供的基本框架之中，各方法律主体围绕房屋拆迁中的核心权利、权力和利益展开了复杂的多重博弈，并且不断重新塑造了既有的相关法律制度。[2]

---

[1] 参见 https://www.gov.cn/zhengce/zhengceku/2008-03-28/content_4761.htm，最后访问日期：2023年9月26日。

[2] 相关分析，参见冯玉军："权力、权利和利益的博弈——我国当前城市房屋拆迁问题的法律与经济分析"，载《中国法学》2007年第4期；刘东亮："拆迁乱象的根源分析与制度重整"，载《中国法学》2012年第4期。

　　1. 地方政府

　　在迈向现代化的历史进程中改革成为时代的洪流，开放已是世界的大潮。为了促进经济建设和城市化发展，我国形成了一个从中央到地方的多层级结构的政府体制，并呈现出一系列特征，"主要体现为多层级权力关系下以属地为基础的行政逐级发包制，或者说是政府内部的发包制，简称为'行政发包制'"。[1]各级地方政府追求财政收入最大化的微观基础在于，它与官员个体的行为激励密切相关，地方官员之间围绕区域经济发展绩效而进行的"政治锦标赛"模式成为理解官员激励、政府治理和经济增长的关键线索之一，它将关心仕途和晋升的地方政府官员置于强力的激励之下，使其不断追求地方财政收入的最大化。[2]

　　通过城市城区的重新规划和旧城改造来改善城市面貌、推动城市治理，往往是类似湖南省郴州市嘉禾县珠泉商贸城项目的初衷，但是同时，利用城市房屋拆迁，将城市的国有土地高价出让给开发商以获得丰厚的土地出让收益，也是地方政府推动此类项目的一个现实的、巨大的利益激励。现实当中，嘉禾县珠泉商贸城项目之所以成为嘉禾县全县上下大力推动的重要项目，并获得郴州市政府批准成为全市的重点工作之一，其基本的政治经济学逻辑就在于此。而且，由于地方政府能够从土地出让中获得的收益与开发商的给付报价密切相关，开发商的给付报价主要包括土地出让金和征收补偿费用两个主要部分，在总的给付报价不变的情况下，征收补偿费用越低、占比越小，地方政府能够获得的土地出让金越多。因此，总体来看，地方政府的政治经济学激励与开发商之间的利益考量是一致的，二者更容易结成利益共同体共同推进城市房屋拆迁改造工作。[3]随着城市房屋拆迁项目而来的是地方政府官员在推动城市化和经济建设方面的显性政绩，以及随之产生的后续长期行政管理收益，这对身处官僚体制内部的地方政府官员自然产生了强大激励。因此，地方政府官员也是理性"经济人"，地方政府官员的政绩越好，他们在

---

　　〔1〕　周黎安：《转型中的地方政府：官员激励与治理》，格致出版社、上海三联书店、上海人民出版社2017年版，第29页。

　　〔2〕　周黎安：《转型中的地方政府：官员激励与治理》，格致出版社、上海三联书店、上海人民出版社2017年版，第161～162页。

　　〔3〕　冯玉军："权力、权利和利益的博弈——我国当前城市房屋拆迁问题的法律与经济分析"，载《中国法学》2007年第4期。

官僚体制内晋升提拔的机会越大，他们自然有了大力推动此类房屋拆迁改造项目的利益动机。除此显性利益激励之外，其他诸如房屋拆迁改造过程中的隐性"寻租"利益也是实践中众多此类房屋拆迁改造项目中的一个巨大利益刺激。

2. 开发商

对于房屋拆迁改造项目中的开发商来说，他们作为"理性经济人"采取相应行为的方式的经济学逻辑更是显而易见。开发商在项目开发、建设过程中的主要考量标准就是"成本—收益"的利益权衡。他们大都试图尽可能地降低土地使用权出让金和房屋拆迁补偿费用，同时尽可能地抬高其回购价格。开发商按照自身利益最大化的目标实施相应行为，例如，他们会尽力争取由地方政府出面，采取各种方式促使被拆迁人配合拆迁，甚至不惜借助地方政府的强制执行措施，降低房屋拆迁改造项目中的拆迁和补偿费用。

3. 被拆迁户

城市房屋拆迁改造项目中，被拆迁人的利益主要是拆迁补偿费用以及房屋等财产利益。根据我国房屋拆迁相关法律和政策的规定，被拆迁人可以获得补偿的主要项目包括：被拆迁房屋的价值补偿、搬迁补助费、临时安置补助费、因被拆迁造成停产停业的适当补偿等。由于我国城市的土地属于国家所有，因此，被拆迁人并无权享有此类城市房屋拆迁改造项目中的土地使用权转让的出让金等，而是由代表国家的地方政府获得。被拆迁人在此过程中，也是维护自身利益最大化的理性经济人。当其自身利益得不到有效保障时，他们也都会采取法律的和非法律的手段予以救济和维护。嘉禾县违法拆迁事件中，被拆迁人既有通过正常的法律渠道采取的救济措施，也有通过群众集体上访的方式维护自身的权益，还有借助于公共媒体的报道以获得社会公众的关注与公共的道义支持，甚至不惜通过离婚的方式，以规避房屋拆迁改造中的"四包两停"政策。在此类房屋拆迁改造项目中，被拆迁人甚至通过成为"钉子户"或以极端非正式方式维系自身的利益。在现行的法律制度框架和社会环境下，相对于地方政府和开发商而言，大多数被拆迁人无疑是相对的弱势群体，他们大都缺乏维护自身合法权益的充分、有效、及时的渠道和路径，因而往往被迫接受拆迁补偿条件，或通过非正式甚至非法的方式维系自身的利益。

第三节 法律与文化

一、理论导读

按照马克思主义的观点，文化具有综合性、民族性、历史性、传递性四项基本特征。综合性说明文化是复合的，与宗教、艺术等其他领域密切相关；民族性是说文化有一定的相对性。例如中华文化作为一个复合整体，其主体是汉文化，也包括一些少数民族的文化。文化的相对性有的时候也表现为各个地方不同的习俗。文化的历史性意味着它是传承且不断发展的。文化的传递性意味着不同文化之间可以相互影响，不仅仅是纵向的历史的影响和传承，横向的不同文化之间也可以互相影响。

同样按照马克思主义的基本观点，文化对法律有决定性的影响。法律在马克思主义的概念中属于典型的"上层建筑"，甚至可以说是"上层建筑中的上层建筑"，它受到经济、文化、社会等多方面的决定性影响。

文化对法律的影响可以从以下几个方面理解：第一，法所包含的基本价值标准，是社会中居于主导地位的文化所包含的价值标准。这意味着主流文化塑造了法律的基础性价值。第二，法的规则通常是社会中通行的重要规则的重述。这一点是上一点的延伸。主流文化塑造了通行的规则，法律就是这种规则的再现。比如一个社会中的主流文化认为婚姻关系应该是一夫一妻的形式，那么这种形式就会变成通行的规则，并最终以法律的形式确定下来。第三，社会中的亚文化对法也有重要影响。亚文化指的是主流文化以外的文化。在我国，亚文化与主流文化的区别还不能完全看受众的数量，还要看这种文化是否得到官方的提倡和鼓励。亚文化对法律的影响通常体现为，促进法律尊重和包容多元。反过来，在我国，法律对文化的作用主要是"促进"和"保障"社会主义文化的健康发展，体现为如下几点：第一，法律可以支持文化事业的发展。第二，法律可以繁荣哲学社会科学。第三，法律强化社会主义核心价值观。

文化离不开传统，传统不是一般意义上的"过去"，而是一种"活着的过去"。它是在人类的历时性空间中保持的某种一脉相承的共同性的状态，是从古到今以至于未来都要保持下去的一种"定势"和"惯性"，因此说传统是一种纵向传递。传统不是某一个人的记忆，而是群众的"集体记忆"。它是某一人群的共同的思维方式和行为轨迹，它以人们共同性的生活特征为要素，因此说传统又是一种横向传递。正因为传统具有纵向传递性和横向传递性，所以文化便具有民族性和地域性的特征。"十里不同风，百里不同俗"的俗语正是对文化的地域性描述。不同的地域有不同的文化，民族也正是以其为基础来划分的。[1]

既然法治离不开的具体的人，而具体的人又无法与传统切割，因此任何国家的法治都不可能离开这个国家的传统与文化。正如德国法学家萨维尼所说的：法律就像一个民族的语言存在于民族的意识之中，它随着民族的成长而成长，随着民族的壮大而壮大，最后，随着民族对于其民族性（nationnality）的丧失而消亡。人是生活在文化之中的，人的观念无法摆脱传统对其的影响。当一种观念在其长期的发展过程中已经成为一种维持人的思维方式和行为方式的力量时，它便会以一种"习惯"的形态存在于该社会之中，成为人们潜移默化的规则。立法者虽然可以自由地创造一套制度，但任何制度终归要靠人来遵守和推行，而人的主观态度则决定着规范的运行效果，与民众思维方式和行为方式相异的法律规范的执行效果必然大打折扣。

中华民族是一个个性鲜明的民族，她有悠久的历史传统，独特的民族文化，她的文化脉络从来没有被外来的力量所斩断，而她的民族个性正因其传统而取得，在其文化的传承中得到凝练。正因如此，在这片土地上，面向这样的人群推行法治，如果不立足于他们的文化传统，注定难以成功。从另一个角度说，中国人有着自己的传统、有着自己独特的思维方式，因此中国应该有自己的法律和法治，中国法律和法治应该有着自己的个性。

二、案例介绍：于欢故意伤害案

2009年，苏某霞创办冠县工业园内的源大工贸，主要生产汽车刹车片。因公司资金困难，2014年7月和2015年11月，苏某霞两次分别向吴某占借款100万元和35万元，约定月利息10%。苏某霞提供的数据显示，截至2016年4月，她共还款184万元，并将一套140平方米价值70万的房子抵债。"还剩最后17万元欠款，公司实在还不起了。"于欢的上诉代理人、河北十力律

---

〔1〕 王钟翰主编：《中国民族史》，中国社会科学出版社1994年版，第20页。

师事务所律师殷清利表示，10%的月息已超出国家规定的合法年息 36% 的上限；吴某占从苏某霞手里获取的绝大部分本息，属于严重的非法所得。

2016 年 4 月 13 日，苏某霞到已抵押的房子里拿东西。据她提供的情况说明，在房间里，吴某占让手下将苏某霞按进马桶里，要求还钱。2016 年 4 月 14 日，催债手段升级。苏某霞和儿子于欢被限制在公司财务室，由四五个人看守，不允许出门。催债人在苏某霞母子面前，用手机播放黄色录像，把声音开到最大。在苏某霞被 11 名催债人长达一小时的凌辱之后，杜某浩脱下裤子，用极端手段当着苏某霞儿子于欢的面侮辱苏某霞。22 岁的于欢摸出一把水果刀乱刺，致 4 人受伤。被刺中的杜某浩自行驾车就医，却因失血过多休克死亡。

2017 年 2 月 17 日，就于欢故意伤害一案，聊城市中级人民法院一审以故意伤害罪判处于欢无期徒刑，剥夺政治权利终身，并承担相应民事赔偿责任。法院认为，虽然当时被告人的人身自由受限，也遭到侮辱，但对方未有人使用工具，在派出所已出警的情况下，不存在防卫的紧迫性。宣判后，附带民事诉讼原告人杜某章、许某灵、李某新等人和被告人于欢不服一审判决，分别提出上诉。山东省高级人民法院于 2017 年 3 月 24 日受理此案。

2017 年 5 月 27 日，山东省高级人民法院开庭审理于欢故意伤害案，山东省人民检察院指派检察员出庭履行职务。自 3 月 26 日以来，最高人民检察院工作组会同山东省人民检察院专案组，先后赴冠县、聊城、济南等地，重点开展了以下调查工作。一是听取了山东省人民检察院和聊城市人民检察院工作汇报，审阅了全部卷宗材料。二是实地查看案发现场。通过测量现场距离、绘制现场示意图、访问在场人员等方式，尽可能还原案发时当事人所处位置，为准确认定事实、界定责任奠定基础。三是复核主要证据，进一步查清了案件事实。四是核查关联案件。对舆论同时关注的吴某占等人涉黑、苏某霞等人涉嫌集资诈骗和杜某浩涉嫌交通肇事等案件，工作组听取了办案单位的汇报，查阅了相关卷宗材料，并责成山东检察机关会同公安机关认真调查，依法处理。五是组织专家论证。最高人民检察院两次召开专家论证会，对于欢案涉及的法律适用等问题进行论证，听取意见和建议。

最高人民检察院调查认为，山东省聊城市人民检察院的起诉书和聊城市中级人民法院的一审判决书认定事实、情节不全面，对于案件起因、双方矛盾激化过程和讨债人员的具体侵害行为，一审认定有遗漏；于欢的行为具有防卫性质，起诉书和一审判决书对此均未予认定；适用法律确有错误，根据我国《刑法》第20条第2款"正当防卫明显超过必要限度造成重大损害的，应当负刑事责任，但应当减轻或者免除处罚"的规定，应当通过第二审程序依法予以纠正。5月27日，山东省高级人民法院二审开庭审理于欢故意伤害案，检察官在法庭上充分阐述了检察机关的意见。2017年6月23日山东高级人民法院撤销一审判决，判决于欢犯故意伤害罪，判处有期徒刑5年。2018年2月1日，其案件入选"2017年推动法治进程十大案件"。

三、案例分析

在此案中，于欢案件之所以能够改判是因为他的行为符合"期待可能性"的要求。期待可能性在中国文化中表现为"法要容情"。

如果按照德日的阶层犯罪理论，犯罪的成立必须具备符合性、违法性和有责性三个条件。所谓有责性，即责任，是指对符合构成要件的违法行为的非难（谴责）可能性，是针对不法事实所进行的法的谴责。申言之，客观上违反法益的行为在道德上必须达至可非难和可指责的程度，才可能被认定为犯罪。"有责性"与期待可能性是相通的，或者说"有责性"可以被视为广义上的期待可能性。责任的本质在于行为人的意思形成与意思活动的可非难性。行为人之所以被谴责，是因为本来可以期待他（她）从事合法行为，但是他（她）却决定从事非法行为。当对于从事合法行为不具有期待可能性时，行为人的可非难性就被消解了。在本案中因为于欢的行为社会危害性比较小，虽然不能完全免责，但可以据此减轻其罪责，因而二审改判5年有期徒刑。

现代的期待可能性理论与中国传统的情理文化是相通的。现代刑法的人道主义精神，要求责任认定理应具有人性的规范性根基，建立在善良人性基础上的责任，才具有本质上的合理性。人性逻辑与法则是建构责任理论的奠基性概念，更是期待可能性的理论根基。人性法则根基于中华文化与特定的生活形式之中。中华文化是亲伦文化，强调亲情伦理，至亲至爱。古人云："父子之亲，夫妇之道，天性也。"中国人对"人"的定义也更多是基于"人性""人伦"角度。在中国文化中，不是"圆颅方趾直立行走且无羽毛的动物"就是"人"，它更强调讲人情，懂人伦，有人味，通人性的才是"人"。而这人伦、人情、人味、人性的"人"中的首要要素就是"孝"。这也是费孝通先生所定义的中国的"差序格局"式的人际关系的核心，是一个个同心圆中的原点。抛开后世赋予"孝"意识形态的成分，这里面当然包含了人类朴素的情感。因此本案中于欢的举动更容易受到民众的理解和同情，更容易被认定为是"基于义愤而杀人"，而杜某浩的行为更容易被理解成咎由自取。因为他挑战了中国人伦和情理的底线。

中华文化是伦理文化，它更强调亲伦关系下的人性。这种人性并非像韦伯所说是"理性主义的缺失"，而是人性的情理样态。区别于西方对于情感的非理性的界定，中国文化传统的情感主要是一种理性凝聚的情理，是人性主要的表征面向。中国文化发展出的自身独有的情理交融的普世主义情理法则，是具有道德意味的情感理性化，也就是将个体性的情感经由人的理智进行加工，而成为具有普遍性、合理性的伦理原则。正如李泽厚先生强调的，中国文化是"情本体"的文化，该文化呈现出一种生命情感和社会生活的逻辑，成为区别于动物的人的本体。

期待可能性在司法实践中的认同，正是扎根于这一具有异别化的"生活形式"背景。这一特定的"生活形式"是传统亲亲相隐的源流。亲亲相隐制度在中国历史文化传统中，是最早的体恤人性之脆弱性的刑罚制度设计，是法律语境下的道德选择。血缘关系下的人性与天然伦理情感决定了人的伦理责任，所以迫使行为人背离伦理情感而实施法律要求的行为是强人所难，是缺乏合法性的。因此用一种"隐"的机制来化解伦理责任与礼法责任的冲突，这是传统社会关系内在涌生的规范。"法者，缘人情而制，非设罪以陷人也。"（《盐铁论·刑德》）法是以秩序为导向的规范制度，所以应该从个体所处事实情境出发，关照人性法则和情理结构，维护人际关系样态，而不是破坏这种关系样态，尤其是人天然的血缘与亲伦关系。之所以期待可能性理论能够在中国司法实践中生根发芽，就在于其强大的解释力和理论价值契合了中国传统文化中对人性法则与人伦情理的理念表达，唤起了对儒家文化传统的群体记忆，是对传统社会自生自发的法意识与法观念的现代呈现。

区别于西方以个人为中心，传统中国的价值重心以"家"为中心，即所有的问题的解释最后都要还原为家，而个人也是由家庭伦理和家庭关系所塑造的，任何个体都是通过家庭中的存在而获得作为这个特定个体的意义。在西方文化主体性视角的理性审视下，这种亲伦情感的人性观或许是特殊的，但是在一种异别化的互主体性的视角下审视西方的宗教传统中衍生的纯粹理性化的思维模式，难道不是背离自然本性的特殊存在？西方语境下呈现出的那种个体人性的"普遍逻辑"其实是受到历史和文化局限的特殊形态。正如马克思所说，人的本质是社会关系的总和。人首先是家庭关系的总和，这是一个天然的自然事实，所以个人存在的意义就首先表现为他与家庭的其他成员的关系。在理想的条件下，人性即是家庭性。在中国哲学关于家庭性作为人性原则的直观确证（evidence）中基本都会适用"情感证明"。孔子认为"亲亲"是无可置疑的自然事实和所有人性情感的开端，而"亲亲"之亲情乃是所有制度构想的开端。以人性与情感为核心的伦理价值体系就是在"仁心"的生存论基础上动态生成的，这是水下冰山的重要组成部分。当下的社会实践和中国人的行为逻辑仍然没有脱离这一心性关系与情感理性，法律应该是对人性和情理根深蒂固的传统理解，因为违背了人性的法律就丧失了其正当性。该案就发生在家庭中，当外人侵害自己的母亲时，基于本能、基于情理、基于亲情，于欢都要实施救助，这就是人性所在。法律应该宽容这种人性。

制度理性是指法律体系本身所关涉的理性，本质上是人的人性意识和理性能力的一种反映形式。通过生成具有普遍性特征的规则体系和规范行动，面向制度对象发挥规定、约束和控制的作用。德国社会学家马克斯·韦伯认为，法律意味着能够与每个案件的事实情境相匹配的抽象概念及法律范畴，这是现代的、理性的法律体系应该具备的核心要素。因此，对文化传统中自在的具体合理内容应该进行抽象化和一般化的提炼和表达，即对人性法则和情感理性的关照应抽象化为原则导向的法律规范表达，使其具有普适性。此外，从法律制度能力的提升角度进行考察，人性欲求是制度生发的促因，所以法律需要尊重人性逻辑，才能为人所接受，即法律在制定时必须考虑它是否可以被普通大众理解、接受并执行，不可以强求人们去做自己做不到的事，这样既无必要，也无可能。我国古代思想家慎到说得好："法，非从天下，非从地出，发于人间，合乎人心而已。"（《慎子·逸文》）这一贴近人情义理的法之道德基础，以超脱历史和地域而具有普遍性和规定性的理性就表达为"法不强人所难"。这一概念并不是完全脱离情境的纯粹抽象化概念，而是以概念与情境相结合的方式实现了理性化，是能够包含特定文化下的由社会实践经验累积的共享观念，即将传统中的人性与情理诉求转化为法律话语，再经由理性化证成而形成的"合理的形式"，具有很强的实用性。这一伦理合理性是政治合法性的根源，也是法律正义的伦理底蕴。由此，我们既要关注制度本身（语言游戏），还要关注制度中的人（性）以及制度背后复杂的文化历史背景和特定的社会情境（生活形式）。

法不强人所难，意为法律不强求不可能的事项或法律不强求任何人履行不可能履行的事项。这一格言以人们能够控制不实施违反规范的行为为前提，即"因为你能够做，所以你应当做"，任何人都不受不可能的事项的约束。英国伦理学家穆尔认为，"本来能"是道德判断的前提，如果行为人本来就不能做出合法规范的行为，行为者的看似违法的行为就是正确的。因为行为人没有普遍意义上的意志自由。因此如果行为人不可能实施其他合法行为，只能实施违法行为时，追究其法律责任是不正义的。只有力所能及的恶才能受到责备。美国法学家富勒以雷克斯王的寓言故事，阐释了法应当具备八个内在道德性。其中"法律不要求不可能之事"是法在可行性方面一项重要的内在道德，法不强人所难也因此从格言上升为一个重要的法理内容。法律的内在道德扮演着类似"普通法"保护人基本权利的性质，其代表着法律的本质，任何法律的合法性都应该用法律的内在道德进行检验。作为"合理的形式"，法不强人所难这一抽象、理性的表达具有形式化、普遍性的范畴，理性地区分出法律规制的场域与遵从的逻辑，具有很强的可预期性。所以，法不强人所难从立法规范的角度提出了制度的内在合理性，对社会治理的目标和方向进行价值指引，使之不断朝向公平、正义、人性、伦理等方向发展。

"法不强人所难"作为现代法律的制度理性已达成普遍共识，但是对于"人"或"理性"的阐释包含了不同的文化叙事，即每个人实施行为的正当与否是由传统的"生活形式"所规定的。在西方话语体系中，是将人预设为具有理性、基于自由意志而行为的个体存在，忽视从关系面向界定"人"与"难"。而中国儒家文化的思想资源正好弥补了这一概念的"跛足之处"。区别于西方过度强调个体面向的主体性，中国传统以"仁"为中心的儒家文化体系以关心他者福祉在先，并从中获得关心自己的回应。这种相互间情感的尊重成为约束彼此的承诺，进而衍生出伦理义务与责任。这种情理性是一种具有理性判断能力的关系理性。处于关系中的个人在考虑个体理智理性的同时，必须考虑个体间的关系理性，这种关系理性主要表现为一种情感理性，所以个人理性的僵硬与偏颇需要情感理性进行调和或妥协，这也使得非道德性的个体理性上升为道德性的关系理性。法不强人所难在法律的一般性和具体语境之间架起了一座桥梁，是理性刑法的重要特征。因此，中国传统的法律文化以自身的关系型人性与情理的特质应对和制衡现代性之偏之弊，这同样是对法律的现代性的一种独特的支撑。在该案中，于欢的行为客观上造成一死三伤的危害后果，这无疑是严重的侵害法益的行为，但是在母亲被极端侮辱的情况下，这时候法律如果还期待当事人做出合法行为，不侵害法益，那么这显然是不公平的，是强人所难。一审裁判的错误就在于此，二审之所以改判也是因为考虑到了这个因素，体现了对人性尊重的立场。

传统中国是一个宗法伦理社会，亲情是维系该社会的最为重要的纽带，因此，国家往往把维护亲情视为法律所要保护的一种更高的价值。中国古代司法讲究情、理、法的交融，可谓"法不外人情"。西汉时期有"甲父乙与丙争言相斗，丙以佩刀刺乙，甲即以杖击丙，误伤乙"一案，董仲舒以"父子至亲也，闻其斗，莫不有怵怅之心，扶杖而救之"的理由，认为甲不是要杀父亲，而是要救父亲，所以不应该认为是犯罪，这里的"怵怅之心"就是"情"的表现。该案与当下的"辱母杀人案"大同小异。民国时期的烈女施剑翘手刃杀父仇人孙传芳，后来在民意的压力下被轻判，至今她还是道德楷模，是被人尊敬的对象，也是基于"情"。这表明了中华法律文化自始就有人性的根基。

一切规则都是关于人类的需求以及满足这些需求的方式。理性的司法实践本质上要尊重人的需求和能力，也尊重人的必然性，更要关照公民对感受性正义的诉求。法律的人性价值应当以"看得见""说得出""感受到"的方式转化为个案正义，这是制度理性的内在要求。期待可能性背后所蕴含的人性根基，应当作为刑法体系建构的一个重要的普适价值，以调和有效解决诉讼的实体价值、程序价值和人文社会价值之间的冲突，达至"公义"与"人情"的兼顾，这是刑事制度的实质合理性的应然面向。因此，期待可能性作为一项重要的诉讼话语，首先是情理法相融合的载体，实现了法律实施的原则性与灵活性的结合，对防止机械司法具有重要的纠偏作用；同时其以人性的价值基础与法不强人所难的内在道德，对司法可能存在的恣意性进行形式限制，为法外因素的法律化与规范化提供了通道，回应了刑法的理性要求。这正是"辱母杀人案"带给我们的启示。

第四节　法律与科技

一、理论导读

随着互联网、大数据、云计算、基因技术等科学技术的迅猛发展，人类社会愈来愈向技术性社会迈进。技术不仅仅是一种应用工具，它更具有将人类的心智转换成直接生产力的神奇力量。它不但推动了人类社会生产力的迅速发展，而且对社会的联结机制、公民社会的发育和政府组织的转型都产生了深远的影响。因此，法律与技术的关系问题也是法理学研究的一个重要问题。就既有法理学研究而言，它主要从以下两个方面进行研究。

（一）科学技术对于法律的影响

从本质上讲，法律是对现实生活的一种反映，时代发展与社会变革必然会对法律发展产生影响。而科学技术是推进时代发展与社会变革的重要动力。从人类历史发展进程来看，科学技术在不断推进法律理念的转变、法律内容的变革和法律调控手段的更新。

（1）科学技术推进法律理念的转变。从西方法律发展的历程来看，它经历了由法律依附于宗教的时代到法律主体性的时代的转变。在这个过程中，科学技术起到了特别重要的作用。在近代自然科学的影响下，"知识就是力量"和"向自然进军"等基本价值理念逐步盛行，并在法律上逐步演变成一种主体性精神。人们愈来愈强调通过运用理性来张扬自身的主体性。这种对主体性的诉求也渗透到了人们对法律的认识之中，并对法律提出了特殊的要求。它强调法律不再是由神的意志所决定，法律的合法性也不再单纯靠人的信仰来保证。法律是人的理性自由运用的产物，法律的合法性更多来自于理性的自我确证。这种主体性的张扬推动了法律的全面发展。它要求在权利领域、法律责任领域以及纠纷解决领域全面地贯彻主体性原则。

（2）科学技术推进法律内容的变革。随着科学技术的发展，科学技术成果愈来愈多地运用于生产领域。人们愈来愈意识到智力成果在社会生活中的重要性，并将法律的调整对象由过去的财产关系和人身关系扩大到兼具财产关系和人身关系的知识产权关系。[1]另一方面，科学技术的发展也进一步增加了人们在生产和生活中的风险。单个人愈来愈难以应对以科学技术为核心的工业社会的风险。法律愈来愈强调通过建立社会保险制度来分担个人在社会中的风险。在当下社会，随着互联网技术的发展，人们的生活空间从物理空间扩展到电子空间和数字空间，并将逐步建立起一个虚拟世界。[2]法律的内容也逐步扩展到网络空间，并愈来愈关注虚拟财产、智能合约、算法歧视、自动化决策、平台治理等问题。

（3）科学技术推进法律调控手段的更新。传统社会的法律调控手段，主要是审批、惩罚、赔偿等。这些方式更为强调对行为结果的控制，具有强烈的行为主义和事后主义的色彩。科学技术的发展推动技术治理手段的发展。而技术治理手段则更为强调事前控制和行为预防，并通过行使隐而不显而又无处不在的单向监视权力，形成一种"全景敞视主义"的治理机制。[3]例如，在网络治理过程中，治理者愈来愈强调技术治理手段的运用，并将技术治理手段通过立法的方式纳入到法律治理中，从而更为准确和及时地防范、监控、发现和惩治网络违法犯罪。

（二）法律对科学技术的作用

科学技术是一把"双刃剑"，它在推动社会发展的同时，也可能存在一些问题和弊端。一方面，技术手段容易被一些企业掌控和利用。技术手段本身并不是一种中性的或客观的手段，它往往容易与权力形成一种结盟关系。在实践中，一些企业为了利益最大化，往往会运用技术手段去干预和限制人们的生活。例如，在某些场合，企业甚至会根据自己的利益需求和标准设计代码并强迫广大网民接受，从而形成一种"代码暴政"。另一方面，技术治理手段本身存在缺陷。受制于人的理性有限性，科学技术本身也并不是十全十美的，它也存在一定的缺陷与不足。相应地，技术治理手段也不可能十全十美。例如，屏蔽过滤技术虽然能够有效过滤不良信息，但并非万无一失，它有时候容易犯过度屏蔽或错误屏蔽的错误。痕迹追踪技术，虽然能够通过网络服务器掌握用户的 IP 地址，进而给人们的网络行为施加压力，使其自觉地约束自

---

〔1〕 张文显主编：《法理学》，高等教育出版社、北京大学出版社 2018 年版，第 385 页。

〔2〕 张康之、向玉琼："网络空间中的政策问题建构"，载《中国社会科学》2015 年第 2 期。

〔3〕 姜方炳："制度嵌入与技术规训：实名制作为网络治理术及其限度"，载《浙江社会科学》2014 年第 8 期。

己的网络行为，但有可能被商家利用，成为商家推销商品的重要渠道。因此，加强法律对科学技术的规制具有重要意义。在实践中，法律对科学技术的促进作用主要体现在以下方面：一是通过法律管理科技活动；二是促进科技经济一体化和科技成果商品化；三是通过法律措施来处理和应对科学技术带来的社会问题。[1]

二、案例介绍：美国司法部部长雷诺诉美国公民自由联盟案[2]

本案是关于 1996 年《美国通信规范法》（Communications Decency Act, CDA）中两项法律规定是否违反宪法的争议，这两个条款位于《美国法典》第 47 编第 4 章第 2 分卷第 1 部分第 223 条第 1 款和第 4 款（47 U. S. C. A. §223<a>、§223<d>），案件的争议焦点在于这两项旨在保护未成年人免受淫秽或猥亵性内容侵害的法律条款是否侵犯《美国宪法第一修正案》所保护的言论自由，以及是否违背《美国宪法第五修正案》的正当程序条款。

CDA 一经出台便受到诸多质疑，质疑的声音主要源于以下两项条款——第 223 条第 1 款规定，禁止故意向任何未成年收件人发送直接符合"淫秽或猥亵性"这一标准的信息；而第 223 条第 4 款则规定，禁止故意向未成年人发送或展示以"明显令人反感的方式描绘或描写性行为"的信息。并且根据上述两个条文的规定，违反这两个条款中的任意一条都是犯罪。质疑者认为 CDA 的这两项规定侵犯了《美国宪法第一修正案》保护的言论自由权利并且违反了《美国宪法第五修正案》的正当程序条款。以美国公民自由联盟（ACLU）为代表的原告对美国时任司法部部长珍妮特·雷诺（Janet Reno）和司法部提起诉讼。初审法院认为这两个条款违宪，并发布了初步禁令：禁止政府执行第 223 条第 1 款的规定，但保留政府针对该条文发起调查，并向法院起诉的权利；而第 223 条第 4 款的规定则被无条件地禁止执行，因为初审法院认为这一条款不包含儿童色情的独立表述。在被地区法院禁止执行上述规定后，司法部部长珍妮特·雷诺根据 CDA 的特别审查规定向美国联邦最高法院提起上诉。

美国最高法院于 1997 年 6 月 26 日作出判决：驳回上诉，维持原判。裁判

---

〔1〕　张文显主编：《法理学》，高等教育出版社、北京大学出版社 2018 年版，第 386~388 页。

〔2〕　See Reno v. American Civil Liberties Union.

理由如下：

（1）尽管上诉人辩称，大量先例证明政府历来具有对广播媒体进行监管的权限和合理理由，但互联网并非广播媒体，并没有受政府监管的先例，且针对广播媒体监管的理由在互联网上并不存在。政府对广播媒体的监管主要是因为：首先，广播频谱是一种高成本的稀缺资源，它在制作完成后会定向投放给观众，但互联网信息并不具备这一属性；其次，广播频谱具有侵入性，它是由投放者单方面投送给接收者的信息，而投放在互联网上的信息则需要接收者主动点击。

（2）第一修正案和第五修正案都要求法律针对淫秽色情信息的禁令必须足够精确，而事实上无论CDA的禁令是否达到了违反第五修正案的程度，它都始终缺乏第一修正案所要求的精确性。无论是"猥亵性"和"明显令人反感"这两个标准之间的关系还是它们本身的语义都过于宽泛、模糊和不确定。

（3）尽管上诉人辩称CDA已经为正常交流提供了符合美国宪法要求的充足替代渠道，规定了行为人"明知"这一限定条件，但由于CDA的两个条款限制的是言论的内容，因而要求行为人在其他渠道表达的替代并不合理。而确定互联网用户的年龄的可靠方法目前也不存在。

（4）上诉人声称的"具有科学、教育或其他社会价值的言论必然不在CDA的禁止范围之内"的观点缺乏文本支持。

（5）上诉人认为CDA规定了信息发送者可以采取保护性措施，例如通过"标记"他们的不雅通信使接收者能够使用适当的程序屏蔽这些内容的条款来避免违反规定。但由于CDA还同时规定上述措施必须"有效"，而这对大多数非商业发布者而言在经济上不可行。

（6）上诉人辩称CDA关于行为人"明知"对方是"特定人士"的要求已经严格限制了禁令的范围的观点同样站不住脚。因为大多数互联网论坛都会向所有来访者开放，即使严格限制"特定人士"的解释，成人内容也会依不特定人的"质疑者否决"形式而受到广泛审查。

（7）上诉人关于CDA在促进互联网发展上的好处构成其合宪性基础的抗辩同样没有说服力。上诉人声称如果不对提供"不雅"和"明显令人反感"的成人内容加以管控，人们将远离互联网，而事实却是互联网用户数量正急剧增长。

以上多数裁判意见得到了七名大法官的支持，但包括首席大法官在内的两名大法官也持有部分异议。他们认为 CDA 是一种分区法，旨在在互联网上创建单独的"成人区"。但由于目前的互联网技术不足以在确保未成年人被精准排除在外的同时，确保成年人能够正常地发布和访问限制级内容的机会，因而 CDA 在目前违宪了。一旦互联网分区在技术上可行，CDA 就将不再违反宪法。

三、案例分析

在该案中，采取的屏蔽过滤技术是否符合法律的要求是一个关键的核心问题。这种技术治理手段在网络中运用的限度是什么，是法庭辩论的一个焦点问题。绝大多数人认为，可以使用过滤软件来消除色情等不良信息对青少年的消极影响，但这种过滤不得破坏人们对合法信息的传播权和接收权。透过这个案例，我们可以进一步分析网络社会法律治理与技术治理的关系。

（一）内嵌于"代码"的网络技术规则

网络社会的在线生存是一种数字化的生存方式，通过信息通信技术的运用，模拟化的现实空间被转化成海量的二进制代码。[1]所谓代码，是程序员用开发工具所支持的语言写出来的源文件，是一组由字符、符号或信号码元以离散形式表示信息的明确的规则体系。网站呈现给用户的每个网页背后都是一组代码。用户看到的网页乃是浏览器对网页代码（源文件）加以解析的结果。用户实现浏览的途径是，在浏览器地址栏中输入某网页地址，浏览器根据网页地址发出指令，获得网页源代码并进行解析。源代码一般是以 HTML 语言写成的纯文本文件，其任务是对各类内容（文字、图片、视频、音频、动画等）加以描述，浏览器再根据代码的指示去调取、呈现整体网页。这些代码在网络空间中发挥着重要的作用。互联网政治、互联网传媒、互联网商务、互联网教育、互联网艺术等，都建立在以互联网为媒介，经由一系列代码转换的社会沟通基础之上。斯蒂菲克认为，代码决定了什么样的人可以接入什么样的网络实体，它们规制着人与人之间的相互关系。莱斯格在此基础上认为，人们将创造一组新网络空间的代码，这些代码将决定网络空间的自由与规制的程度。[2]

---

〔1〕 张新宝、许可："网络空间主权的治理模式及其制度构建"，载《中国社会科学》2016 年第 8 期。

〔2〕 ［美］劳伦斯·莱斯格：《代码 2.0：网络空间中的法律》，李旭、沈伟伟译，清华大学出版社 2009 年版，第 7 页。

既然代码在网络社会如此重要，并能够形成一套内嵌于"代码"的网络技术规则，那么人们就能够利用代码来控制人的行为。劳伦斯·莱斯格认为，代码根植于软件与硬件中，指引着网络空间的塑造，构成了社会生活的预设环境和架构，并成为了网络社会实际的规制者。[1]在网络社会，人们之所以遵守关键规则，并非源于社会制裁和国家制裁的压力，而是源于统治该空间的代码和架构。[2]从消费者的联系到网络浏览和访问，都在代码的控制之下，而且万维网的大尺度拓扑结构进一步加强了对网络行为和可见度的控制。这种控制力量远远超越了政府，政府的规则随时有可能会变，但控制网络的拓扑结构和基本的自然法则是不会变的。[3]具体来讲，这种以代码为核心的技术规制主要通过以下方式来实现。

（1）验证。互联网的设计者为了知晓登录者的身份，往往会在浏览器和服务器端设置一个身份验证和页面操作权限验证，并通过角色授权来控制用户访问。以 Form 验证为例，用户首先要在登录页面输入用户名和密码，然后登录系统，获取合法身份的票据，再执行后续业务处理操作。对于不同权限要求的页面 Action 操作，系统需要校验用户角色、计算权限列表，如果请求操作在权限列表中，则正常访问，如果不在权限列表中，则提示"未授权的访问操作"到异常处理页面。用户要想成功登录和访问，就必须严格按照互联网设计者的要求，提供相关信息。这在事实上有助于对用户的网上行为实行有效规制。

（2）痕迹追踪。用户登录网页、进行网上行为的前提是网络服务器能够识别用户的访问地址，并将相应的数据呈现在用户的浏览器上。因此，网络架构及网络服务提供商的架构会对网络访问进行记录。在此过中，用户的计算机会披露 IP 地址，网络服务器也能够知晓 IP 地址空间。[4]这样，网络行为就具有了可被追踪性。这种痕迹的可追踪性，无形地给人们的网络行为施

---

〔1〕 ［美］劳伦斯·莱斯格：《代码 2.0：网络空间中的法律》，李旭、沈伟伟译，清华大学出版社 2009 年版，第 136 页。

〔2〕 ［美］劳伦斯·莱斯格：《代码 2.0：网络空间中的法律》，李旭、沈伟伟译，清华大学出版社 2009 年版，第 28 页。

〔3〕 ［美］艾伯特-拉斯洛·巴拉巴西：《链接：网络新科学》，徐彬译，湖南科学技术出版社 2007 年版，第 202 页。

〔4〕 ［美］劳伦斯·莱斯格：《代码 2.0：网络空间中的法律》，李旭、沈伟伟译，清华大学出版社 2009 年版，第 51~54 页。

加了压力，使其自觉地约束自己的网络行为，从而促进网络社会形成一种"自发"的社会秩序。

（3）信息筛选。网络空间与传统物理世界的一个重大区别是它能够通过设置技术障碍、利用信息筛选的方式，促进网络空间的分区，从而限制某些人访问网络空间信息的权利。在实践中，这种信息筛选主要是通过网络巡查（Cyber Patrol）、网络监视（Surf Watch）等筛选软件和浏览器的现有内置功能来实现。[1]例如，美国充分利用信息筛选技术，经过积累不适当网络信息，搭建了"因特网内容选择平台"（Platform for Internet Content Selection），并以此平台数据作为筛选标准，完整定义了网络分级的检索方式和网络文件分级标签的语法。[2]人们要想在网络空间享有更大的自由权，就必须符合筛选程序所认可的代码的要求。这反过来会对人们的网络行为起到一定的规制作用。本案中使用过滤软件来消除色情等不良信息就是一种信息筛选机制。

（4）加密。网络加密是在网络传输层应用加密技术，确保网络安全的过程。它将原为明文的文件或数据按某种算法进行处理，使其成为不可读的一段代码，通常称为密文。人们只有在输入相应的密钥之后，才能读出密文的本来内容。[3]在具体的操作过程中，网络加密者会结合因特网工程任务组（IETF）标准生成一个跨 IP 网络的专用通信架构。这种加密程序有助于网络空间自主性的实现，从而有效地抵制国家对秘密电子通信的监控。[4]另一方面，网络加密能够避免传输信息受到外界的侵扰，确保信息使用者的真实身份，防止黑客盗取信息行为的发生。

（二）技术治理与法律治理的差异

经过罗伯茨、卡恩、瑟夫、波斯特尔和克拉克等互联网工程先驱们的不懈努力，网络社会通过内嵌于"代码"的网络技术规则，逐步形成了一套以技术编码和自治伦理为主技术的治理方式。1986 年，他们创立了互联网技术治理的核心机构——国际互联网工程任务组，负责制定互联网的技术标准，

---

〔1〕　See Reno, Attorney General of The United States Al. v. American Civil Liberties Union ET AL, 521 U. S. 844 （1997）.

〔2〕　张化冰："互联网内容规制的比较研究"，中国社会科学院研究生院 2011 年博士学位论文，第 64~65 页。

〔3〕　李凌："网络加密技术概念、加密方法以及应用"，载《中国科技信息》2005 年第 21 期。

〔4〕　[美] 理查德·斯皮内洛：《铁笼，还是乌托邦——网络空间的道德与法律》，李伦等译，北京大学出版社 2007 年版，第 45 页。

从而确立了网络的技术治理模式。这在根本上改变了传统的以主权国家为核心的自上而下的法律治理模式。[1]在有些场合，技术治理模式甚至导致法律治理失效。

网络社会技术治理的客观现实促进了网络绝对主权主义思想的兴起。他们认为，国家治理网络社会不具有道德上的合法性，而且国家制定的法律和强制措施对网络社会的行动者难以奏效。[2]然而，这种网络绝对主权思想受到了挑战。伊斯特布鲁克认为，网络领域的法律规制与其他法律制度一样，只不过是传统法律理论在网络领域的适用而已。人们应当从传统法律理论出发，否则容易丧失整体性视角。因此，传统的一些基本法律原则和理论还是应当得到遵循。[3]莱斯格虽然同意伊斯特布鲁克法律整体性视角理论，但是他认为通过研究"法律与网络如何连接"可以发现更为"一般性"的原理。在此基础上，他认为以代码为核心的技术治理是网络社会治理的重要治理手段之一。它能够使传统的管制言论的手段失效。[4]

就网络社会技术治理而言，它具有特殊的激励功能和行为检测方式。随着网络技术与计算机技术的发展，对等网络（P2P Network）架构模式改变了传统的 C/S 架构模式。在 P2P 网络中，每个结点都具有服务器和客户机双重角色。网络中的若干个结点可以为了完成某一共同任务开展协同工作，实现共享服务。为了鼓励用户共享资源，P2P 应用采取了激励机制，通过积分的方式鼓励参与者以共享资源的方式对系统做出贡献。积分对于结点而言具有重要意义，因为积分高低会影响到获取服务的顺序。这种独特的激励机制会对网络中的行为者产生巨大影响，从而使其依附于网络架构。行为检测能够有效地发现异常行为，是处理异常行为的前提。当下普遍采用的方法是以大量的审计数据为背景来刻画系统或用户的正常使用模式，并建立正常活动模型，然后通过检查当前活动和正常模型之间的偏离度来认定入侵行为。在实践中，人们主要运用数据挖掘技术系统中的时间滑动窗口技术来查找该窗口

〔1〕 Jack Goldsmith &Tim Wu, *Who Controls the Internet? Illusions of Borderless World*, Oxford University Press, 2006, p. 23.

〔2〕 ［美］约翰·P. 巴洛："网络空间独立宣言"，李旭、李小武译，载高鸿钧主编：《清华法治论衡》（第4辑），清华大学出版社2004年版，第510页。

〔3〕 Frank H. Easterbrook, "Cyberspace and the Law of the Horse", 207 U. Chi. Legal F. (1996).

〔4〕 Lawrence Lessig, "The Law of the Horse: What Cyberlaw Might Teach", *2 Harvard Law Review*, 113 (1999).

内的可疑规则，窗口值的大小根据攻击行为出现的频率高低来设定。[1]这套激励机制和行为检测方式，构成了网络社会技术治理的代码和架构的基础，突出了网络社会技术治理的利益偏好和算法中心主义的特色。因此，这种技术治理方式与法律治理方式是有区别的。

（1）技术治理遵循自我偏好的逻辑，法律治理遵循社会共识的逻辑。尽管政府在某些情形下也对网络社会进行技术治理，但是，技术治理的方案和标准主要还是由开发商、经销商和专家提出来的。他们往往基于自身的专业优势，形成一种话语权垄断。这种话语权垄断便于他们在实施技术治理时将自我偏好和自我利益植入进去。例如，网络架构及网络服务提供商的架构在记录网络访问、规制网民行为的同时，有助于他们利用痕迹追踪技术建立大数据平台，从而为数据分析和数据推送提供便利。另一方面，由于开发商、经销商和专家拥有的技术在量和质上存在差别，他们之间的话语权分配也是有差别的。拥有具有较大话语权的开发商、经销商或专家，更容易凭借专业优势，将自我偏好和利益带入网络技术治理中。法律治理的前提是拥有一套正式的法律制度规范。这套法律制度规范的制定和实施都必须以社会共识为前提。1996 年美国通过的《体面通信法》难以实施的一个主要原因，是它违背了作为社会基本共识而存在的宪法第一和第五修正案。

（2）技术治理遵循效率的逻辑，法律治理遵循权利的逻辑。技术治理手段的研发主要是由企业来完成的。他们在研发时必须首先考虑治理的成本和效益问题。为了降低和节约治理成本，治理者往往采取整齐划一的技术方式，而不管治理对象的具体情况。例如，在运用屏蔽过滤技术治理不良信息时，自动程序有时会过度屏蔽或者错误屏蔽。在运用验证程序将不良用户隔离在网络社会之外时，程序会增加良好用户的登录成本。但是，在治理者看来，过度屏蔽或者错误屏蔽的成本要远远小于屏蔽过滤带来的收益，良好用户增加的登录成本要远远小于验证程序带来的收益。另一方面，受网络技术特殊的激励机制影响，网络服务商会不断刺激网民寻求新消息，增加流量，从而获取更多的广告收入。这种依靠大量信息生产和转发的获利模式，致使服务商更多地关注那些能够"吸引眼球"的信息。技术治理手段的运用往往服务

---

〔1〕 齐建东、陶兰、孙总参："基于数据挖掘的网络异常行为检测技术设计与实现"，载《计算机工程与设计》2004 年第 5 期。

于这种获利模式的需要。法律治理则强调各方权利的基本保障。例如，法律治理虽然允许使用过滤软件来消除色情等不良信息对青少年的消极影响，但这种过滤不得破坏人们对合法信息的传播权和接收权。《体面通信法》试图阻止未成年人访问粗俗的色情内容，但其具体规定违反了宪法第一和第五修正案。美国最高法院最后宣布该法案违宪。大多数意见都认为，该法案采取的屏蔽过滤技术侵犯了成年人享有的接收并相互传播信息的言论自由的权利。[1]

（3）技术治理遵循分权逻辑，法律治理遵循集权逻辑。从网络结构的设计理念来看，它奉行的就是分权的逻辑。互联网从一开始就确立了"分组网络"的理念。这种网络架构使网络在结构上失去物理中心，从而使集权治理缺乏技术土壤和物质基础。[2]另一方面，任何一家互联网公司所掌握的互联网技术都依赖于其他公司所掌握的技术。这种不同互联网公司强强联合、协同合作的运作格局，使网络技术治理呈现出分权的特点。以技术标准为例，它背后隐含的是多方利益相关者的利益。[3]技术标准制定中的这种多中心主义要求网络技术治理遵循分权的基本逻辑。这种分权逻辑在网络言论治理中主要体现在以下方面：第一，不同层面应当由不同部门机构采取不同方式来进行治理。在内容层面，政府机关及其委托部门运用技术手段对有害信息、淫秽色情等进行筛选和屏蔽；在代码层面，信息管理部门对地址和域名进行管理和备案。第二，合作治理在网络言论治理中的作用愈来愈重要。目前互联网较为发达的国家都积极组织互联网企业、民间机构和社会团体加入不良网络言论的治理，并借助其技术优势对不良信息进行过滤与分级。第三，"不良""恶意""淫秽"等标准的确立需要多方利益相关者的参与。对言论的过分控制既会影响言论自由权的实现，也会影响服务商推动网络技术发展的动力，但放松管制会侵害公共利益。只有通过多方利益相关者的讨论，在他们之间形成一定的平衡才能使这些标准获得认可。法律治理是以正式法律制度为依据，以国家权力为后盾的国家行为。在这个过程中，国家试图垄断所有

---

〔1〕 See Reno, Attorney General of The United States Al. v. American Civil Liberties Union ET AL, 521 U. S. 844（1997）.

〔2〕 胡颖："技术与法律的博弈——网络空间治理之道探究"，载《福建师范大学学报（哲学社会科学版）》2013 年第 3 期。

〔3〕 See Janet Abbate, *Inventing the Internet*, MIT Press, 1999, p. 179.

的信息资源，并始终维持法律的统一性和权威性。为了确保这些目标的实现，国家采取科层制的自上而下的权力运作机制，通过层层压力传导的方式，将国家法律治理的任务和目标传递到各级组织和个人。

（4）技术治理遵循自律的逻辑，法律治理遵循他律的逻辑。网络科学技术滋生的信息权力在一定程度上肢解了国家行政权力。这迫使人们从网络自身的技术可能和发展的需要出发，来探索自律规范、建立自律秩序。[1]技术治理方式就是这种自律规范和秩序的一种表现形式。首先，技术治理的主体是网络开发商、经销商或者行业协会。在治理过程中，技术治理主体与对象之间形成了一个封闭的空间。而法律治理主要是国家权力机关在一个开放的空间中进行的一种他治活动。治理机关与治理对象之间并不存在直接关系。其次，技术治理的标准是由网络开发商、经销商和专家根据行业特点和网络技术发展规律制定的。例如，互联网名称与数字地址分配公司连同互联网协会、万维网联盟、互联网体系结构委员会等非政府组织，共同管理国际网络基础架构，为网络硬件、软件、协议、存取控制和拓扑提供标准。作为他律机制而存在的法律治理的依据和标准，是国家权力机关依据一定法律程序制定的正式规则，具有较强的中立性。最后，技术治理的效果主要源于人们的接受与服从。但是，这种接受和服从缺少法律治理所包含的国家强制因素。人们要进入网络社会就必须接受和服从网络社会通过技术设置的各项条件，这些设置反过来又成为网络治理的方式。[2]

（三）技术治理与法律治理的内在关联

技术治理和法律治理尽管在治理逻辑方面存在较大差异，但是它们之间也存在着巨大的互补性。一方面，为了防止技术治理主体凭借技术优势垄断信息权力，我们需要运用法律蕴含的价值和法律治理的有关手段，对技术治理进行有效归化；另一方面，技术治理水平的提升，为法律治理手段、边界和治理结构的调整提供了动力和可持续的约束力。

1. 技术治理的法律归化

在净化和维护网络社会秩序过程中，技术治理发挥着重要作用。但是治理主体往往容易利用技术优势，将网络治理锁定在一个相对封闭的空间。在

---

〔1〕　马长山："互联网+时代'软法之治'的问题与对策"，载《现代法学》2016年第5期。
〔2〕　马长山："互联网+时代'软法之治'的问题与对策"，载《现代法学》2016年第5期。

这个封闭空间中，技术治理主体极有可能和利益集团结盟，为实现某个利益集团的利益展开激烈的控制权争夺。以域名系统为例，根域名在域名等级结构中处于金字塔塔尖的位置，负责最终域名的解析和管理。谁掌握了根域名，谁就掌握了国家顶级域名和通用顶级域名的记录和分配。为了获得这种技术治理权，业界、商界和政府之间展开了复杂的博弈和争夺。[1]这意味着网络社会的技术治理具有马克思所说的"技术的权力"的色彩。它与"压榨""排挤""扼杀""剥夺"和"镇压"等概念分不开。[2]另一方面，代码与程序的专业性和复杂性，为人们识别理解网络自我矫正的技术和控制标准设置了障碍。[3]除此之外，技术手段自身存在的缺陷与不足也会影响到技术治理的效果。斯皮内洛认为，像屏蔽这类技术治理手段并不是完美无缺的，有时候自动屏蔽程序也会犯错误，如过度屏蔽会将一些不属于某一类型的网站屏蔽掉。[4]因此，这种技术治理方式极有可能侵犯公民的信息传播权、隐私权和言论自由。为了确保技术治理沿着正确方向发展，对其进行法律归化实属必要。根据何明升的研究，技术归化是社会治理的必有环节。[5]法律作为人类制度生活的载体，可以对技术治理起到较好的引领和归化作用。

一方面，法律价值对技术治理的工具选择和运用可以起到引领作用。从本质上讲，技术治理是一项运用确定性和精确性的科学知识对网络社会中人们的行为进行一定的管制，以期符合治理者自身利益的活动。然而，一些技术治理者极有可能过度使用验证、痕迹追踪、信息筛选、加密等技术，筑起一道数字化竞争壁垒，从而违背公平正义等基本原则。[6]这种技术治理手段过分地强调了技术手段的经济意义，忽视了技术手段的道德意义。法律是存

---

〔1〕 刘晗："域名系统、网络主权与互联网治理历史反思及其当代启示"，载《中外法学》2016年第 2 期。

〔2〕 在马克思看来，技术和政治是密切相关的。技术的使用进一步强化了资本家的权力。工人在工业资本主义工厂中丧失了自由和平等，成为机器技术的奴隶，成为资本的奴隶。参见刘郦："技术与权力——对马克思技术观的两种解读"，载《自然辩证法研究》2008年第 2 期。

〔3〕 参见胡颖："技术与法律的博弈——网络空间治理之道探究"，载《福建师范大学学报（哲学社会科学版）》2013 年第 3 期。

〔4〕 参见 ［美］理查德·斯皮内洛：《铁笼，还是乌托邦——网络空间的道德与法律》，李伦等译，北京大学出版社 2007 年版，第 58 页。

〔5〕 何明升："中国网络治理的定位及现实路径"，载《中国社会科学》2016年第 7 期。

〔6〕 罗莉："作为社会规范的技术与法律的协调——中国反技术规避规则检讨"，载《中国社会科学》2006年第 1 期。

在道德维度和价值理性的，它蕴含的对人的生存状态、自由、权利、尊严和价值的关怀和尊重，能够抵制技术治理过程中的非理性、非人道的因素，从而有效反拨因过度强调技术理性而导致的人的技术化、客体化和社会生活的技术化。[1]在本案中，信息屏蔽必须符合正当程序的要求并尊重公民的基本权利。

另一方面，法律治理可以校正技术治理的偏差。在实践中，由于技术治理的专业性和知识性，政府和司法机关往往采取一种较为节制的态度。但是，这种专业化的治理行为的确可能会侵犯他人利益或社会公共利益。因此，网络社会需要运用法律手段来对技术治理行为进行纠偏。斯皮内洛认为，尽管依靠基于技术形成的分权式自下而上的网络管理方法能够有效解决某些网络社会问题，但是这种方式还存在许多风险。这种客观现实需要自上而下的法律治理方式的介入，确保公平有序地管理互联网。[2]在实践中，法律治理主体主要通过以下几种方法判断技术治理是否出现了偏差：第一，原则主义的方法。比彻姆和查尔瑞斯将这种方法具体细化为自主、不伤害、有利和公正四项基本原则。[3]网络社会的技术治理应当符合这四项原则。否则，法律应当介入技术治理过程，校正技术治理的偏差。第二，价值衡量的方法。在技术治理过程中，治理主体利益的最大化和网络消费者的利益偏好之间往往存在冲突，致使技术治理偏向于治理主体，损害网络消费者的利益。这为法律治理的介入提供了合法性，但也带来了治理上的难题。假如放任网络开发商和经销商的技术治理，有可能侵犯消费者的利益；假如过分保护消费者的利益，则可能减少网络开发商和经销商的投资，降低他们对网络科技的创新动力。因此，法律在介入技术治理时，往往会引入价值衡量方法。尤认为，网络技术治理坚持中立管制原则，极有可能损害大多数人的利益。为了在公共利益和个人利益之间保持适当平衡，法律允许技术治理者在紧急情况下，封阻运用 P2P 和网络电话等程序的特定用户。[4]第三，比例原则的方法。在运

---

〔1〕 孙莉："在法律与科学技术之间"，载《科学学研究》2007 年第 4 期。

〔2〕 ［美］理查德·斯皮内洛：《铁笼，还是乌托邦——网络空间的道德与法律》，李伦等译，北京大学出版社 2007 年版，序言第 2~3 页。

〔3〕 ［美］理查德·斯皮内洛：《铁笼，还是乌托邦——网络空间的道德与法律》，李伦等译，北京大学出版社 2007 年版，第 21~23 页。

〔4〕 Christopher S. Yoo, *Network Neutrality*, *Consumers*, *and Innovation*, 179 University of Chicago Legal Forum 179~262 (2008).

用法律手段校正技术偏差的过程中，执法者也广泛地运用比例原则，考虑技术治理手段的正当性，防止为了某个目的而付出过分的、不合比例的代价。在"默尔特诺马公共图书馆诉美利坚联邦政府"案中，法院依次审查了目的正当性、手段适当性和手段必要性，认为保护儿童免受淫秽、色情信息的影响的目的是正当的，但当前的屏蔽手段既不能屏蔽所有的淫秽、色情信息，又有可能屏蔽一些对成人有用的信息。因此，屏蔽手段不具有适当性，违背了比例原则。[1]

2. 技术治理对法律治理的影响

网络技术和通信技术促使网络社会从传统物理社会中分离出来，形成了独特的时空观、权力观和人际观。这深深地影响了法律治理的手段、边界和组织结构。

（1）增加网络社会的法律治理手段。传统物理社会的法律治理手段主要是审批、惩罚、赔偿等。这些方式更为强调对行为结果的控制，具有强烈的行为主义和事后主义色彩。技术治理手段则更为强调事前控制和行为预防，并通过行使隐而不显而又无处不在的单向监视权力，形成一种"全景敞视主义"的治理机制。[2]在网络治理过程中，治理者愈来愈强调技术治理手段的运用，并将技术治理手段通过立法的方式纳入到法律治理中，从而更为准确和及时地防范、监控、发现和惩治网络违法犯罪。

（2）扩大法律治理的边界。在传统物理社会，法律治理的边界与物理边界之间存在着根深蒂固的关系。物理距离越近，法律就越容易对某种行为进行治理。[3]因此，法律治理也以真实物理世界（领土）为界限。但是，网络技术增强了国家脱离真实物理世界（领土）进行社会控制和治理的能力，延伸了主权的疆域。[4]这种主权概念的扩展，为法律治理边界向全球扩展提供了合法性证明。另一方面，网络技术治理手段的运用，有助于扩大法律治理的覆盖面。在互联网发展早期，由于技术能力的限制，政府往往对互联网领

---

〔1〕 Multonmah Public Library et al. *v*. U. S, http://supreme. findlaw. com/supreme_ court/briefs/02-361/02-361-pet-app. html.

〔2〕 姜方炳："制度嵌入与技术规训：实名制作为网络治理术及其限度"，载《浙江社会科学》2014 年第 8 期。

〔3〕 刘连泰："信息技术与主权概念"，载《中外法学》2015 年第 2 期。

〔4〕 刘连泰："信息技术与主权概念"，载《中外法学》2015 年第 2 期。

域采取放任态度。近年来，随着验证、屏蔽、痕迹追踪技术和网络架构技术的发展，政府在法律治理过程中愈来愈注重技术治理方式的运用。例如，为了控制跨境数据流，政府可以通过过滤机制和电子屏蔽系统，建立一种虚拟边界。[1]为了追踪可疑行为，政府可以在线上而无须进入现场，运用痕迹追踪技术，查出个人用户 IP 地址和基本信息。

（3）优化法律治理的组织结构。在网络社会，信息与网络技术的结构刚性愈来愈强，法律治理在结构上应当愈来愈服从技术的安排。[2]为了便于数据的共享交换，为信息技术作用的发挥提供更大空间，法律治理的组织结构也应当具有更多的协同网络的特征。从组织的行为方式来看，技术手段的使用与创新，促使各级政府的线上和线下行为从传统的"以审批代管理"的方式向主动服务模式转变。[3]从横向结构来看，网络技术治理的多中心主义，要求法律治理的主体不再仅仅是拥有行政权的公权力机关，还包括多方利益相关者。大量横向的服务与协调单位也被纳入法律治理的组织结构中去。多元主体共治的方式，既克服了政府因专业知识不足，无力应对网络社会出现的风险这一问题，又克服了非政府组织和机构因权威性不够，无法使技术治理获得普遍认可的问题。从纵向结构来看，技术治理的便捷性和高效性，能够减少政府组织层级和中间管理层。在传统物理社会，为了达到有效治理的目的，人们往往将最佳手段的选择权下放到基层，并通过增加政府组织层和中间管理层，来确保下级有效贯彻中央的治理意图，防止法律治理目标在传递过程中的失真。在网络社会，技术治理手段的发明并不取决于政府的层级，而且一旦发明，就能够迅速实现从中央到基层的渗透。因此，人们无须通过增加政府组织层级和中间管理层，来确保上级治理意图的实现。

---

〔1〕　David R. Johnson & David Post, *Law and Borders*, *The Rise of Law in Cyberspace*, 5 Social Science Electronic Publishing 389~391（1996）.

〔2〕　所谓技术的结构刚性，是指技术对于组织实现目标的重要程度。结构刚性愈强，也就意味着组织在结构上愈是依靠于技术的安排。参见周盛："走向智慧政府：信息技术与权力结构的互动机制研究——以浙江省'四张清单一张网'改革为例"，载《浙江社会科学》2017 年第 3 期。

〔3〕　周盛："走向智慧政府：信息技术与权力结构的互动机制研究——以浙江省'四张清单一张网'改革为例"，载《浙江社会科学》2017 年第 3 期。

后　记

　　在整个人文社科体系中，法学是一门典型的实践性学科。高质量的法学研究与教学，离不开理论与实践的充分结合。此时，如何通过一个个生动的案例，将背后枯燥抽象的法理问题说清楚、讲明白，无论是对提升初学者的学习兴趣，还是深化研习者的深层认知，均意义重大。在现代文明国家，典型个案之于法治的价值毋庸置疑。在法治的璀璨星空中，每一个典型案例或影响性诉讼都如繁星般恒久闪耀。

　　通过个案阐释法理也是中国法治现代化的重要内容。经过几十年的不懈努力，中国走出了一条独特的法治现代化发展道路，为世界法治建设提供了宝贵的中国经验与中国智慧。中国特色社会主义法治建设既符合传统法治演进的一般规律，同时也有典型的中国特色，其中的一个重要方面，就是重视典型个案对法理的拓展和对法治的推进。典型案例是法治的最小单位和司法文明的尺度，是法治不断前行的脚印，也是记载法治进程的信史。相对于浩如烟海的司法案例，典型案例只是沧海一粟，但却提炼了千万案件中蕴含的共性特征和典型矛盾，凝聚了千万法官对法律规则的理解阐释和价值衡量，其所蕴含的重要法理意涵，对总结审判经验、传播法治理念、弘扬法治精神不可或缺。实践已经证明，一个案例胜过一沓文件，有的甚至胜过一沓法条，这些蕴含深刻法理的司法案例意义非凡，业已成为人民认识法律、观察司法、挖掘法理、评价法治最直观的标杆和尺度。

　　除了阐释法理外，典型个案具有的更深层次价值是完善法治。从现代司法发展历程来看，通过有重大社会影响力的个案推动制度建设，是法治进步的最常见方式。如在国外，"辛普森案"推动司法程序正义的强化，马伯里诉麦迪逊案导致美国违宪审查制度的产生，贝克诉卡尔案昭示社会的发展需要政府对保障公民政治权利进行适时调整；在国内，"齐玉苓案"引发了宪法司法化改革，"孙志刚案"加速了我国收容遣送制度的废止，以及"赵作海案""呼格吉勒图案"深化了我们对司法正义的认识等。我们不仅应在微观意义上把个案视作界分具体权利与义务、化解特定纠纷的不可追溯与复制的一次性事件，也应在中观意义上将其看作公民和社会权利保障水平的标尺和感应器，更应在宏观意义上视同社会建构和国家治理的重要机制。[1]对此个案推进法治的问题，中国已经开始了相应的理论与实践探索。无论是从全国层面对个案所反映的问题的高度重视以及司法层面因个案所作出的直接改变，还是从最高人民法院公报案例、"十大影响性诉讼"、指导性案例的遴选公布来看，研究者已高度重视到个案推进法治的问题。

正是认识到典型案例之于当下法学教研乃至法治建设的重大意义，本书编写组梳理关键问题、选取典型案例、组织专业人士，积极编纂该《法理学案例教程》，以期详细阐释某些困扰法律研习者的部分法理问题。本教材获得了山东省优质专业学位教学案例库建设项目立项，并由郑智航担任主编、宋保振和马得华担任副主编，来自吉林大学、中国政法大学、南京大学、中山大学、山东大学、华东政法大学、内蒙古大学、西北政法大学、西北师范大学、苏州大学、南京师范大学、浙江工商大学、青岛科技大学、江西省委党校等高校的二十余位专家学者参与编写。具体分工如下：

朱　振（吉林大学法学院）：绪论

侯学宾（吉林大学法学院）：第一章第一节

杜建明（内蒙古大学法学院）：第一章第二节

于江磊（山东大学法学院）：第一章第三节

李　鑫（青岛科技大学法学院）：第一章第四节

姜福东（青岛市社科院法学所）：第一章第五节

郑玉双（中国政法大学）：第二章第一节

程　龙（山东大学法学院）：第二章第二节

黄　涛（中山大学哲学院）：第二章第三节

丰　霏（南京师范大学法学院）：第二章第四节

何晓斌（山东大学法学院）：第二章第五节

[1]　江平："个案是法治中国前进的步伐"，载《中国新闻周刊》2013年第6期。

倪文艳（西北政法大学）：第三章第一节

周文章（山东大学法学院）：第三章第二节

孟　融（吉林大学法学院）：第三章第三节

章安邦（浙江工商大学法学院）：第三章第四节

何俊毅（西北师范大学法学院）：第四章第一节

杨知文（华东政法大学）：第四章第二节

陈　坤（南京大学法学院）：第四章第三节

宋保振（山东大学法学院）：第四章第四节

贺顶丹（江西省委党校法学教研部）：第五章第一节

瞿郑龙（苏州大学王健法学院）：第五章第二节

李拥军（吉林大学法学院）：第五章第三节

郑智航（山东大学法学院）：第五章第四节

马得华（山东大学法学院）：全书统稿